DAVID RAPAPORT

Die Struktur der psychoanalytischen Theorie

Versuch einer Systematik

Zweite Auflage

ERNST KLETT VERLAG
STUTTGART

Aus dem Englischen übersetzt unter Mitarbeit des Verfassers
von Marianne von Eckardt-Jaffé
Die Originalausgabe erschien unter dem Titel
»The Structure of Psychoanalytical Theory: A Systematizing Attempt«

2., unveränderte Auflage, 1970

Printed in Germany, 1970
Druck: Omnitypie-Gesellschaft, Stuttgart
ISBN 3-12-906620-9

„Ich fand es früher einmal so außerordentlich schwierig, die Leser an die Unterscheidung von manifestem Trauminhalt und latenten Traumgedanken zu gewöhnen. Immer wieder wurden Argumente und Einwendungen aus dem ungedeuteten Traum, wie ihn die Erinnerung bewahrt hat, geschöpft und die Forderung der Traumdeutung überhört. Nun da sich wenigstens die Analytiker damit befreundet haben, für den manifesten Traum seinen durch Deutung gefundenen Sinn einzusetzen, machen sich viele von ihnen einer anderen Verwechslung schuldig, an der sie ebenso hartnäckig festhalten. Sie suchen das Wesen des Traums in diesem latenten Inhalt und übersehen dabei den Unterschied zwischen latenten Traumgedanken und Traumarbeit. Der Traum ist im Grunde nichts anderes als eine besondere *Form* unseres Denkens, die durch die Bedingungen des Schlafzustandes ermöglicht wird. Die *Traumarbeit* ist es, die diese Form herstellt, und sie allein ist das Wesentliche am Traum, die Erklärung seiner Besonderheit."

Sigmund Freud, *Die Traumdeutung*. Ges. Werke Bd. II/III, S. 510

INHALT

Ich schrieb diesen Essay auf Aufforderung von Dr. Sigmund Koch, der im Auftrag der Amerikanischen Psychologischen Gesellschaft (The American Psychological Association) das Werk: *Psychology: A Study of a Science* herausgegeben hat. Dieser Essay erschien im dritten Band des Werkes. Die Bände bringen die zeitgenössischen theoretischen Quellen der Psychologie in Darstellungen, die meist von den Schöpfern der jeweiligen Theorien verfaßt wurden.

Weder Freuds Schriften noch die anderer Psychoanalytiker geben eine systematische Darstellung der psychoanalytischen Theorie. Daher ist dieser Versuch einer Systematik in gewissem Sinn ein neues Unterfangen. Seine Form wurde außerdem noch durch die Vorschläge kompliziert, die Dr. Koch den Mitarbeitern am Gesamtwerk unterbreitete, um den Beiträgen eine gewisse formale Einheitlichkeit und Vergleichbarkeit zu sichern. Aus all diesen Gründen scheint es angebracht, die Prämissen meiner Arbeit darzustellen.

1. Freuds Schriften sind die Quellen der Psychoanalyse und sie liefern auch den Bezugsrahmen für eine Systematik der Analyse. So konzentriert sich der vorliegende Versuch auf Freuds Werke.

2. Andererseits muß eine Systematik der Theorie auch andere Beiträge, die die heutige Form der Theorie entscheidend beeinflußt haben, berücksichtigen. So nimmt diese Untersuchung ausführlich auf Hartmanns und Eriksons Arbeiten Bezug.

3. Eine systematische Darstellung der Theorie soll zwar deren Beziehung zu den Alternativtheorien, die aus ihr hervorgegangen sind, klären. Aber ein erster Versuch zur Systematisierung, wie der vorliegende, darf sie wohl, ohne sich dem Vorwurf des Vorurteils auszusetzen, vernachlässigen. So werden die Arbeiten von Adler, Jung, Rank, Horney, Kardiner und Sullivan kaum berührt.

4. Ein Versuch zur Systematisierung soll sich so eng als möglich an die Formulierungen der Quellenliteratur halten, muß diese aber auch interpretieren. So enthält dieser Versuch Schlußfolgerungen und Urteile, selbst auf die Gefahr hin, daß die Theorie dadurch befremdlich erscheinen mag – besonders für jene Leser, die ihr mit nur beiläufiger oder ausschließlich klinischer Kenntnis der Psychoanalyse gegenübertreten.

5. Eine systematische Darstellung muß nicht notwendig das hervorheben, was die Literatur betont. Ihre Akzente sollen durch systematische Überlegungen diktiert werden. So berührt diese Arbeit die Theorie der Symptome,

der psychosexuellen Entwicklung, der Therapie (d. h. der Übertragung und des Widerstands) nur, konzentriert sich dagegen weitgehend auf das, was Freud *Metapsychologie* nannte. Weiter wird zwischen dem unterschieden, was man als die spezielle oder klinische Theorie und dem, was man als die allgemeine oder psychologische Theorie der Psychoanalyse bezeichnen könnte.

6. Eines der Ziele des von Dr. Koch herrührenden Entwurfes bestand darin, die verschiedenen Arbeiten vergleichbar zu gestalten. Um dieser Forderung gerecht zu werden, erwies es sich als notwendig, einige Überlegungen vorzubringen (z. B. über unabhängige, intervenierende und abhängige Variablen, wie über Quantifikation), die keine direkten Wurzeln in der analytischen Literatur besitzen und Bezugsrahmen berühren, die meinem eigenen Denken etwas fremd sind.

7. Dr. Koch schlug vor, daß die Autoren dieser Essays von der Vertrautheit des Lesers mit früheren Darstellungen der Theorie ausgehen sollten, um sich in erster Linie auf systematische Ausführungen zu konzentrieren. Da ich seinem Entwurf folgte, war dies im ganzen auch unvermeidlich. Aber ich mußte doch aus neueren Veröffentlichungen von Psychologen zum Thema der Psychoanalyse schließen, daß eine *Vertrautheit mit der psychologischen Theorie der Psychoanalyse* (im Unterschied zur psychoanalytischen Theorie der Neurose) *nicht allgemein vorausgesetzt werden kann.* Besonders unbekannt scheinen die historischen Beziehungen zu sein, die eine wichtige Rolle in allen unsystematisierten Theorien spielen. So fand ich es immer wieder unerläßlich, Theorien im Zusammenhang darzustellen und historische Beziehungen zu umreißen. Das Ergebnis meiner Versuche, diese widerstreitenden Forderungen in Einklang zu bringen, scheint mir kein glückliches zu sein. Zu Beginn wird der Leser finden, daß die Vertrautheit mit vielen Begriffen und Theorien vorausgesetzt wird, nur um manche von ihnen später wiederholt im Detail diskutiert und jedesmal um neue Angaben erweitert und präzisiert zu sehen. Die zeitliche Beschränkung – die unglücklicherweise in der Natur derartiger kollektiver Unternehmungen liegt – gestattete mir keine bessere Lösung; sie ist auch für den Umfang der Arbeit verantwortlich. Hätte ich sie nach meinem eigenen Tempo vorbereitet, so hätte ich sie noch einige Jahre ausreifen lassen. Sie wäre vielleicht umfassender und dabei straffer in der Struktur und in ihren logischen Zusammenhängen geworden.

Meiner Meinung nach ist es zu früh, um eine Systematisierung der psychoanalytischen Theorie zu unternehmen. Eine Wissenschaft kann durchaus eine „gute Wissenschaft" sein, ohne schon für eine systematische Darstellung reif zu sein; alle alten Wissenschaften waren einmal in dieser Lage. So bedarf die

Existenz dieses Versuches einer Erklärung. Ich wurde teils durch das Drängen der Doktoren Gill, Hartmann, Holt, Klein und, last but not least, von Dr. Koch dazu bewogen, ihn niederzuschreiben, teils aber durch meinen eigenen Wunsch, den Weg für eine adäquate systematische Darstellung der Psychoanalyse vorzubereiten.

Daß dieser Versuch verfrüht unternommen wurde, zeitigte merkwürdige Konsequenzen. Die Arbeit bringt verschiedene Querschnitte (z. B. Modelle, Gesichtspunkte) der Theorie, die, obgleich sie durch identische Begriffe und gemeinsame empirische Ausgangspunkte verbunden sind, doch nicht systematisch zusammenhängen. Am deutlichsten zeigt sich die Vorzeitigkeit des Versuches in der Unsicherheit, ob wir *noch nicht in der Lage sind,* sie systematisch untereinander zu verknüpfen, oder ob sie nicht verknüpft zu werden *brauchen* oder nicht verknüpft werden *können.*

Da die Literatur, die sich direkt auf das System der psychoanalytischen Theorie bezieht, mager ist, verwende ich – entgegen dem Brauch – auch bisher nur hektographiert vorliegendes Material, das nur beschränkt zugänglich ist, und selbst unveröffentlichte Manuskripte.

Soweit der Raum dies zuließ, habe ich Quellen genannt und die spezielle Hilfe, die mir zu Teil wurde, erwähnt. Die Doktoren M. M. Gill, R. R. Holt, G. S. Klein und R. Schafer haben das Manuskript meiner Arbeit gelesen und ihre Vorschläge und Verbesserungen waren so zahlreich, daß dies, falls ich nicht eine große Anzahl von Fußnoten hinzufügte, der einzige Weg ist auf dem ich meine dankbare Verpflichtungen ihnen gegenüber zum Ausdruck bringen kann. Besonderen Dank schulde ich Dr. Holt, nicht nur für wiederholtes Lesen des Manuskriptes, für Vorschläge und Kritik, sondern auch für den Anteil, den er an der Formulierung der Überlegungen hinsichtlich der Variablen und der Quantifikation hat. Tiefer aber noch bin ich Erik Erikson, Merton Gill, Heinz Hartmann und Samu Rappaport verpflichtet. Samu Rappaport ist mein väterlicher Freund, der mich vor dreiunddreißig Jahren in das siebte Kapitel der Traumdeutung und in die Aufsätze zur Metapsychologie einführte und dem ich zutiefst dankbar bin: er eröffnete mir etwas, das sich als eine der wahren Quellen der Freude in meiner Arbeit erwies.

I. MILIEU-FAKTOREN UND ORIENTIERUNGEN

A. Milieu-Faktoren[1]

Die formenden Einflüsse, die in Freuds Entwicklung eine Rolle spielten, waren die jüdische Tradition, ein früh erwachtes Interesse an Literatur (besonders eine Zuwendung zu Goethe und durch ihn, zum antiken Rom), die Vorlesungen des für seine Akt-Psychologie bekannten Brentano, die Darwinsche Entwicklungstheorie, klinische und experimentelle Forschungsarbeiten auf dem Gebiet der Neurologie und Neuroanatomie (im Umkreis der Männer um Helmholtz), klinisch-psychiatrische Arbeit (mit Meynert), klinische Beschäftigung mit Neurosen (zuerst mit Breuer, Charcot und Bernheim) und Selbstbeobachtung[2].

Der Einfluß von Helmholtz auf Freuds Theorie zeigt sich im Postulat des „durchgehenden Determinismus", in der zentralen Position des Lust-Unlust Prinzips (und des Primärprozesses), das nach dem Muster des Entropie-Begriffs gebildet ist[3], im Realitätsprinzip (und dem sekundären Prozeß), das dem Prinzip des geringsten Energieaufwands nachgebildet ist, und schließlich im „ökonomischen Prinzip", das dem Prinzip der Energieerhaltung folgt.

Die Erfahrung in der *neurologischen Forschung* ist für Freuds Konzeption (abgeleitet von Hughlings-Jackson's Auffassung vom Nervensystem) von einer Reihe psychologischer Organisationen (Instanzen, Strukturen) verantwortlich zu machen, die hierarchisch und topographisch einander überlagern; weiterhin für die Annahme assoziativer Netzwerke, die oberflächlich durch räumliche oder zeitliche Berührungsassoziationen, im Grunde aber durch Triebe organisiert sind; für die Konzeption von Hemmung und Bahnung, die zuerst aus der Neurologie direkt in sein System übernommen wurde und schließlich für seine frühe Annahme, daß Psychodynamik Neurodynamik ist, eine Annahme, die selbst nachdem sie aufgegeben wurde, noch in dem Glauben weiterlebte, daß die Psychodynamik sich früher oder später auf die „solide Grundlage" der neuro- und/oder der biochemischen Dynamik stellen lassen müßte. Aber Freuds neurologische Forschung stand auch in enger Beziehung zur Evolutionstheorie und es ist vermutlich diese Verbin-

[1] Siehe die Arbeiten von Bernfeld (14, 15, 16, 17), ebenso Jones (179); Shakow und Rapaport (288).

[2] Diese Liste gibt nur ein beschränktes Bild der „formenden Einflüsse". Einen breiteren psychologischen Aspekt findet man bei Erikson (56, 57, 59) und Groß (144 a).

[3] Freud schreibt es Fechner zu (62, Abschnitt XI, Anmerk. S. 94); siehe Freud, Jenseits des Lustprinzips (144, Bd. XIII, S. 4).

dung, die in der genetischen Tendenz seines Denkens zum Ausdruck kommt, besonders in der nahen Beziehung, die er zwischen Phylogenese und Ontogenese angenommen hat[4], in der Betonung der Epigenese, im Regressionsbegriff und in vielem anderen. Auch eine Neo-Lamarcksche Version der Evolutionstheorie scheint Freuds Denken beeinflußt zu haben[5].
Die Auswirkungen seiner klinisch-psychatrischen Erfahrungen bei Meynert und die zugehörige Lektüre (wie etwa Griesinger) sind nicht im einzelnen untersucht worden, obwohl sie wahrscheinlich von entscheidender Bedeutung waren[6]. Es scheint also ziemlich sicher, daß die Inhalte der Halluzinationen in „Meynerts Amentia" als Prototyp für den Begriff der „Wunscherfüllung" dienten (Breuer und Freud 29, S. 136; Freud 89, S. 127 ff. und 559–78) und als Grundlage dessen, was hier später (S. 28) als Primärmodell des Denkprozesses beschrieben werden soll. Vermutlich stammt auch der oft behauptete Einfluß Herbarts (siehe 179) und der weniger beachtete Herings[7] auf Freud indirekt aus der Arbeit mit Meynert und der entsprechenden Lektüre. Weder seine neurologischen Untersuchungen (Sektionen und Mikroskopie) noch seine klinisch-psychiatrische Arbeit verschafften Freud Erfahrung in der experimentellen Methode: beide nährten seinen Hang zur direkten Beobachtung.
Die *Erfahrung mit Neurotikern* hinterließ ihre Spuren in Freuds Theorie in der Erkenntnis, daß psychopathologische Phänomene, wie etwa die nichtanatomische Abgrenzung hysterischer Symptome nach anderen Prinzipien als die der Neuroanatomie und Neurophysiologie vertrauten organisiert sind; weiter in der Einsicht in die Macht der psychologischen Kräfte (durch Beobachtung von hypnotischer und Wach-Suggestion; Breuer, Bernheim); in der Erkenntnis der Existenz unbewußter seelischer Bildungen (durch Beobachtung der Hypnose und alternierender Bewußtseinszustände, Charcot, Janet) und in der begrifflichen Formulierung dieser Einsichten im System Unbewußt; in der Erkenntnis der entscheidenden Rolle der Sexualität bei Neurosen (Freud schrieb seine erste Ahnung dieser Zusammenhänge zufälligen Bemerkungen Charcots, Chrobaks und Breuers zu).

---

[4] Dr. F. Schmidl (Seattle) weist auf den besonderen Einfluß Haeckels hin.
[5] Siehe: Triebe und Triebschicksale. Ges. Werke Bd. X (106).
[6] Siehe aber Hartmanns neuesten Beitrag (155).
[7] Ernst Kris (private Mitteilung, 11. Januar 1957): „Ich habe eine der offenkundigsten Quellen für Freuds Denken entdeckt, nämlich Herings Arbeit über das Gedächtnis. Der Beweis, daß Freuds Interesse bis 1922 anhielt, ist absolut schlüssig und wurde, soviel ich weiß, niemals bemerkt. Es macht Ihnen vielleicht Spaß, in diesem Zusammenhang Anna Freuds Übersetzung des Buches von Levine über das Unbewußte anzusehen. Die Übersetzung des Kapitels über Butler stammt von Freud, ebenso eine interessante Fußnote.

Der Einfluß der *Selbstbeobachtung* (einschließlich seiner Selbstanalyse) ist in Freuds Theorie überall erkennbar und ihr sind die Entwicklung der Methode der freien Assoziation, die Rolle der Traumdeutung als Untersuchungsinstrument und viele andere spezifische Entdeckungen zuzuschreiben.

Die Spuren der *Brentanoschen Akt-Psychologie*[8] liegen weniger deutlich zu Tage und wurden bisher nicht ausdrücklich diskutiert[9]. Doch entspricht die zentrale Position der Triebe in Freuds Theorie sowohl Brentanos Interpretation der Reizaufnahme wie der Reizbeantwortung im Sinne von intentionalen Akten, in scharfem Gegensatz zu den Interpretationen der anglosächsischen Empiriker. In den frühen Phasen der Freudschen Ich-Psychologie erscheint Brentanos Einfluß sogar noch überzeugender. Der Begriff *Intention* taucht auf (108), das Problem der Realitätsprüfung führt zu einer Analyse des „Glaubens an die Realität" (110, S. 420/21) und zu Unterscheidungen zwischen dem, was wahrgenommen und was begriffen, was wirklich und was nur gedacht ist, im Sinne Brentanos. Dieser Einfluß ist in den *Arbeiten über Metapsychologie* (99, 101, 105, 106, 107, 108, 110, 111) überall zu fühlen. Und obgleich Freud ausdrücklich ablehnt, irgend etwas mit Philosophie zu tun zu haben, gewann er durch Brentano doch entschieden eine gewisse Vertrautheit mit ihr. In einer der wenigen spezifischen Bemerkungen zum Thema der Philosophie charakterisiert Freud die Psychoanalyse (und ihren Begriff der unbewußten Determination) als psychologisches Gegenstück zu Kants philosophischen Ansichten (108, S. 270). Tatsächlich kommt der epistemologische Gehalt der Psychoanalyse Kant am nächsten[10] und steht dem anglo-sächsischen Empirismus wohl am fernsten.

Der *Einfluß der Literatur* im allgemeinen und Goethes im besonderen ist wiederum schwer nachweisbar. Sie formten zweifellos Freuds Interesse an der menschlichen Natur und seine Art, sie zu erfassen. Sie lieferten ihm die Grundformen für die Krankengeschichte als Instrument – was die Falldarstellungen seiner Zeit nicht leisteten (vergleiche die besten unter ihnen, z. B. Charcots, mit Freuds Darstellungen). Man könnte tatsächlich sagen, daß ihm die innere Gültigkeit[11] seiner Überlegungen und schriftlichen Darstellungen

---

[8] Hinsichtlich Freuds Berührungen mit Brentano siehe Merlan (214, 215).

[9] Dr. F. Schmidl meint, daß es Brentano gewesen sein könne, der Freud auf Maudsley hinwies, auf den Freud sich in der Traumdeutung bezieht und dessen Konzeption des Unbewußten ihn beeinflußt haben könnte.

[10] Siehe Rapaport (244).

[11] Mit „innerer Gültigkeit" meine ich das, was die literarische Kritik als „gültige Aussage" bezeichnet: der große Schriftsteller erreicht eine Form, die den Ausdruck seiner Beobachtungen zu „gültigen Aussagen" macht. Aber selbst im täglichen Leben vermitteln manche von uns eine Erfahrung so, daß sie klar, überzeugend und bedeutungsträchtig ist, während die Berichte anderer blaß, ohne Pointe, diffus erscheinen, wie aus dritter Hand.

häufig als der Beweis einer Richtigkeit dienen mußte, den in der Wissenschaft im allgemeinen nur quantitative Messungen liefern. Er wurde zu einem der Meister des Denkens und Schreibens in deutscher Sprache (Goethe-Preis). Diese Einflüsse nährten auch seine Sensitivität gegenüber den Nuancen sprachlicher Kommunikation und jene Bereitschaft, Bedeutungen hinter Bedeutungen zu suchen, die zusammen mit einem tiefen Gefühl für Metapher und Symbol die Requisiten der Interpretation darstellen. Vermutlich leiteten sie ihn tatsächlich auf seine zentralen Konzeptionen hin – Motivation, Affekt und Konflikt –, die das Rohmaterial aller Kunst sind.

Auch die Rolle der *jüdischen Tradition* in Freuds Denken, Methode und Theorienbildung ist noch nicht in ihren Einzelheiten erforscht worden. Wittels (305), Reik (266) und Erikson (56, 57, 59) haben manche Aspekte erhellt. Es ist durchaus möglich, daß vieles von dem, was wir Freuds literarischem Interesse zuschreiben, aus den Traditionen des „Volkes des Buches" stammt. Die Formen des Talmuds sind die Archetypen für so manche assoziativen und interpretierenden Methoden. Der stereotype aramäische Satz, der die talmudische Interpretation einleitet, lautet in der Übersetzung: „Was will er mich hören lassen?" Das Ausmaß der unmittelbaren Vertrautheit Freuds mit der jüdischen Tradition und ihre Auswirkung auf sein Denken sind bisher aber noch nicht belegt.

Wir können diesen Überblick über die Milieufaktoren nicht verlassen, ohne auf einen weiteren einzugehen, dessen Bedeutsamkeit bisher noch gar nicht untersucht worden ist: den Zeitgeist[12]. Darwin und Helmholtz stellten sicherlich Bestandteile dieses Geistes dar. Freuds jüdische Abstammung aber, sein jüdisches Schicksal und dessen Einfluß auf sein Denken sind noch niemals in den allgemeinen Begriffen des Zeitgeistes diskutiert worden. Nur Erikson[13] hat sich zu der Frage des Einflusses der allgemeinen Atmosphäre des Viktorianischen Wiens geäußert, der vermutlich ebensosehr einen Hemmschuh für Freuds Sozialpsychologie als auch eine Quelle für seine Akzentuierung der Sexualität und ihrer Schicksale bildete. Die richtige Einschätzung des *Zeitgeistes* gewinnt Dringlichkeit angesichts der fundamentalen Übereinstimmungen zwischen Freuds Theorie sowohl mit einer Theorie, die ihr unmittelbar vorausging wie mit einer, die ihr unmittelbar nachfolgte. Marx, Freud und Einstein, die die Revolutionen Copernicus', Kants und Darwins fortsetzten, relativierten unsere Weltauffassung. Marx behauptete, in Umkehrung des Hegelschen Gesetzes – daß „nicht das Bewußtsein der

[12] Siehe Boring (26, 26 a).

[13] Erikson (57) macht auch auf den Einfluß aufmerksam, den die ökonomischen Theorien der Zeit auf Freuds Theoriebildung gehabt zu haben scheinen.

Menschen ... ihr Sein, sondern umgekehrt ihr gesellschaftliches Sein ... ihr Bewußtsein bestimmt" (Zur Kritik der politischen Ökonomie, Vorwort) und setzte so die Ansicht des Menschen von seiner Welt in Relation zu seinem sozio-ökonomischen Status. Noch allgemeiner wies Freud nach, daß die Ansicht des Menschen von seiner Welt und seine Beziehung zu ihr von seinen Impulsen abhängen (relativ zu ihnen sind) und ihm nicht einfach durch seine Erfahrung eingeprägt werden. Am weitesten verallgemeinernd behauptet Einstein, daß die Beobachtung relativ zur Position des Beobachters ist. Sollte sich herausstellen, daß das Gemeinsame in diesen drei Theorien so real ist, wie es scheint und daß es im *Zeitgeist* wurzelt, dann hätten wir hier einen Milieufaktor vor uns, der, so subtil und unspezifisch er auch sein mag, sich als der durchdringendste und mächtigste erweisen könnte.

B. Orientierungen

1. Wesen und Grenzen der psychologischen Voraussage

Die Voraussage in der Psychologie beruht auf dem Postulat eines vollständigen Determinismus im menschlichen Verhalten. Freuds Annahme eines „durchgehenden seelischen Determinismus" (Ges. Werke IV, S. 282), der heute vielleicht zu einfach als gegeben hingenommen wird, liefert die notwendige Grundlage für Voraussagen. Da zu Beginn der analytischen Forschung das empirische Material aus den bereits entwickelten neurotischen Symptomen bestand, begründete sich die Kausalität eher auf nachträgliche Aussage (Postdiktion), als auf Voraussage (Prädiktion). Diese Ausgangssituation trifft nicht ausschließlich auf die Analyse zu. Sie findet ihr Gegenstück in den Sozialwissenschaften, z. B. in der Geschichte, und in den Naturwissenschaften, etwa in der Evolutionstheorie. Eine Theorie wird nicht dadurch entwertet, daß sie nachträglich aussagt, solange diese Postdiktion sorgfältig von einer ex-post-facto-Erklärung unterschieden wird.
Da die Beobachtungen in der therapeutischen Situation gemacht wurden, bezogen sich die Voraussagen notwendigerweise auf die Auswirkungen des therapeutischen Eingreifens und waren so mit denselben Schwierigkeiten belastet, wie jene jüngeren Untersuchungen der „Aktionsforschung" (action research), die die Methode der „teilnehmenden Beobachtung" anwandten. Freud behauptet, daß nur Erfahrung erster Hand mit der psychoanalytischen Methode das Verständnis und die gültige Nachprüfung psychoanalytischer Voraussagen ermögliche, daß die Gültigkeit der analytischen Theorie nur durch die analytische Methode bewertet werden könne und daß ihre Gültigkeit auf diese Weise schon erwiesen worden sei und keiner weiteren Beweise bedürfe. Die Methode, die Theorie und ihr Gültigkeitsbeweis galten als un-

lösbar miteinander verknüpft[14]. Obgleich man sich zu diesen Einschränkungen der Verifikation und der Voraussage bekannte, zog man von Anfang an Beobachtungen hypnotischer Phänomene heran, um die psychoanalytische Theorie des Unbewußten zu belegen (18, 29). Hypnotisch induzierte Träume (285), hypnagogische (289) und Tagtraum-Phänomene (298) wurden als unabhängige Beweise begrüßt, die die prädizierende (und postdizierende) Kraft der Theorie bestätigen. Darüber hinaus wurde zunehmend die Ethnologie (100), die schöne Literatur (93) und psychotische Produktionen (98) als unabhängiger, bestätigender Beweis für die Theorie angerufen. Diese Heranziehung zur Bestätigung hatte allerdings die Tendenz, sich mit der Heranziehung der Theorie für die Deutung dieser Produktionen zu vermengen[15]. In allerletzter Zeit wurde immer deutlicher, daß nur mit Hilfe direkter Untersuchungen des Säuglings- und Kleinkindverhaltens die postdiktiven Rekonstruktionen dieser Lebensphasen durch die analytische Theorie unabhängig bestätigt werden können. Zahlreiche Untersuchungen dieser Art wurden angestellt. Zunehmend wurden auch psychodiagnostische und experimentelle Methoden zur Bestätigung herangezogen, obgleich nur wenige so behandelt wurden, daß sie als Bestätigungen von Voraussagen gelten konnten[16] und nur wenige der Komplexheit der Theorie hinlänglich Rechnung tragen.

---

[14] In der Diskussion der „entscheidenden Nachprüfungen" in Abschnitt IX C wird daraufhingewiesen, daß in anderen Wissenschaften die Experimente und Beobachtungen, die einer Theorie Gültigkeit verleihen, zwischen alternativen, einander ausschließenden Möglichkeiten entscheiden. Das aber ist in der Regel für die psychoanalytische Theorie nicht möglich. Die Alternativen, mit denen sich die Psychoanalyse beschäftigt, sind nicht gegenseitig sich ausschließende, sondern vielmehr äquivalente, die einander, entsprechend der Dynamik der Situation, ersetzen können. So baut sich die Theorie nicht auf Nachprüfungen auf, die alle bis auf *eine* der alternativen Voraussagen ausschließen, sondern vielmehr auf dem Einschluß aller beobachteten Alternativen, die mit der bestehenden Theorie übereinstimmen. Nur jene Alternativen werden ausgeschlossen, die der bestehenden Theorie widersprechen. Die Beobachtung, die das Vorliegen solcher mit der Theorie unvereinbarer Alternativen nahelegt, wird durch weitere klinische Beobachtungen nochmals überprüft. Überprüfungen, die die unvereinbaren Alternativen bestätigen und daher ihre Ausschließung nicht erlauben, führen zur Modifikation der Theorie. So wird die Postdiktion – geleitet von dem Ziel, den *inneren Zusammenhang* der Theorie zu wahren, statt vom Prinzip des Parsimoniums – zum Hauptmittel der Theoriebildung in der Psychoanalyse.

[15] Alle Wissenschaften müssen die Ergebnisse ihrer Beobachtung erst einer Deutung unterziehen, denn nur nach einer Deutung im Sinne einer Theorie können sie als Beweise für oder gegen die Theorie verwendet werden. Dies wird besonders augenfällig in der Psychoanalyse, wo zwischen Beobachtungen und Begriffsbildungen im allgemeinen ein weiter Weg liegt. Eine Diskussion dieses Punktes folgt später S. 84.

[16] Entweder ist ihr Status als Quelle *unabhängiger Beweise* für die Theorie, oder aber ihre Relevanz für sie, nicht sichergestellt. (siehe später, Abschnitt V).

Die Psychoanalyse hat sich nun mit einer Klasse von Voraussagen, nämlich mit Prognosen, befaßt. Diese aber gehören zur Materie der angewandten Psychoanalyse (klinische Psychoanalyse und Psychiatrie) und nicht zur theoretischen Psychoanalyse selbst. Das Problem der Prognose hat drei Fazetten: es betrifft die Prognose für die psychoanalytische Behandlung, die Prognose für die „spontane Remission“ und die Prognose für die Behandlung mit psychoanalytisch orientierter oder anderer Psychotherapie. Bisher hat das Studium der Kriterien der Prognose meistens praktische Regeln anstatt theoretischer Fortschritte erbracht. Andererseits erwuchsen aus solchen Untersuchungen die gewichtigen Konzepte der „Ich-Stärke“ (Hartmann, 148), der „Modell-Technik“ und der „Parameter der Technik“ (Eißler 44). Ist einmal der nachträglich aussagende (postdiktive) Charakter der psychoanalytischen Voraussage geklärt, so wird auch ein weiteres Charakteristikum der Theorie deutlich. Die minutiöse Untersuchung von Träumen, Symbolisierungen, Fehlhandlungen, Witzen und Assoziationsreihen erweckt den Anschein, als ob die Psychoanalyse nur die mikroskopischen Aspekte des menschlichen Verhaltens untersuche und voraussage. Dieser Anschein ist aber irreführend. Das eigentliche Ziel der Theorie war es immer, lebensgroße („makroskopische“) Segmente und Reihenfolgen des Verhaltens vorauszusagen oder zu postdizieren[17].

Diese merkwürdige Dualität ist charakteristisch für die Theorie: sie ist ganzheitlich, aber nicht, weil es ihr an Methoden fehlte, das „Mikroskopische“ zu untersuchen und vorauszusagen; und sie ist atomistisch in dem Sinne, daß sie die „Mikroanatomie“ des Verhaltens untersuchen kann, und untersucht, aber nicht, weil ihre Methoden und Interessen sich auf „mikroskopische“ Phänomene beschränkten. Die Verifikation der psychoanalytischen Theorie des Versprechens durch posthypnotische Suggestionen (M. H. Erickson 46) oder die Verifikation der psychoanalytischen Theorie des Symbolismus mit Hilfe suggerierter Träume (Schroetter 285; Roffenstein 268; Nachmansohn 226; Fisher 75), die auf „mikroskopischen“ Voraussagen beruhen, verifizieren natürlich keineswegs die „makroskopischen“ Beziehungen, die die Theorie voraussagt; umgekehrt bestätigt die Verifikation makroskopischer Beziehungen (z. B. der Homosexualität zur Paranoia cf. 228) nicht notwendigerweise die spezifischen mikroskopischen Mechanismen (wie etwa die Projektion), welche, der Theorie nach, diese makroskopischen Beziehungen vermitteln.

---

[17] Die Ausdrücke „mikroskopisch“ und „makroskopisch“ werden hier in dem Sinn gebraucht, wie die Beispiele ihn belegen, *ohne* Bezug auf eine ihrer vielfältigen Anwendungsweisen in der Literatur.

Zusammenfassend: das Material, mit dem Freud arbeitete, veranlaßte ihn, sich beim Aufbau seiner Theorie viel weitgehender auf die Postdiktion als auf die Prädiktion zu stützen. Dabei stand er unter dem Einfluß sowohl der neurologischen Arbeit, wie sie von ihm und seinen Lehrern betrieben wurde, wie der Methoden der wissenschaftlichen Biologie seiner Zeit. Aber man muß sich fragen, ob je eine Wissenschaft in ihren Anfängen frei von solchen Spannungen war. Die grundlegende, notwendige Bedingung für Voraussagen und für ihre Bestätigung ist in der Theorie der Psychoanalyse gegeben, und bestimmte Typen psychoanalytischer Voraussagen sind bestätigt worden. Außerdem stellt die Postdiktion, wenn sie richtig gehandhabt wird[18], eine ebenso gültige Bestätigung einer Theorie dar wie die Prädiktion. Die Aufgabe, die vor uns liegt, besteht darin, zu den *notwendigen Bedingungen* für die Voraussage die *zureichenden Bedingungen* hinzuzufügen, indem wir die Theorie weiter systematisch unterbauen und adäquate Quantifikations- und Bestätigungsmethoden entwickeln.

2. Die Ebene der Analyse

Im Verlauf der Geschichte der psychoanalytischen Theorie hat sich die Ebene der Analyse wiederholt geändert.

Zuerst versuchte Freud, 1895 (85), alle Verhaltensweisen durch neurodynamische Vorgänge zu erklären, obwohl er selbst schon in dieser Periode einen klaren Umriß seiner psychologischen Theorie gewonnen hatte (29), in deren Mittelpunkt der Konflikt zwischen Umgebung und Ich stand (Erinnerung traumatischer Erfahrung versus soziale Billigung und Selbstachtung). An diesem Punkt setzte er das Ich mit dem Bewußten gleich, (d. h. mit „der herrschenden Vorstellungsmasse des Ich", Ges. Werke, Bd. I S. 144, Studien über Hysterie) und das Unbewußte mit dem, was die Umgebung mißbilligte. So arbeitete die frühe Psychoanalyse mit drei Ebenen der Analyse: Neuro-Anatomie und Neurodynamik, Umgebung vs. Ich, Bewußt vs. Unbewußt.

Zum Zweiten, in der nächsten Phase der Theorie um 1900 (89) wird die „intrapsychische Dynamik", die sich um den Trieb-Zensur-Konflikt dreht, zum kausalen Ausgangspunkt allen Verhaltens und zum fundamentalen

[18] Die Schwierigkeiten in der Bestätigung von Postdiktionen sind folgende: a) Die Daten, auf die eine nachträgliche Aussage sich stützt, müssen in irgendeiner, durch Inferenzen ermittelbaren Weise die Beziehungen enthalten, die postdiziert werden. b) Die in den Daten enthaltenen Beziehungen dürfen aber nicht so offensichtlich sein, daß sie eine nachträgliche Aussage überflüssig machen. Die „richtige Handhabung" der Postdiktion muß also sowohl das deutlich machen, was in den Daten, auf denen die Aussage basiert, gegeben ist, als auch das, was nicht gegeben ist und nur durch die Bestätigung der nachträglichen Aussage ermittelt werden kann. Das ist allerdings leichter gesagt als getan.

kausalen Faktor. Aber auch in dieser Periode hat Freud die Begriffe der Zensur und des Sekundärprozesses mit denen der Umwelt und der zwischenmenschlichen Beziehungen (umweltliche und psycho-soziale Kausalfaktoren) in Verbindung gebracht. Die vorherrschende Ebene der Analyse bleibt aber die intraphysische, ausgedrückt im Konflikt zwischen Trieben und Zensur.
In der dritten Phase, mit der Entwicklung der Ich-Psychologie (1923) kristallisiert sich ein dualistisches intrapsychisches Bezugssystem heraus (117): Triebe und Strukturen stehen einander gegenüber. Die vorherrschende Ebene der Analyse ist weiterhin die intrapsychische (Triebe versus Strukturen).
In der vierten Phase, 1926, werden die Strukturen teilweise als Repräsentanten äußerer Realitätsbeziehungen erkannt [19] und die Triebe als Repräsentanten biologischer Beziehungen [20]. Das System intrapsychischer kausaler Begründungen wird auf die polaren Begriffe Organismus versus Realität reduziert, zwischen welche eine Vielzahl hypothetischer Konstruktionen (Triebe und Strukturen) eingeschaltet werden. Es gibt nun drei Ebenen der Analyse: die biologische, die intrapsychische und die reale, obgleich alle drei im Sinne ihrer psychologischen Repräsentation behandelt werden.
In der fünften Phase, 1937–1946, kristallisieren sich die psychosozialen Bezüge in den Arbeiten von Horney (168, 169), Kardiner (180, 181) und Sullivan (292) einerseits und in denen von Erikson (49, 50, 52, 53) und Hartmann (147) auf der anderen Seite. Ein System mehrfacher Ebenen der Analyse entwickelt sich, einschließlich der dynamischen, ökonomischen, strukturellen, genetischen und adaptiven, deren Grundlagen schon in den früheren Phasen gelegt worden waren.
Zusammenfassend: Die psychoanalytische Theorie hat sich durch ihre Konzeption der „Überdeterminierung“ für alle relevanten „Ebenen der Analyse“ offen gehalten und sich nicht, wie viele andere, auf eine einzige Ebene beschränkt. Doch bleiben die „intrapsychischen“ Bezüge im allgemeinen und die Triebe im besonderen ausschlaggebend für die Theorie.

3. *Die Verwendung und die Rolle von Modellen*

Freuds Theorie enthält vier deutlich unterscheidbare Modelle. Die analytische Theorie stellt eine Synthese dieser Modelle dar, es existiert aber kein Modell, das diese Synthese repräsentiert. Wir wollen zuerst jedes dieser

---

[19] Abschnitt II, H.

[20] Freud schrieb: „ – so erscheint uns der ‚Trieb‘ als ein Grenzbegriff zwischen Seelischem und Somatischem, als psychischer Repräsentant, der aus dem Körperinnern stammenden, in die Seele gelangenden Reize, als ein Maß der Arbeitsanforderung, die dem Seelischen infolge seines Zusammenhanges mit dem Körperlichen auferlegt ist.“ (106, S. 214).

Modelle darstellen und dann den Versuch unternehmen, ein kombiniertes Modell zu entwickeln.

a) Das Reflexbogen- (oder topographische) Modell. Dieses Modell (89, S. 542 ff.) repräsentiert – wie das auch bei den Reiz-Reaktions-Theorien der Fall ist – die Tendenz des Organismus, auf Reizung zu reagieren. Das Freudsche Modell führt aber zusätzliche Spezifikationen ein: 1. diese Tendenz wird als eine Richtung von psychologischen Vorgängen angesehen. 2. es ist eine der beiden Richtungen, welche Erregungen einschlagen können; die andere Richtung ist die der Regression. 3. im Idealfall beginnt die Erregung mit einer sensorischen Reizung, durchläuft die Systeme Unbewußt, Vorbewußt und Bewußt und endet in motorischer Abfuhr: der so charakterisierte Ablauf psychologischer Prozesse wird als der „topographische" bezeichnet. 4. aber nicht jede Erregung muß die vollständige topographische Reihenfolge durchlaufen. Zum Beispiel kann die Erregung im Unbewußten ihren Ursprung haben: bei Trieb-Erregungen ist das gewöhnlich der Fall, obwohl Triebreaktionen häufig durch einen Reiz ausgelöst werden. Erregungen können ihren Ursprung auch im Vorbewußten haben: Träume werden durch vorbewußte Tagesreste ausgelöst. Es ist auch nicht notwendig, daß durch einen sensorischen Reiz veranlaßte Erregungen den ganzen topographischen Ablauf nehmen; sie können, mindestens zeitweise, im Unbewußten oder Vorbewußten enden: daß dies mit „unbewußten" und „vorbewußten" Wahrnehmungen der Fall ist – klinisch ganz allgemein bekannt – wurde experimentell durch Pötzl (239) und andere belegt (z. B. Huston, Shakow und Erickson 174 a, Diven 40 a, Fisher 76, Klein u. a. 186 a). Ebenso kann eine Erregung im Bewußtsein enden, ohne eine motorische Reaktion auszulösen. Die neuen Entwicklungen der psychoanalytischen Ich-Psychologie erweisen, daß autonome Funktionen des Ich (besonders automatisierte), den topographischen Ablauf kurzschließen können. Dieser Nachweis räumt den automatisierten (eins-zu-eins) Reiz-Reaktionsbeziehungen einen Platz innerhalb der psychoanalytischen Theorie ein. Doch bleibt der topographische Ursprung der Erregungsvorgänge ein für sie ausschlaggebendes Charakteristikum.

Das Modell war in zwei Hinsichten nützlich. Einerseits koordinierte es deskriptiv eine Fülle sonst unvereinbarer Beobachtungen, wie jene, die sich auf die Schicksale der Reize beziehen, auf die alternativen Reaktionsformen (gedankliche, affektive, aktionsmäßige und ausbleibende Reaktionen), auf das Fehlen von eins-zu-eins Beziehungen zwischen Reiz und Reaktion und auf die mannigfaltigen, scheinbar „spontanen" gedanklichen, affektiven oder Handlungs-Reaktionen (Träume, Tagträume, Wahnbildungen, Erröten, Schwitzen, Fehlhandlungen, unwillkürliche Bewegungen usw.) Andererseits diente es als Grundlage für den topographischen Gesichtspunkt im allgemeinen und für die Konzepte der Systeme Unbewußt, Vorbewußt und Bewußt im besonderen, die wiederum die Vorläufer des strukturellen Gesichtspunktes waren.

b) Das Entropie (oder ökonomische) Modell. Dieses Modell (89, Kap. VII B) – enthalten in der Richtung, die das topographische Modell dem Erregungsablauf zuschrieb – entspricht der entscheidenden, topographisch unvollständigen[21] Reihenfolge des Verhaltens des Säuglings: Unruhe ⟶ Saugen an der Brust ⟶ Nachlassen der Unruhe. Diese Reihenfolge, die das Verhalten in Kausalbeziehung zu Spannungsverminderungsvorgängen setzt, wird als das Grundmodell alles motivierten Verhaltens angesehen und gilt – in Übereinstimmung mit dem Postulat des Determinismus – sowohl für offensichtlich motivierte Verhaltensweise wie für anscheinend zufällige.
Dies Modell ist – wie wir sehen werden – so modifizierbar, daß es auch auf *spannungserhaltende und spannungssteigernde Vorgänge* angewendet werden kann. Seine Bedeutsamkeit liegt darin, daß es eine weite Spanne von Phänomenen koordiniert und daß es als Grundlage für die Begriffe des Lustprinzips und der Wunscherfüllung im besonderen, und für den ökonomischen Gesichtspunkt, der sie subsumiert, im allgemeinen dient. Es spielt eine wichtige Rolle in der Umformung des topographischen in den strukturellen Gesichtspunkt und enthält auch den Kern des dynamischen und des adaptiven Gesichtspunkts. Da das Modell schon einige der anderen in sich schließt, wollen wir später die Skizze eines vorläufigen Versuchs bringen (249), es zu einem vereinheitlichten psychologischen Modell der psychoanalytischen Theorie zu entwickeln.

c) Das Darwinistische (oder genetische) Modell. Dies Modell (92, cf. auch 1), das von der Annahme ausgeht, daß der Verlauf der Ontogenese eingeborenen Gesetzen folgt, diente Freud als Bezugsrahmen für die Systematisierung der anamnestischen Angaben seiner Patienten und wurde zur Grund lage des genetischen Gesichtspunkts im allgemeinen und für die Theorie der psychosexuellen (Libido-) Entwicklung im besonderen, einschließlich der Konzepte der Fixierung und der Regression. Freuds Tendenz, das darwinistische Modell mit Haeckels biogenetischem Gesetz (die Ontogenese wiederholt die Phylogenese) und mit der Lamarckistischen Ansicht von der Evolution andererseits zu amalgamieren, veranlaßte ihn zu manchen Schlußfolgerungen, die heute als nicht stichhaltig erscheinen. Viele seiner Folgerungen aber er-

[21] Siehe S. 24.

wiesen sich als fruchtbar und, unabhängig von den Grundlagen, auf denen sie errichtet worden waren, als gültig. Haeckels biogenetisches Gesetz benutzte Freud bei der Anwendung und dem Ausbau des Jackson'schen Modells. Lamarcks Modell ermöglichte es ihm, Anpassungsvorgänge zu erfassen, für die die Darwinsche Theorie keine begrifflichen Werkzeuge lieferte. Der Kern der genetischen Konzeption Freuds, die *psychosexuelle Entwicklung*, ist wohl der bekannteste Ausschnitt der psychoanalytischen Theorie und wir brauchen uns nicht bei den Tatbeständen aufzuhalten, die Freud veranlaßten, sie zum Mittelpunkt seines genetischen Modells zu machen. Die ganze Tragweite des Modells wurde aber durch Freud noch nicht ausgeschöpft: sowohl Hartmanns (147) Konzept des „Funktionswechsels" wie Eriksons (51, 55, 58) „epigenetische" Auffassung, die das Postulat der „Gesetzmäßigkeit der Ontogenie" auf Verhaltensentwicklungen, weit jenseits des Gebiets der psychosexuellen Entwicklung, ausdehnt, basieren auf ihm.

Diese skizzenhafte Darstellung wird der überragenden Bedeutsamkeit des genetischen Modells innerhalb Freuds Theorie aber kaum gerecht. Tatsächlich wurzeln Begriffe, die so hoch in der theoretischen Hierarchie rangieren wie die Identifikation und die Übertragung, und so komplexe Theorien wie die der Objektwahl, in diesem Modell. Es war das genetische Modell, das die Psychoanalyse – im Gegensatz zu zeitgenössischen Theorien des Lernvorgangs – instand setzte, an Stelle *früh erlernter Verhaltensweisen a priori angeborene Gegebenheiten*[22] ins Zentrum ihrer Konzeption des Lernvorganges zu stellen. Derartige genetische Überlegungen ermöglichten es Freud, die Bedeutsamkeit frühkindlicher Erfahrungen für das Verhalten des Erwachsenen zu erfassen. Die akademische Psychologie brauchte fünfzig weitere Jahre, um zur gleichen Einsicht zu gelangen. [Cf. Hunts (173, 174) bestätigendes Experiment und Hebbs Theorie (159)]. Die Arbeiten Eriksons (54) und Hartmanns (147) und seiner Mitarbeiter haben unser genetisches Verständnis weiterhin vertieft (insbesondere Hartmanns und Kris' Diskussion (156) der genetischen und dynamischen Lehrsätze der Psychoanalyse). Werners (301) und Piagets (236, 237, 238) genetisch-psychologische Arbeiten stellten Fortschritte in der gleichen Richtung dar. Auch normative und Längsschnitt-Untersuchungen steuerten bedeutsames systematisches Beobachtungsmaterial hinsichtlich genetischer Reihenfolgen bei, obgleich die methodologischen Probleme, die sich bei der Untersuchung solcher Reihen und der Anwendung des genetischen Standpunkts ergeben, noch keineswegs gelöst sind.

---

[22] cf. Lorenz (208), Tinbergen (294), Piaget (236), und Schiller (282 a).

d) Das Jacksonsche (oder das neurale Integrationshierarchie) Modell. Diesem Modell entsprechend besteht das Nervensystem aus einer Hierarchie von Integrationen, in der die übergeordneten die untergeordneten hemmen oder steuern und eine Schädigung oder Hemmung der übergeordneten die Funktionen der untergeordneten wieder zum Einsatz bringen. Als Freud 1898 seinen neurologischen Gesichtspunkt aufgab, setzte er an Stelle neuropsychologischer Spekulationen die Hypothese hierarchisch organisierter psychologischer Systeme, die nach dem Muster der Jacksonschen Hierarchie neuraler Schichten (89, S. 574) gebildet waren. Zum Beispiel ist die Reihenfolge der Systeme Unbewußt, Vorbewußt und Bewußt nach diesem Muster gebildet. Freuds Jacksonsches Modell steht in naher Beziehung zu seinem genetischen wie zu seinem topographischen Modell. Seine Brauchbarkeit liegt darin, daß es Mittel bietet, Verhaltensphänomene, die mit willentlicher Kontrolle und/oder Bewußtheit einhergehen, systematisch mit solchen zu koordinieren, bei denen dies nicht der Fall ist. Nicht nur sind die Konzepte der Systeme Unbewußt, Vorbewußt und Bewußt (wie auch die des Es, Ich und Überich) nach diesem Modell geprägt, sondern auch Freuds Annahme, daß „jedem Fortschritt zu einer höheren Stufe psychischer Organisation eine neue Zensur entspreche" (108, S. 290). Auch seine Annahme einer multiplen Schichtung der Abwehr innerhalb des Ich folgt dem gleichen Muster (107, 122).

Dies alles erschöpft aber die einzigartige Bedeutsamkeit dieses Modells noch nicht. Schließlich bauten auch Janet und Prince ihre Konzeptionen auf einem ähnlichen Modell auf, selbst wenn Janet annahm, daß das „Unterbewußte" das Produkt einer, von einem Trauma ausgelösten und auf Degeneration beruhenden Dissoziation sei, und nicht normalerweise auch unter der Kontrolle des Bewußtseins vorhanden. In Freuds Theorie diente die Hemmung untergeordneter Schichten durch übergeordnete als Modell für den Begriff des Konflikts. So wurde die Hemmung zu einem dynamischen Ereignis: das Ergebnis eines Aufeinanderpralls von Kräften. Zu Anfang (1895) wurden diese Kräfte als die libidinösen Affekte versus das Ich begriffen, wobei das letztere die „herrschende Vorstellungsmasse" war, die der Realität, der Gesellschaft und der Moral dient (29). Später (1900) wich diese Konzeption des Konflikts der Konzeption von den Trieben versus Zensur, wobei die Zensur Ich- (d. h. selbsterhaltende) Triebe vertritt (89, 105). Die endgültige Konzeption (1923) war die des interstrukturellen Konflikts zwischen Ich und Es unter der Teilnahme des Überichs auf einer oder auf beiden Seiten (117, 128). So koordinierte das Jacksonsche Modell solche Vorgänge, die von alters her als „Konflikt" bezeichnet werden mit solchen, aus denen auf „unbemerkte Konflikte" geschlossen werden konnte, und diente als Grundlage für die Konzepte des unbewußten Konflikts, der Hemmung, der un-

bewußten Triebkräfte und Gegenkräfte, die zur Theorie der Symptome und schließlich zur Theorie der seelischen Struktur führten.
Zusammenfassend: das Jacksonsche Modell diente als Grundlage für den dynamischen Gesichtspunkt in Freuds Theorie und trug auch zur Entwicklung der topographischen und strukturellen Gesichtspunkte bei.

e) Ein kombiniertes Modell. Wir wollen nun das Entropie- (oder ökonomische Modell ausführlicher darstellen, die Verhaltensreihe: *Unruhe ⟶ Saugen an der Brust ⟶ Nachlassen der Unruhe*[23]. Hier ist die Unruhe die Beobachtung, die mit dem Begriff der Spannungssteigerung bezeichnet ist, das Saugen an der Brust die Entsprechung der spannungsabführenden Aktion am Objekt und das Nachlassen der Spannung die Entsprechung eines Zustandes verminderter Spannung. Diese wieder werden mit den Begriffen Akkumulierung von Besetzung, Aktion am besetzten Objekt und Abfuhr von Besetzung gleichgesetzt, welche wiederum im Bezugsrahmen der allgemeinen psychoanalytischen Theorie mit den Begriffen Trieb, der den Schwellenwert erreicht, Triebaktion am triebbesetzten Objekt und Triebbefriedigung bezeichnet werden. Schließlich wird die Richtung aller dieser Sequenzen als *Lustprinzip* verbegrifflicht.
Es handelt sich hier um das *primäre Modell der Aktion*. Es ist ein Aktionsmodell, da es weder Gedanken noch Affekten Rechnung trägt. Es ist ein primäres Modell, da es nur Aktionen darstellt, die durch Primärtriebe motiviert sind, und bei denen das Dazwischentreten psychischer Strukturen und abgeleiteter Triebe, das für die überwiegende Mehrzahl beobachteter Aktionen charakteristisch ist, ausbleibt. Es ist das erste der sechs Modelle, die hier von der Verhaltensreihe abgeleitet werden sollen, die als das Modell alles motivierten Verhaltens gilt. Wir wollen nun die primären Modelle des Denkens und des Affekts ableiten und uns dann den sekundären Modellen zuwenden.
Das primäre Modell des Denkprozesses (der Vorstellung) wurde von Freud 1900 formuliert (89, S. 555 ff., 571/72). Die *Triebintensität erreicht den Schwellenwert ⟶ Abwesenheit des Triebobjekts ⟶ halluzinatorische Vorstellung früherer Trieberfüllung.* Ist das Triebobjekt nicht erreichbar, so kann die Triebaktion nicht stattfinden und es findet ein Kurzschluß zu halluzinatorischer Befriedigung statt. Die Triebbesetzung wird auf die Erinnerungsspuren früherer Befriedigungen verschoben und verleiht diesen halluzinatorische Intensität. Der in diesem Modell enthaltene Kurzschlußvorgang und der Richtungsverlauf sind der Inhalt des Freudschen *Wunscherfüllungsbegriffs.* Es ist bemerkenswert, daß sowohl das *Lustprinzip* wie

[23] Genauere Ausführungen bei Rapaport (294).

sein cognitives Äquivalent, die *Wunscherfüllung*, sich weit von der gebräuchlichen Bedeutung der Begriffe Lust und Wunsch entfernen. Das Modell weitet den ökonomischen Standpunkt auf *Denkphänomene* aus und sein Begriff der Wunscherfüllung drückt den gerichteten, intentionalen Charakter des Denkens aus. Dies Modell ermöglicht es, in die Theorie des motivierten Verhaltens Phänomene wie Träume, Halluzinationen, Illusionen, Tagträume, Träumereien einzubeziehen und dient als Grundlage für jene Begriffe, die diese Gedankenformen im sekundären Modell des Denkens mit den bekannteren Phänomenen des geordneten sachgerechten Denkens koordinieren. Es liefert das theoretische Gerüst für das Verständnis der freien Assoziation und der projektiven Techniken und die Begriffe für die Erklärung der Beobachtungen in Mangelzuständen (Hunger und Durst), bei Reizentzug (siehe Hebbs und seine Mitarbeiter 22 a, 159 a, 159 b, 159 c und Lillys Experimente 206 a, b) und in der Hypnose (27, 139).

Das Primäre Modell des Affekts wurde 1900 von Freud formuliert (89, S. 571 ff., 604 ff.): Die *Triebintensität erreicht den Schwellenwert ⟶ Abwesenheit des Triebobjekts ⟶ Affektentladung.* Da bei Abwesenheit des Triebobjekts eine Triebaktion nicht möglich ist, findet eine Notentladung durch Affektabfuhrkanäle statt. Freud charakterisierte Affektentladungen zuerst als Ausfallstore für Triebspannung und später, 1911, als Abfuhr „durch ins Innere des Körpers gesandte Innervationen" (autoplastische Adaption), im Gegensatz zur zweckmäßigen Veränderung der Realität durch Handeln (alloplastische Adaption 99, S. 232–33)[24]. Während andere psychologische Theorien direkte Verbindungen zwischen affektauslösenden Reizen, körperlichen Veränderungen und subjektiven Erlebnissen, die in den Affekten inbegriffen sind, postulieren, fügt dieses Modell – wie auch das topographische – zwischen affektauslösenden Reizen und Affektreaktionen unbewußte Vorstellungen und Triebe ein. Diese Modifikation ermöglicht eine einheitliche Theorie, die sowohl der Angst und anderen fortdauernden Affekten, wie Affekten, die nicht offensichtlich durch spezifische affektive Reize ausgelöst werden, wie auch den gewöhnlich behandelten Formen von Affekten gerecht werden kann. Das Modell behebt auch manche der Schwierigkeiten und Widersprüche zwischen den verschiedenen bekannten Affekttheorien (James-Lange, Cannon usw.)[25].

Die Beziehung zwischen dem primären Modell des Handelns einerseits und

---

[24] Von den Wechselwirkungen zwischen Umgebung und Organismus heißen diejenigen, die in erster Linie Veränderungen des Organismus zur Folge haben, autoplastische, diejenigen, die in erster Linie Veränderungen der Umgebung bewirken, alloplastische.

[25] Eine ausführliche Darstellung findet sich in "Emotions and Memory" (240).

den beiden primären Modellen des Denkprozesses und des Affekts andererseits ist durch die Anwesenheit des Triebobjekts im ersteren und durch seine Abwesenheit in letzteren ausgezeichnet. Die Beziehung des Denkmodells zum Affektmodell kommt in dem kombinierten primären Modell des Denkprozesses und des Affekts zum Ausdruck, das Freud 1915 formulierte (107, S. 255 und 108, S. 276): *der Trieb erreicht Schwellenintensität ⟶ Abwesenheit des Triebobjekts ⟶ hallutinatorische Vorstellung und/oder Affektentladung.* Dies Modell war entwickelt worden, um einer Reihe klinischer Beobachtungen Rechnung zu tragen. Klinisch wird der verdrängte Trieb von seiner „vorstellungsmäßigen Repräsentanz" und von der „Repräsentanz seines Affektbetrages" (107, S. 255) abgeleitet. Während bei Zwangsvorstellungen nur die „Vorstellungsrepräsentanz" (108, S. 276) des Triebes beobachtbar ist (da seine Affekt-Repräsentanz gewöhnlich der Abwehr, d. h. der Verdrängung, Isolierung oder Verschiebung erliegt), wird im hysterischen Anfallen nur seine Affektrepräsentanz manifest (die Vorstellungsrepräsentanz verfällt der Abwehr, gewöhnlich der Verdrängung). Affekt und Vorstellung werden so als komplementäre und/oder einander ausschließende Triebrepräsentanzen aufgefaßt.

Diese primären Modelle heben die traditionelle Spaltung des Seelenlebens in Handeln, Denken und Fühlen auf und stellen seine Einheit wieder her. Sie sind deutlich entropische (ökonomische) Modelle, obwohl sie das topographische (Reflexbogen-) Modell in ihrer Gerichtetheit und das dynamische in der Rolle, die die Triebe spielen, einschließen. Sie haben aber auch adaptive Aspekte, insofern sie durch Evolution gesicherte Koordinationen zwischen dem Trieb und einem realen Objekt (dem Triebobjekt) und zwischen Individuen mittels Affektausdrücken setzen. Sie haben weiterhin strukturelle Aspekte: Triebabfuhrkanäle und Triebabfuhrschwellen, die von der Triebintensität erreicht werden müssen, ehe eine Triebhandlung stattfinden kann. Sie haben genetische Bedeutungen, insofern angenommen wird, daß sie in erster Linie früheren Entwicklungsphasen zugehören. In den sekundären Modellen werden diese adaptiven, strukturellen und genetischen Aspekte weiter differenziert.

Das sekundäre Modell des Handelns wurde von Freud im Jahre 1900 umrissen (89, S. 513 ff.): *Der Trieb erreicht Schwellenintensität ⟶ der abgeleitete Trieb wird vom Grundtrieb mobilisiert oder erreicht unabhängig die Schwellenintensität ⟶ strukturbedingter Aufschub in Anwesenheit des Triebobjekts ⟶ Umwegshandlung auf der Suche nach dem Triebobjekt* und *Instrumentalhandlung, um es zu erreichen ⟶ Befriedigung.* Wir wollen nun die Beziehungen zwischen den Gliedern dieser Reihe nacheinander betrachten.

Der Trieb erreicht Schwellenintensität ⟶ der abgeleitete Trieb wird vom Grundtrieb mobilisiert oder erreicht unabhängig die Schwellenintensität. Dieser Schritt umfaßt sowohl das Darwinsche wie das Jacksonsche Modell: er hat ebensowohl genetische als hierarchisch-strukturelle Aspekte. Im Laufe der Entwicklung differenzieren sich die Triebe in eine Hierarchie abgeleiteter Triebe. Diese Triebhierarchie wiederum hat sowohl adaptive wie strukturelle Aspekte. Die Differenzierung der abgeleiteten Triebe folgt ontogenetischen Gesetzen (e. g. denjenigen der psychosexuellen Entwicklung), aber die *Anlässe* für diese Differenzierung sind umweltbedingt (etwa die periodische Abwesenheit des Triebobjekts, das Auftreten von Ersatzobjekten, die Reaktion der Umgebung auf und ihre Forderung nach neuen ontogenetischen Leistungen usw. 54, 55, 58) und folglich ist die Differenzierung selbst eine adaptive. Die fortschreitende Abnahme und Wandlung der mütterlichen und familiären Fürsorge sind die aus der Umgebung erwachsenden Gegenparte dieser adaptiven Entwicklung und liefern die Anlässe für sie. So ist die Entwicklung der abgeleiteten Triebe nicht eine Angelegenheit des „reinen Lernens", noch gehorcht sie blindlings ontogenetischen Gesetzen.

Ist das Triebobjekt nicht erreichbar, so wird die Triebentladungsschwelle durch *Gegenbesetzungen* erhöht. Diese gegenbesetzenden Energieverteilungen werden in den Begriffen der Kontroll- und Abwehrstrukturen[26] und der abgeleiteten Triebe erfaßt[27]. Die wichtigste dynamische Bedeutung des Modells liegt in Folgendem: Die aus einem Konflikt zwischen grundlegenden Motivkräften und Strukturen resultierende Hemmung läßt neue motivierende Kräfte entstehen.

Eine weitere Bedeutung dieser ersten Beziehung ist die, daß eine Handlung auf verschiedene Weisen eingeleitet werden kann. Der Grundtrieb kann sie bei Erreichung der Schwellenintensität einleiten. In diesem Fall sind die abgeleiteten Triebe (wenn sie nicht Schwellenintensität erreicht haben) entweder umgangen oder durch den Grundantrieb ausgelöst worden. Der abgeleitete Trieb kann aber auch direkt eine Handlung einleiten, wenn er Schwellenintensität erreicht hat. Auch kann eine Handlung eingeleitet werden,

---

[26] Der Ausdruck „Kontrolle und Abwehr" bezieht sich auf eine noch ungenügend untersuchte Gruppe von Erscheinungen. Gewisse gegenbesetzende Energieverteilungen verhindern erfolgreich die Ausführung der Motivationen, gegen die sie gerichtet sind: sie werden als Abwehrmechanismen bezeichnet. Andere verzögern, modulieren und bahnen Motivationen nur: sie werden als Kontrollen bezeichnet. Die tatsächliche Beobachtung findet aber anstelle dieser scharfen Zweiteilung fließende Übergänge. Siehe auch S. 250, Teil VII.

[27] Die Manifestationen von Energieverteilungen sind immer Kräfte, und klinisch werden Abwehrmechanismen stets durch das Auftreten neuer Motivationen erkennbar.

wenn ein äußerer Reiz die zusätzliche Erregung liefert, die einen Grundtrieb oder irgendeinen abgeleiteten Trieb zu Schwellenintensität steigert. Hier treffen wir wiederum auf den hierarchischen Aufbau und die Kurzschlußmöglichkeiten, die wir im Zusammenhang mit dem topographischen Modell kennen lernten.

Nun zur zweiten Beziehung: Der *abgeleitete Trieb wird vom Grundtrieb mobilisiert oder erreicht Schwellenintensität* ⟶ *strukturierter Aufschub*. Diese Beziehung betrifft alle oben erwähnten Möglichkeiten, Handlungen einzuleiten. Hier spielt der strukturierte Aufschub einerseits die Rolle, die die Triebabfuhrschwelle im primären Modell spielt: er schiebt die Entladung in einem bestimmten Maß hinaus. Andererseits spielt er auch die Rolle, welche die Abwesenheit des Triebobjekts im primären Modell einnimmt: er erzwingt Aufschub über den Punkt der ursprünglichen Entladungsschwelle hinaus. Der strukturierte Aufschub (d. h. Kontrolle oder Abwehr) wird als durch Gegenbesetzungen bewirkte Erhöhung des ursprünglichen Schwellenwerts begriffen, so daß das Objekt des abgewehrten Triebes vom Standpunkt der *psychologischen* Realität nicht vorhanden (nicht wahrgenommen oder nicht verwendbar) ist, selbst wenn es in der *äußeren Realität* anwesend ist. Hier spielt die *psychologische* Abwesenheit des Objekts die gleiche Rolle, wie es seine wirkliche Abwesenheit im primären Modell tut.

Kontrollen und Abwehrmechanismen werden als Strukturen aufgefaßt. Ihre Veränderungen sind langsam im Vergleich mit denen der Triebintensitätssteigerungen und der Triebentladungsvorgänge. Der Entladungsaufschub, den diese Strukturen ermöglichen, stellt den entscheidenden Unterschied zwischen dem primären und dem sekundären Modell dar. Im primären Modell herrscht das *Lustprinzip* vor (die Tendenz zur unmittelbaren Abfuhr), während hier das entgegengesetzte Prinzip des geringsten Aufwandes[28] überwiegt – das dem übergeordneten Begriff des Realitätsprinzips zuzuordnen ist (Freud 1911). Schwelle und Triebintensität sind relativ zu einander, doch läßt die Beobachtung die Annahme notwendig erscheinen, daß die Kontroll- und Abwehrstrukturen relativ unabhängig von den Trieben sind. Die relevanten Beobachtungen – so etwa die adaptive Rolle jener Verhaltensformen, die ihren Ursprung in defensiven Reaktionsbildungen haben – sind die gleichen wie jene, auf denen der Begriff der Autonomie beruht. Die Strukturen hier sind Ich-Strukturen; ihre Autonomie ist im Begriff der Ich-Autonomie einbegriffen (147, 248, 260 a), die der Allport'schen (8) Konzeption der „funktionellen Autonomie" verwandt ist.

---

[28] „Eine allgemeine Tendenz unseres seelischen Apparats, die man auf das ökonomische Prinzip der Aufwandsersparnis zurückführen kann ..." (99, S. 234).

Nun zur nächsten Beziehung: *strukturierter Aufschub* ⟶ *Umwegshandlung auf der Suche nach dem Triebobjekt und Instrumentalhandlung zur Erreichung desselben.* Im primären Modell wird, wenn das Triebobjekt nicht erreichbar ist, entweder die Erinnerungsspur früherer Befriedigungen triebbesetzt und so eine halluzinatorische Wunscherfüllung erreicht, oder es wird ein Teil der Triebbesetzung durch die „Ausfallstore" der Affektabfuhrkanäle entladen. Im sekundären Modell wird die Entladung durch den strukturierten *Aufschub* verzögert und dadurch *Umwege* von der direkten Route der Befriedigung und die Suche nach dem realen Triebobjekt ermöglicht. Die Begriffe *Aufschub* und *Umweg* sind der Psychologie vertraut (Hunter, 1913; Köhler, 1917). Obwohl Freud diese Begriffe schon 1900 einführte, bemerkten die Psychologen offensichtlich nicht, daß sie, einmal als Konzepte ernstgenommen, Rechenschaft geben können sowohl über den Unterschied wie auch über die Beziehung zwischen impulsivem und kontrolliertem Verhalten. Im sekundären Modell des Denkprozesses werden wir Aufschub und Umweg wieder begegnen.

Die letzte Beziehung schließlich, *Umwegs-* und *Instrumentalhandlung* ⟶ *Befriedigung,* ergibt, daß es nicht notwendigerweise *Trieberfüllung* ist, was durch Reihenabläufe dieser Art erreicht wird[29]. Wir sahen, daß solche Abläufe durch Triebe oder Triebabkömmlinge eingeleitet werden können, die beide durch äußere Erregungen ausgelöst sein können. In Hinblick auf die Autonomie des Ich müssen wir nun hinzufügen, daß äußere Erregungen auch direkt Umwegs- und Instrumentalhandlungen auslösen können: die Funktionen, die den Umwegs- und Instrumentalhandlungen zu Grunde liegen, sind Ich-Funktionen. Strukturierter Aufschub und Umweg und Struktur im Allgemeinen (Abwehr-, Kontroll- und Instrumental-Strukturen) sind die Begriffe, die es dieser Theorie ermöglichen, nicht nur, wie allgemein angenommen wird, der Herabsetzung von Spannung gerecht zu werden, sondern auch der Aufrechterhaltung und Steigerung von Spannung. Die Verlagerung von der „Erfüllung" des primären Modells zur „Befriedigung" dieses Modells zeigt an, daß die volle Abfuhr der Triebspannung einer Abfuhr den Platz einräumt, die mit der durch die Strukturbildung unvermeidlich gewordenen Aufrechterhaltung von Spannung vereinbar ist.

Das *sekundäre Modell der Denkprozesse* wurde von Freud 1900 umrissen (89, S. 571 ff., 604 ff.): *Trieb oder Triebabkömmling erreicht Schwellen-*

---

[29] K. Lewins (201, 205, 206) Quasi-Bedürfnisse sind Beispiele hierfür. Allgemeiner gesagt, entspricht die Unterscheidung zwischen Trieberfüllung und Befriedigung der Unterscheidung zwischen den Verschiedenheiten der Handlungseinleitung, wie wir sie oben besprachen. Weiteres darüber siehe 249.

intensität ⟶ strukturierter Aufschub ⟶ antizipierende und planende Experimentalhandlung in Gedanken mit kleinen Besetzungsbeträgen, um das Triebobjekt zu finden und die Triebhandlung auszuführen. Die ersten beiden Schritte in diesem Modell sind die gleichen wie im sekundären Modell des Handelns, und die oben vorgebrachten Überlegungen treffen auch hier zu. Die Beziehung zwischen strukturiertem Aufschub und der „probenden Denkarbeit“ (89, S. 605) ist die einzige, die besprochen werden muß. Nach dem primären Modell der Denkprozesse, das dem Lustprinzip folgt, tritt, wenn eine Triebhandlung nicht stattfinden kann, ein Kurzschluß zur halluzinatorischen Erfüllung ein, und zwar mittels der Mechanismen der Verschiebung, Verdichtung, Ersetzung, Symbolisierung usw. Im sekundären Modell verhindert unter den gleichen Bedingungen der strukturierte Aufschub den Kurzschluß und es kommt zu Umwegshandlungen, die geordnetes Denken voraussetzen.

Die Konzeption von zwei Typen der Gedächtnisorganisation beruht auf diesem Unterschied zwischen den beiden Modellen (250, Fußnote S. 630/31). In der Trieb-Organisation des Gedächtnisses sind alle erinnerungsmäßigen (Vorstellungs-) Repräsentanten eines Triebes um diesen herum organisiert und sind einander gleichwertig. Die oben aufgezählten synkreten Mechanismen sind Ausdruck dieser Äquivalenz[30]. In der begrifflichen Organisation des Gedächtnisses besitzen alle diese Äquivalenzen zwei Determinanten: auf der einen Seite empirische Koordinationen (häufig durch Kontiguität) andererseits logische Zusammenhänge (nicht alle Kontiguitätsbeziehungen sind zugelassen, sondern nur diejenigen, die mit logischen Zusammenhängen vereinbar sind)[31].

Diese beiden Gedächtnisorganisationen unterscheiden nicht zwei *Klassen* von Gedanken, sondern verbegrifflichen nur zwei verschiedene *Aspekte* jedes gegebenen Gedankens, unter der Voraussetzung, daß die begriffliche Organisation hierarchisch der Trieborganisation übergeordnet ist und kontrollierende Funktion über letztere ausübt. Diese cognitiven Modelle und ihre genetischen Beziehungen zueinander stellen den ersten folgerichtigen Versuch dar, diejenigen Gedankenformen, die sich uns aufzwingen (Zwangsvorstellungen, Wahnbildungen, Träume), und diejenigen, die wir annehmen

---

[30] Der Ausdruck „Äquivalenz“, wie er hier verwandt wird, ist eine Verallgemeinerung der Äquivalenz, der in dem Begriff „äquivalente Reize“ enthalten ist. Er bezieht sich nicht nur auf Reize, sondern auch auf Reaktionen darauf. Er betrifft nicht nur „ununterscheidbare“ Reize oder Reaktionen, sondern auch solche, deren Beziehung zu einander die des *Anzeigenden (indicator)* zum *Angezeigten (indicated)* ist.

[31] Eine weitere Diskussion dieser Gedächtnisorganisationen findet sich in ”Organization and Pathology of Thought“ (250) und ”The Psychoanalytic Theory of Thinking“ (247).

oder ablehnen können (praktische Gedanken, rationale Gedanken, streng logische Gedanken), innerhalb einer Theorie zu koordinieren.

Das intentionale, antizipierende Potential des Denkens in diesem sekundären Modell leitet sich aus der Gerichtetheit des primären Modells ab, während seine Realitätsgerechtigkeit dem strukturierten Aufschub entstammt, der sich der unmittelbaren Abfuhr- und Erfüllungstendenz des primären Modells widersetzt und so die Entwicklung und Verwendung begrifflicher Koordinationen ermöglicht.

Das *sekundäre Modell des Affekts* wurde 1926 von Freud formuliert (122, Kpt. VIII, besonders S. 168): *Trieb oder Triebabkömmling erreicht Schwellenintensität ⟶ strukturierter Aufschub ⟶ Affektsignal wird durch das Ich aus strukturell abgesonderten Affektladungen ausgelöst*[32]. Die erste Beziehung dieser Reihenfolge ist identisch mit der der anderen sekundären Modelle und die dort angestellten Überlegungen gelten auch hier, mit einer Ausnahme: hier ist die Rolle des die Schwellenintensität erreichenden Triebes verändert und die Konsequenzen der ansteigenden Triebspannung werden vom Ich antizipiert.

Bei seinen frühen Theoriebildungen nahm Freud an, daß, wenn keine Triebhandlung stattfinden kann, die Affektabfuhrkanäle als „Ausfallstore" für einen gewissen Anteil der aufgestauten Triebbesetzung (Affektladung) dienen. Noch 1915 vermutete er (108), daß nur die Triebintensität und die Kapazität der Affektentladungswege über die Quantität der Affektladung entscheiden und daß letztere vor ihrer Entladung nicht von der Triebbesetzung getrennt ist. Diese Konzeption gilt noch jetzt für Affekte in frühen Phasen der Ontogenese.

Später allerdings (1926) erwies sich die Annahme als notwendig, daß parallel zur Entwicklung einer Hierarchie der Motive und Strukturen eine allgemeine strukturelle Abspaltung der Affektladungen von Triebbesetzungen stattfindet, und daß sich auf jeder Stufe dieser Hierarchie spezifische Affekte und Affektabfuhrkanäle herausdifferenzieren. Ursprünglich hatte Freud angenommen, daß mit der Zunahme von Triebintensität automatisch die Affektabfuhrkanäle benutzt würden, wenn in Abwesenheit des Triebobjekts die Erregungsabfuhr durch Triebhandlung nicht möglich ist; nun aber ist die Abwesenheit des Objekts in der Form des strukturierten Aufschubs internalisiert worden und die Ichstrukturen, die diesem Aufschub dienen, umfassen auch solche, die die Affektladung von der Triebladung absondern und ihre Entladung steuern. Die abgespaltenen Affektladungen stehen daher unter

[32] Näheres darüber in "The Psychoanalytic Theory of Affects" (256) und in "Organization and Pathology of Thought" (250).

der Kontrolle des Ich: wenn steigende Triebspannung gegen Abwehrstrukturen des Ich andrängen, verwendet das Ich die abgespaltene Affektladung, um ein antizipierendes Affektsignal (Angstsignal) zu geben, das – obwohl von geringer Intensität im Vergleich zur Affektladung – Gegenbesetzungen zur Verstärkung der Abwehr mobilisiert (auf Grund des Lustprinzips) und so der Triebentladung vorbeugt (122, S. 120, 170–71). Im Verlauf der Ontogenese wandeln sich also die Affekte aus Entladungsphänomenen in Signale, aus Sicherheitsventilen für Triebspannung in vorwegnehmende Mittel zur Verhütung von Triebentladung. Unter solch „normalen" Umständen wie Verlust oder Gefahr (aber auch gegenüber von Witz und dramatischer Spannung) wie unter pathologischen Bedingungen, können die Signalaffekte Entladungsaffekten weichen (siehe 67 a). Die abgespaltene Affektladung kann sich auch, wie alle anderen Besetzungen, als eine motivierende Kraft manifestieren[33]. Gemäß dem sekundären Modell können also Affekte als Entladungsprozesse, als antizipatorische Ich-Signale für steigende Triebspannung und als Motivationen dienen; so vereint das Modell ein breites Beobachtungsspektrum emotionaler Vorgänge in sich. Es sind tatsächlich die meisten Beobachtungen über Affekte, denen die verschiedenen akademischen Theorien Rechnung tragen – oder an denen sie scheitern – in diesem Modell koordiniert.

Die Verhaltensformen, die durch das sekundäre Modell dargestellt werden, erwachsen nach ontogenetischen Gesetzen aus jenen, die in den entsprechenden primären Modellen dargestellt sind, aber ihre Entwicklung hängt – außer von den ontogenetischen Gesetzen – auch von den Umweltbedingungen ab und ist somit adaptiv.

Im Gegensatz zu den primären Modellen setzen alle sekundären Modelle den strukturierten Aufschub, das heißt eine progressive, hierarchisch geschichtete Strukturentwicklung voraus. Die betreffenden Strukturen sind: Abwehr- und Kontrollstrukturen, Strukturen, die Affektladungen abspalten sowie die Instrumentalstrukturen der sekundären Handlungs- und Denkprozesse. Eine Parallelentwicklung findet in der Hierarchie der Motivationen statt: jeder Schritt in der Strukturentwicklung hat einen, den Motivationen auferlegten Aufschub zur Folge, der seinerseits neue abgeleitete Motivationen und Affekte hervorbringt. Diese vielfacettige hierarchische Entwicklung ist

[33] Zum Beispiel können Handlungen, die zu einem unbewußten Schuldgefühl in Beziehung stehen, durch den aggressiven Impuls motiviert sein, der den Schuldaffekt veranlaßte, oder durch eine (abgeleitete) Motivation, die als Reaktionsbildung auf diesen aggressiven Impuls entstand, oder aber auch durch den Schuldaffekt selbst, wenn dieser den Status einer relativ autonomen Motivation erlangt hat. Leepers (196) Motivationstheorie der Emotionen könnte sich auf diese Kontingenz beziehen.

die Entwicklung des Ich (250, 258) und umfaßt die Differenzierung des Ich vom Es und des Überich vom Ich. Die Es-Ich-Überich Dreiteilung ist die umfassendste strukturelle Gliederung der psychologischen Organisation und als solche spielt sie eine entscheidende Rolle in der klinischen Theorie der Psychoanalyse. Da sie aber von den besprochenen Modellen abgeleitet werden kann, stellt sie kein unabhängiges Modell dar und wird uns also hier nicht weiter beschäftigen.

Die sekundären Modelle stützen sich weitgehend auf das Darwinistische (genetische) und das Jacksonsche (hierarchische) Modell und daher sind für sie die strukturellen, genetischen und adaptiven Einflüsse von zentraler Bedeutung. Doch treffen auf sie auch die topographischen, ökonomischen und dynamischen Überlegungen zu, die bei den primären Modellen solch eine zentrale Rolle spielten. So vereinigt dies kombinierte Modell, das eine Erweiterung des entropischen (ökonomischen) Modells darstellt, alle Modelle, die Freud benutzte. Das aber tut es um den Preis, in sechs Partialmodelle zu zerfallen, die sich ihrem Wesen und vielleicht auch dem Wesen der Theorie oder selbst dem Wesen der Sache nach überschneiden müssen.

4. Der umfassende empirische Bezug der Theorie

Obgleich im Mittelpunkt der analytischen Theorie die Psychologie der Triebe und Primärprozesse stand und sie für ihre diesbezüglichen Befunde den Anspruch unumschränkter Gültigkeit erhob[34], vertrat sie doch von ihren Anfängen an ein umfassendes, empirisches Interesse.

Freud erklärte noch 1917 (112), daß sein Aufschub der Untersuchungen der Sekundärprozesse, der Ich-Funktionen, der Realitätsbeziehungen und der Anpassung ein beabsichtigter sei und nicht einer Unterschätzung ihrer Bedeutung entstamme. Tatsächlich begann Freud schon 1900, sie in die Theorie einzubauen (89, S. 604 ff.), dann wieder 1911 (99) und fundierte diese Schritte zwischen 1917 (112) und 1926 (122) weiter. Die Entwicklung gipfelte in seiner Ich-Theorie, aber erst 1939 gab Hartmann (147) die erste systematische Formulierung der Realitätsbeziehungen und der Anpassung, indem er den Bezugsrahmen der Ich-Psychologie erweiterte. Diese Systematisierung, die mit dem Anspruch einherging, daß die Psychoanalyse ein umfassendes System der Psychologie darstellt, wurde in den Untersuchungen von Hartmann, Kris, Löwenstein (150, 151, 152, 157, 158, 191), Rapaport (250, besonders Teil VII; 249, 259), Jacobson (176, 177, 178), Gill und Rapaport (140) fortgesetzt.

[34] Das heißt, daß sie die letztlichen Determinanten *allen* Verhaltens sind. Die Konzeption der *letztlichen Determinanten* und ihre spätere Einschränkung soll weiter unten besprochen werden.

Inzwischen, und selbst vor diesen Entwicklungen innerhalb der Hauptströmung der Psychoanalyse, waren die Anpassung und die Realitätsbeziehungen, insbesondere die Rolle der interpersonalen Beziehungen und der Gesellschaft in den Mittelpunkt der Theorien Adlers, Horneys, Sullivans und Kardiners gerückt[35]. Erikson (49–56, 58) war der erste, der diese Problemstellungen, die den ursprünglichen empirischen Bereich der Psychoanalyse erweiterten, in den Hauptstrom der Theorie miteinbezog[36].
In den späten dreißiger, den vierziger und fünfziger Jahren schließlich dehnte sich der Einfluß der Psychoanalyse und der neuen psychoanalytischen Ich-Psychologie auf die gesamte Psychologie aus, erst durch die projektiven Techniken auf die klinische Psychologie, dann auf die experimentelle klinische Psychologie und schließlich auf die experimentelle Psychologie selbst[37]. So verwirklicht sich allmählich der ursprüngliche umfassende Anspruch der Theorie.
Sollten wir eine der sinnfälligsten Beschränkungen dieses Anspruchs der Theorie auf umfassende Gültigkeit wählen, dann würden wir wohl auf das Fehlen einer spezifischen Theorie des Lernens hinweisen. Die Psychoanalyse hat Grundlagen geschaffen, von denen aus zeitgenössische Theorien des Lernprozesses (Hull, Dollard, Miller, Mowrer usw.) scharf kritisiert werden können und ihre Auffassung vom Primärprozeß (e. g. die Trieborganisation des Gedächtnisses) und des sekundären Prozesses (e. g. die begriffliche Organisation des Gedächtnisses) kann als Grundlage für eine Theorie des Lernens angesehen werden. Aber wie die Lewinsche und die Gestalttheorie hat sie es unterlassen, eine spezifische alternative Lerntheorie zu entwickeln. Obwohl Hartmanns Automatisierungs-Konzept (147) einen neuen Zugang zum Problem des Lernens zu eröffnen schien (wie auch K. Lewins Ossifikations-Konzept), hat ihn bis heute niemand beschritten. Das Problem des Lernens – wie ein Prozeß sich in eine Struktur wandelt, oder mit anderen Worten, das Überdauern und die Zugänglichkeit von Erfahrung auf lange Frist – ist bisher auch von der Psychoanalyse nicht gelöst worden.

5. Quantifizierung und Messung

Die psychoanalytische Theorie schließt (besonders in ihren ökonomischen Gesichtspunkten) quantitative Erwägungen ein, deren Übertragung in tatsächliche Messungen aber Schwierigkeiten bieten, die noch nicht überwunden

---

[35] Siehe Munroe (225).
[36] Hartmann, dessen Werk – unter Anderen – ein unentbehrliches Bindeglied zwischen Eriksons Arbeiten und der klassischen psychoanalytischen Metapsychologie darstellt, legte die metapsychologische Grundlage für diese Vereinigung, führte sie aber nicht wirklich aus.
[37] Siehe Shakow und Rapaport (288).

worden sind. Einige dieser Schwierigkeiten sollen hier und später in Abschnitt V erwähnt werden.

Freud vertrat keinen theoretischen Standpunkt, der die Quantifizierbarkeit ausschloß[38], doch unternahm weder er noch irgend ein anderer Analytiker den Versuch, die Variabeln der Theorie zu quantifizieren. Wie nützlich und unentbehrlich die Theorie auch klinisch ist, wieviel Licht sie auch in eine große Reihe menschlicher Phänomene bringt und wie übereinstimmend die alltägliche wie die klinische Erfahrung auch ihre Brauchbarkeit bestätigen – als Theorie bedarf sie exakter Bestätungsprüfungen, die ihrerseits die Mathematisierung der von ihr gesetzten Beziehungen erfordern. Die Hindernisse auf dem Weg solch einer Mathematisierung waren folgende:

a) die grundlegende unabhängige Variabel (Triebbesetzung im allgemeinen, Libido im besonderen), die die psychoanalytische Theorie postuliert, ist eine intrapsychische, die – anstatt mit manipulierbaren äußeren Reizen – mit organischen Veränderungen *und* intrapsychischen strukturellen Bedingungen verknüpft und daher schwer zu manipulieren[39] und zu messen ist.

b) Die Bahnen, durch die solche Variabeln ihren Kausaleffekt ausüben, sind vielfältig und untereinander vertauschbar (cf. Tolmans stellvertretende Funktion, Lewins Ersatzaufgaben und Heiders Äquifinalität) und daher schwer vorauszusagen, zu beobachten und zu messen[40].

c) Der Abstand zwischen den Hauptvariablen der Theorie und den beobachteten Erscheinungen macht es ungewiß, ob irgendein quantitatives Resultat als eine Quantifikation einer bestimmten Variable angesehen werden kann. Aber diese Hindernisse brauchten eine Mathematisierung (e. g. Quantifizierung) nicht auszuschließen, obwohl sie vermuten lassen, daß der Weg dahin lang und mühsam sein dürfte. Es ist zu bezweifeln, ob die lange hierarchische Kette von Begriffen, die zwischen den Beobachtungen und den

---

[38] Wir wissen allerdings, daß er gelegentlich praktisch den Standpunkt einnahm, die Theorie bedürfe keiner experimentellen Bestätigung (sf. Rosenzweig, 273). Ich verdanke Dr. Saul Rosenzweig eine persönliche Mitteilung, die darauf hindeutet, daß Freud in einer Unterhaltung mit H. A. Murray und in einer anderen mit R. Grinker diesen Standpunkt aufgegeben zu haben scheint.

[39] Nicht das geringste Hindernis für die Manipulierbarkeit ist das Recht des Individuums auf seine Unverletzlichkeit.

[40] Es ist häufig behauptet worden, daß Freuds Herkunft „aus einer anderen Tradition" dafür verantwortlich zu machen sei, daß er es versäumte, seine Variablen zu quantifizieren, und daß diese fortgesetzte Vermeidung ihrer Quantifizierung von der Entwicklung der Psychoanalyse „abseits der Schulpsychologie" herrühre. Es trifft durchaus zu, daß Freuds neurologische Forschungen sich auf die nichtquantitative Neuroanatomie bezogen haben. Es ist auch möglich, daß, wie Holt (164) meint, Freuds Erfahrung mit Fließ' „Zahlenspiel" und sein mangelndes mathematisches Denken (das er wiederholt erwähnt, 85), ihn quanti-

erklärenden Grundbegriffen der Theorie interpoliert ist, umgangen werden kann, und ob sich direkte Beziehungen zwischen Beobachtungen und theoretischen Grundbegriffen finden lassen. Das unterstreicht die Wichtigkeit der Theoriebildung, denn nur eine straff gebaute Theorie (mit klar festgelegten Definitionen und Implikationsregeln) kann an Beobachtungen, die nur durch eine lange Kette von Begriffen mit den Grundbegriffen der Theorie in Beziehung zu setzen sind, nachgeprüft und bestätigt werden: die oben besprochenen Modelle zeigen aber, daß in dieser Theorie die Implikationsregeln sich mit der Distanz von den Grundvariablen verändern.

Viele der Merkmale der beobachtbaren Vorgänge können wohl gezählt, geschätzt und gemessen werden, aber die Beobachtungen allein können uns nichts darüber sagen, welche ihrer Merkmale und welche Methode, sie zu zählen oder zu messen, die Beziehung zwischen ihnen und den erklärenden Grundbegriffen der Theorie freilegen werden: das kann nur die Theorie voraussagen. Ein gewisses Maß an „Versuch und Irrtums" (ad hoc) Quantifizierung ist unvermeidbar, aber eine Theorie wird sich dabei nie ergeben: Theorien ergeben sich nur beim Theoretisieren. Die Bestätigung oder Widerlegung einer Theorie setzen voraus, daß wir diejenigen Merkmale der beobachtbaren Vorgänge quantifizieren, die mit den *Dimensionen* der Variablen der Theorie korrespondieren. Die *ad hoc* Quantifizierungen sind nicht unbedingt wertlos; sie können das Mittel sein, durch das die Deduktionen aus der Theorie und die Induktionen aus den Beobachtungen einander zunehmend angenähert werden und mit dessen Hilfe die *wesentlichen* Meßbarkeiten allmählich aus der Menge aller Meßbarkeiten ausgelesen werden. Aber diese Auslese kann nicht durch blinde, durch keine Theorie gelenkte Messungen erreicht werden: sie würden kein Ende finden[41].

Die ersten Schritte zu einer Quantifizierung sind a) systematische Beherrschung der Theorie, wie sie gegenwärtig besteht, b) systematische Versuche,

---

tativen Überlegungen abgeneigt machte. Aber derartige Spekulationen scheinen mir doch den eigentlichen Punkt nicht zu treffen und lenken die Aufmerksamkeit vom Fehlen quantitativer Methoden, die auf intrapsychische Variablen anwendbar wären, ab. Auch die Schulpsychologie hat eben erst begonnen, solche Methoden zu entwickeln. Auch vernachlässigen solche Überlegungen die Tatsache, daß die Helmholtzsche Tradition der Mutterboden sowohl der Freudschen als der Schulpsychologie war und daß sich die Biologie jener Zeit nicht auf die Quantifizierung, sondern vielmehr auf die Bedeutung des Einzelfalls und auf das Aufspüren genetischer Beziehungen konzentrierte. Die Evolutionstheorie scheint doch eine „gute Wissenschaft" gewesen zu sein, obwohl die komplizierten Statistiken, die etwa G. G. Simpson (290, 291) auf sie anwendete, Darwin nicht zur Verfügung standen. In welchem Sinne Darwins und Freuds Theorien „gute Wissenschaft" sind, wäre eine interessante, aber bisher – soviel ich weiß – unbeantwortete Frage.

[41] Gleiche Überlegungen in Hinsicht auf die Geologie finden sich bei Rich (267).

die Theorie straffer zu gestalten, c) die Auswahl der Meßbarkeiten entsprechend den Variablen der Theorie. Bisher hat keiner der Quantifizierungsversuche diese Schritte unternommen. Die meisten Experimentatoren, die versuchten, die von der psychoanalytischen Theorie behaupteten Beziehungen zu bestätigen oder zu widerlegen, waren sich *des Wesens* der Beziehungen, die sie zu prüfen unternahmen, und der dabei beteiligten Variablen nicht bewußt.

Das mag nun als trauriges Bild der Theorie und als summarische Anschuldigung gegen die Experimentatoren, die sich mit ihr befaßten, erscheinen. Keines von beiden ist beabsichtigt. Wir sind durch die rapide Entwicklung neuer Wissenschaften in unserer Zeit geblendet. Biochemie und Biophysik verdanken ihr schnelles Wachstum den soliden Grundlagen mehrerer Jahrtausende an physikalischer und chemischer Arbeit, auf denen sie aufbauen konnten. Manche Psychologen würden heute gerne, in der Hoffnung auf ein gleiches großartiges Wachstum, die Psychologie mit diesen Wissenschaften verknüpfen. Andere sind geduldiger. Weder beklagen sie den augenblicklichen Stand der Theorie, noch halten sie die Experimentatoren für Narren. In ihren Augen sind diese Schwierigkeiten Phänomene einer *sehr frühen Phase* in der Entwicklung einer Wissenschaft. Die klinische Beobachtung zeigt, daß bewußte Kenntnis die Symptome, die in unbewußten Kräften wurzeln, nicht behebt, und daß die bewußte Absicht gewöhnlich kein Ersatz für das Fehlen unbewußter Motivationen ist. In gleicher Weise dürfen wir wohl annehmen, daß das bewußt von anderen Disziplinen übernommene methodologische Raffinement, wie sehr es auch sonst dazu beitragen kann, die Psychologie rascher zu entwickeln, doch nicht den langen und zeitraubenden Prozeß umgehen kann, den jede Wissenschaft durchgemacht hat. Der Entwicklungsprozeß, den das Wechselspiel zwischen Beobachtungen und Theorien hervorbringt, ist immer ein langsamer[42]. Quantifizierung und Methodik sind späte Produkte jeder Wissenschaft und sollten als solche Ziele auf weite Sicht sein: sie für unmittelbare Aufgaben zu halten, kann eine Wissenschaft ihrer Potenz berauben.

---

[42] Wir haben einige Vorstellungen davon, warum dieser Prozeß so langsam ist. Wären Logik, Methodik und Mathematik die Schrittmacher der wissenschaftlichen Entwicklung, dann könnte die Psychologie schnell genug voranschreiten. Aber der Schrittmacher ist nicht die Methodik, sondern die menschliche Entdeckungsgabe. („Entwicklungsprojekte", „Blitzprogramme", „Teamarbeit" zwischen Disziplinen sind nur in den hochentwickelten Wissenschaften erfolgreich oder sonst in Situationen, wo die Elaborate vereinter Unwissenheit noch das bestmögliche Resultat sind.) Die Methodik kann, da sie sich mit Beziehungen von Begriffen beschäftigt, die alle potentiell gültig sind, kontinuierlich voranschreiten, immer neue „Luftschlösser" bauen. Aber die menschliche Entdeckungsgabe besteht aus diskonti-

6. Formale Organisation

Die Expositionen der psychoanalytischen Theorie waren weder formal noch systematisch und bemühten sich in der Hauptsache um die innere Folgerichtigkeit in der Theorie und zwischen den beobachtbaren Vorgängen und der Theorie. In den letzten zwanzig Jahren wurden Versuche zur systematischen Formulierung unternommen (23, 66, 141, 147, 156, 157, 249, 250, 256), doch ist noch keine hypothetisch-deduktive Systembildung in Sicht.

23 Bibring
66 Fenichel, Glover, Hartmann, Kris, Loewenstein, Rapaport

---

nuierlichen Einzelereignissen, deren jedes einer langen Vorbereitung bedarf, da in jeder Entdeckung eine Gedankenform eines Individuums auf eine *entsprechende* Naturform stoßen muß, und solche einzigartigen Koinzidenzen selten sind. Ist die Entsprechung nicht spezifisch und genau, ist der Einzelne nicht darauf vorbereitet, sie zu erkennen, oder erkennt er sie, ist aber nicht bereit, sie zu nutzen, so ist der Augenblick vertan.

II. DIE STRUKTUR DES SYSTEMS

Um die unabhängigen, intervenierenden und abhängigen Variablen im System der psychoanalytischen Theorie diskutieren zu können, scheint es notwendig, die Struktur der Theorie zu skizzieren.

A. Das Objekt der Psychoanalyse ist Verhalten

Der empirische Gesichtspunkt

Dieser axiomatische Satz wurde oft übersehen, wahrscheinlich, weil die Konzentration der Theorie auf unbewußte Prozesse und Triebe, psychologische Strukturen, Dynamismen und Ökonomik die Tatsache überschattete, daß alles dies erklärende Begriffe für Verhalten sind.
Verhalten wird dabei in weitestem Sinn definiert und umfaßt sowohl Gefühl und Denken als auch sichtbares Verhalten, „normales“ wie „pathologisches“ Verhalten, häufige wie einmalige Verhaltensformen. Auch dieser Zusatz ist oft übersehen worden, vermutlich weil in der analytischen Literatur das Schwergewicht auf dem „latenten Verhalten“ und auf der Pathologie liegt, welche beide als Ausgangspunkte der Theorie dienten. So erklärt es sich, daß, obwohl das Prinzip der *durchgehenden psychologischen Determinierung allen Verhaltens* von Anfang an der Grundstein der psychoanalytischen Theorie war und 1905 ausdrücklich als solche von Freud beschrieben wurde (90), erst Hartmanns magnum opus (147) 1939 es direkt aussprach, daß die Psychoanalyse eine Theorie der gesamten Psychologie ist, die sowohl das normale als das pathologische Verhalten umfaßt[1].
So unterscheidet sich – ungeachtet allen gegenteiligen Anscheins – die Psychoanalyse nicht von anderen Theorien in ihrer Ansicht über das Objekt der Psychologie (obwohl sie das Verhalten sehr viel umfassender definiert als die meisten), noch in ihrer Annahme eines Determinismus (obwohl sie diese Forderung wahrscheinlich früher und viel allgemeiner als die anderen Theorien erhob). Aber sie unterscheidet sich von andern Psychologien in ihrer Annahme eines *psychologischen* Determinismus, in ihrem Nachdruck auf „latentem Verhalten“ im allgemeinen und auf den unbewußten Determinanten des Verhaltens im besonderen (cf., Abschnitt II, E).

---

[1] Es ist auch erwähnenswert, daß die theoretischen Ansätze in Freuds neuerlich entdecktem Manuskript (85, Anhang), welche die Vorläufer der Theorie der Psychoanalyse darstellen, schon die Reichweite einer allgemeinen Psychologie haben.

B. Jedes Verhalten ist integral und unteilbar: die zu seiner Erklärung dienenden Begriffe beziehen sich auf seine verschiedenen Komponenten und nicht auf verschiedene Verhaltensweisen

Der Gestalt-Gesichtspunkt

In der klinischen Terminologie (und selbst in den theoretischen Schriften) der Psychoanalyse sind die erklärenden Begriffe anthropomorphisiert, vergegenständlicht oder im besten Fall in existentiellen Termini dargestellt und vermitteln so den Eindruck, als bezögen sie sich auf Entitäten, oder mindestens als bezöge sich jeder von ihnen auf ein spezifisches Verhalten. Aber das stimmt nicht mit der Theorie überein. Die Tendenz zu anthropomorphisieren und zu vergegenständlichen und die Bevorzugung hypothetischer Konstruktionen entstammen vermutlich der klinischen Praxis, wo eine Prämie auf „einleuchtenden" Begriffen und ihrer „unkomplizierten alltäglichen Anwendung" steht.

Konkret ausgedrückt: Kein Verhalten kann als Es-Verhalten, oder als Ich-Verhalten beschrieben werden. Diese Begriffe beziehen sich alle auf spezifische Aspekte des Verhaltens und nicht auf ein spezifisches Verhalten. Jedes Verhalten hat bewußte, unbewußte, Ich-, Es-, Überich-, Realitäts- usf. Komponenten. Mit anderen Worten: alles Verhalten ist vielfach determiniert (überdeterminiert). Da Verhalten immer vielfazettig ist (und selbst das offensichtliche Fehlen bestimmter Fazetten eine Erklärung erfordert), kann die Konzeption der mehrfachen (oder Über-) Determinierung als eine rein formale Konsequenz dieser Methode der Begriffsbildung angesehen werden. Das schließt natürlich nicht die Möglichkeit aus, daß der Begriff der Überdeterminierung auch vom Wesen der Beobachtungen her erforderlich ist; tatsächlich wurde die *Überdeterminierung* als Begriff ursprünglich durch Beobachtungen aufgenötigt (29)[2] und nicht durch rein theoretische Gründe.

---

[2] Zum Beispiel: wenn ein Mensch die posthypnotische Suggestion, eine Tür zu schließen, ausführt, und erklärt, daß er das wegen des Luftzugs täte (46), dann ist die Handlung sowohl durch die hypnotische Suggestion, deren er sich nicht bewußt ist, wie durch die bewußte Absicht, Zugluft zu vermeiden, determiniert. Dr. A. B. Wheelis, San Franzisko, schlug (in einer persönlichen Mitteilung) vor, zwischen Überdeterminierung, mehrfacher Determinierung und mehrfachen Stufen der Analyse zu unterscheiden, je nachdem die Determinanten *unabhängige* und *hinreichende* Ursachen des in Frage stehenden Verhaltens darstellen (Überdeterminierung) oder nicht (mehrfache Determinierung). Es scheint aber, daß in der psychoanalytischen Theorie weder solche *unabhängigen* noch solche *hinreichenden* Gründe aufgewiesen, ja vielleicht nicht einmal definiert werden können. Die Tatsache, daß unter anderen Bedingungen die Vermeidung des Luftzugs ein hinreichender Grund für das Schließen der Tür wäre, macht sie in der posthypnotischen Situation noch nicht zu einem

Von allem Anfang der Theorie an machten Beobachtungen den Begriff der Überdeterminierung sowohl notwendig wie auch zentral. Die Schulpsychologien haben keinen derartigen Begriff entwickelt, wahrscheinlich, weil sie Untersuchungsmethoden anwenden, die mehrfache Determinierungen möglichst ausschließen, anstatt sie aufzudecken. Aber dem Problem selbst entgingen sie nicht: jedes Verhaltensphänomen hat Wahrnehmungs-, Lern-, (Gedächtnis-), Begriffs- (cognitive), motorische usf. Komponenten und die rivalisierenden psychologischen Theorien (Wahrnehmungstheorie des Denkens, Lerntheorie der Wahrnehmung, motorische Theorie des Denkens usw.) zeigen sowohl die Existenz des Problems an wie die Verwirrung, die daraus erwächst, daß man ihm auszuweichen sucht, statt ihm entgegenzutreten[3].
Dieser psychoanalytische Satz enthält über jene Unteilbarkeit des Verhaltens hinaus, aus der die Erwägungen bezüglich der Überdeterminierung stammen, auch die Forderung, daß jeder der begrifflich schon gesonderten Aspekte des Verhaltens, ebenso wie der räumliche und zeitliche Kontext eines jeden Verhaltens, als integrales Ganzes behandelt werde. Wir brauchen diesen Punkt hier nicht weiter zu verfolgen, er scheint im großen und ganzen mit dem allgemeinen Postulat der Gestaltspsychologie übereinzustimmen.

---

hinreichenden Grunde. Das Thema der „Unabhängigkeit" der Ursache führt zum Problem der *Autonomie* (vgl. Abschn. II. H.). Die Überdeterminierung bedeutet meiner Ansicht nach genau solch einen Mangel an kausaler *Unabhängigkeit* und *Hinlänglichkeit* der Gründe und ist untrennbar mit den mehrfachen Ebenen der Analyse, die durch diesen Tatbestand uns aufgenötigt werden, verbunden. Mr. J. Zsoldos (Maabaroth, Israel) schlägt (in einer persönlichen Mitteilung) vor, daß eine Überdeterminierung immer dort entsteht, wo „schwache (sensitive) Systeme" überwältigend großen Kräften ausgesetzt sind; daß unter solchen Bedingungen sich keine einfachen funktionellen Beziehungen herstellen und eine quantitative Analyse nur im Sinne einer Wahrscheinlichkeitsberechnung möglich ist; so daß „schwache Systeme" nur eine Statistik, aber keine „Gesetze" besitzen. Dieser Vorschlag scheint zu besagen, daß das Thema der Überdeterminierung der psychologische Gegenpart zu der Kontroverse zwischen Einsteins Theorie und der heutigen Atomphysik darstellt. Die psychoanalytische Theorie der Überdeterminierung, wie sie heute besteht, postuliert, wenn ich sie recht verstehe, Gesetze und nicht Statistiken. Um Einsteins Satz: „Der liebe Gott spielt nicht Würfel" zu benützen: er tut es auch bei dieser Theorie nicht. Trotzdem muß die Möglichkeit einer statistischen Interpretation der Überdeterminierung, wenn auch widerstrebend, offen gelassen werden; eine spezifische und brauchbare statistische Interpretation wäre einer Interpretation vorzuziehen, die die Existenz von Gesetzen annimmt, aber keinerlei Implikationsregeln spezifiziert und so weder eine Bestätigung noch eine Widerlegung zuläßt.

[3] Die „Feldtheorien" können als Versuche angesehen werden, diesem Problem gerecht zu werden.

C. Kein Verhalten steht isoliert: Alles Verhalten ist das der integralen und unteilbaren Persönlichkeit

Der organismische Gesichtspunkt

Dieser Satz fordert, daß die Erklärung jeden Verhaltens in die Theorie der Vorgänge der Gesamtpersönlichkeit paßt[4]. In seiner psychologischen Analyse der Ergebnisse der Traumdeutung kam Freud der Formulierung dieser These am nächsten. Nachdem er einmal die Theorie der Träume entwickelt hatte, stellte er die Frage: Welche Art von psychologischer Theorie könnte diese Traumtheorie als einen integralen Teil einschließen? In Kapitel VII der „Traumdeutung" hat er den Ansatz zu einer solchen Persönlichkeitstheorie entwickelt (89, S. 513 ff.).

Aber auch dieser Aspekt der analytischen Theorie wurde von vielen Analytikern und Psychologen übersehen, vermutlich weil der Nachdruck auf der zentralen Rolle der Triebe bei den Psychoanalytikern die Illusion erweckte, daß die fundamentalen Triebe die Einheit des Verhaltens und der Persönlichkeit hinlänglich garantierten, und den Psychologen den Eindruck vermittelte, daß in dieser Theorie die „atomistisch" aufgefaßten Verhaltensfragmente nur durch den „Leim" des Trieb-Begriffes zusammengehalten werden. Die den Sekundärprozessen (1900) zuerkannte organisierende, integrative Rolle spricht aber überzeugend gegen beide Ansichten (89, S. 593–614) und der „strukturelle Gesichtspunkt" (Es, Ich, Überich usw.), der deutlich nicht-triebhafte Kohäsionsprinzipien enthält (117, S. 246–255), sollte diese Mißverständnisse eigentlich zerstreut haben[5]. Das ist aber nicht der Fall.

Sicherlich ist es leicht, bei Freud Passagen zu finden, die eine atomistische Deutung zulassen, die Theorie selbst aber tut das nicht. French (78, 79, 80) widmete seine Hauptarbeit dem Nachweis der Rolle des integrativen Feldes in der psychoanalytischen Theorie. Psychoanalytische Untersuchungen zur Psychosomatik begrüßten Goldsteins organismische Anschauung als „über-

[4] Man könnte einwenden, daß Freud den organismischen Gesichtspunkt nicht ausdrücklich formuliert hat und nur die organismischen Biologen und Wertheimer, Goldstein und Wheeler soweit gelangt sind. Aber unsere Aufgabe hier beschränkt sich nicht auf eine Sammlung ausdrücklicher systematischer Formulierungen Freuds. Die Einsicht in die organismische These der Psychoanalyse ist umso wichtiger, als sowohl die Gestaltpsychologen wie die Persönlichkeitspsychologen die Psychoanalyse als eine atomistische und mechanistische Theorie ansehen. Wertheimer wurde in dieser Beziehung in Vorlesungen und Gesprächen sehr heftig und G. Allport in seinen Schriften sehr deutlich. Ungeachtet der gegenteiligen Haltung vieler praktizierender Psychoanalytiker in Bezug auf Symbole, Traumauslegungen usw. erscheint diese These als eine grundlegende Folgerung aus der Freudschen Theorie.

[5] Vgl. Nunberg (227) und Erikson (56).

einstimmend" mit der Psychoanalyse. Die unter dem Einfluß der analytischen Konzeptionen entwickelten projektiven Techniken entliehen aus der Psychoanalyse das projektive Postulat (241, 243), daß alles Verhalten charakteristisch für und integraler Teil der sich verhaltenden Persönlichkeit sei. Trotzdem blieben diese Implikationen der Psychoanalyse so fernliegend, daß French (76 a) 1933, ehe er mit K. Lewins Arbeiten vertraut wurde, und später Mowrer (221), wie auch Dollard und Miller, es angängig fanden, die Psychoanalyse mit der atomistischen Bedingten-Reflex-Theorie des Lernens in Verbindung zu bringen.

Was dieser organismische Gesichtspunkt vertritt, ist nicht etwa, daß jedes Verhalten einen Mikrokosmos darstellt, der den Makrokosmos der Persönlichkeit widerspiegelt, sondern vielmehr, daß eine Erklärung eines Verhaltens – um irgendeinen Anspruch auf Vollständigkeit erheben zu können – dessen Platz innerhalb des funktionellen und strukturellen Gerüsts der Gesamtpersönlichkeit spezifizieren muß, und daher Feststellungen über das *Maß* und die *Art* der Beteiligung aller relevanten verbegrifflichten Aspekte der Persönlichkeit an dem jeweiligen Verhalten einschließen muß.

D. Alles Verhalten ist Teil einer genetischen Reihe und, durch seine Vorläufer, Teil der zeitlichen Aufeinanderfolgen, die die gegenwärtige Form der Persönlichkeit hervorgebracht haben

Der genetische Gesichtspunkt

Diese These besagt, daß jedes Verhalten ein epigenetisches Produkt ist (Erikson, 51) und zu seiner vollständigen Erklärung genetisch untersucht werden kann und muß. Sie vertritt aber weder eine Ansicht vom Verhalten als „Reifung" eines vorgeformten Verhaltensrepertoires, noch eine Ansicht, wonach sich Verhalten aus wachsender Erfahrung „entwickelt"; sie sieht vielmehr Verhalten als Ergebnis eines epigenetischen Ablaufs an, der sowohl durch eingeborene Gesetze des Organismus wie durch kumulative Erfahrung reguliert wird. Der genetische Standpunkt steht *nicht* im Widerstreit mit K. Lewins Satz, daß nur Kräfte und Bedingungen, die *jetzt und hier* vorhanden sind, im Hier und Jetzt eine Wirkung ausüben können[6]; er besagt nur einfach, daß vieles von dem, was hier und jetzt im Individuum „vorhanden ist", nur durch eine genetische Erforschung dessen, was voranging, erkannt werden kann. Das bedeutet, daß descriptiv identische Verhaltens-

---

[6] Er widerspricht auch nicht Lewins (203) und Cheins (37) Standpunkt, daß die Vergangenheit, wie der Patient sie in der Psychoanalyse rekonstruiert, die Vergangenheit ist, wie er sie in der Gegenwart sieht.

formen verschieden in ihrer psychologischen Bedeutung sein können, je nach ihren genetischen Wurzeln. Aber es bedeutet auch, daß die empirische Relevanz eines Verhaltens zu einer Situation, in der es auftritt, allein noch nicht notwendig dies Verhalten erklärt, und daß die Erklärung auch die epigenetischen Gesetze, die das Verhalten hervorbrachten, berücksichtigen muß. Es ist tatsächlich merkwürdig, daß es gerade Lewin war, der den genetischen Gesichtspunkt kritisierte, nachdem er, mehr als irgendein anderer Psychologe Nachdruck auf die Unterscheidung zwischen Genotyp und Phänotyp legte und die Anwendung von Leistungsbegriffen scharf kritisierte. Er gab folgendes Beispiel: die identische Schreibgeschwindigkeit von Bewerbern um einen Büroposten liefert keine genügende Auskunft, denn sie kann das Ergebnis einer maximalen Anstrengung oder eine routinemäßige Leistung sein, eine Höchstleistung durch ständige Anwendung oder das Ergebnis längeren Aus-der-Übung-Seins, Erfolg kürzlichen Trainings oder gleichbleibendes Arbeitsniveau (205, S. 89–91). Wir müssen schließen, daß ohne Erforschung seiner genetischen Vorläufer ein Verhalten nur in Leistungsbegriffen beschrieben werden kann.

Der genetische Gesichtspunkt nimmt auf die Geschichte der Triebvorgänge Bezug, die sich in einem gegebenen Verhalten ausdrücken, auf die Geschichte der in ihm angewendeten Fähigkeiten und auf die Geschichte der Beziehungen der Person zu der Situation, in der das Verhalten auftritt. Ein Beispiel der hier beteiligten Unterscheidungen: ein plötzlicher Anfall von Stottern, der durch die Abwehr eines aggressiven Impulses verursacht ist. Eine genetische Erklärung wird die verflossenen Erlebnisse und die aus ihnen kristallisierten Kontrollstrukturen berücksichtigen, die die Entwicklung des Aggressionstriebes modulierten und so gewissen Situationen wie z. B. der angeführten, die Macht verleihen, Aggression zu erregen. Sie wird auch jene Erfahrungen in Betracht ziehen, die zur Abwehr gegen Aggression im allgemeinen, oder gegen die besondere Art von Aggressionen, die in der gegebenen Situation eine Rolle spielten, führte. Sie wird sich auch auf jene verflossenen Erlebnisse erstrecken, die den verbalen Weg für den Ausdruck von Ärger besonders verletzlich durch Abwehrmechanismen machten und auf jene Ereignisse der Vergangenheit, die das Stottern, d. h. die Form, die die Abwehr in dieser Situation annahm, ausbildeten. Erlebnis bezeichnet hier immer sowohl das historische Ereignis in seinem äußeren Kontext wie die innere Situation des Betroffenen, einschließlich der spezifischen Phase seiner Reifung und Entwicklung.

Obzwar der genetische Standpunkt nicht spezifisch auf die räumlich-zeitliche, umweltliche Determinierung des Verhaltens Bezug nimmt, erstreckt er sich doch auch auf solche. Außerdem nimmt er spezifisch Bezug auf den intrapsychischen Zusammenhang: auf den augenblicklichen Zustand der Persönlichkeit als ganzes und als genetisches Produkt.

Der genetische Charakter der psychoanalytischen Theorie durchtränkt die gesamte einschlägige Literatur. Der Begriff der „Ergänzungsreihen"[7] ist wahrscheinlich ihr klarster Ausdruck: jedes Verhalten ist Teil einer historischen Aufeinanderfolge; jeder Schritt in dieser Aufeinanderfolge trug zur Bildung des Verhaltens bei und hat dynamische, ökonomische, strukturelle und adaptive Beziehungen zu ihm. Solche Ergänzungsreihen stellen keinen „regressus ad infinitum" dar; sie führen auf eine historische Situation zurück, in der eine bestimmte Lösung einer Triebforderung das erstemal zustandekam, oder ein bestimmter Apparat das erstemal zu einem besonderen Gebrauch herangezogen wurde.

Diese Formulierung ist allerdings unvollständig, insofern sie jene Beobachtungen außer acht läßt, auf die der Autonomiebegriff Bezug nimmt (147, 148, 160a). Bestimmte Verhaltensformen hören auf (und *alle* Verhaltensformen zeigen eine Tendenz in dieser Richtung), durch ihre Wiederkehr weiter geformt zu werden: sie werden automatisiert (147) und damit relativ unabhängig (autonom) von ihren genetischen Ursprüngen. Sie nehmen den Charakter von Werkzeugen oder Hilfsmitteln an und erreichen einen hohen Grad an Stabilität. Automatisierung und Autonomie tragen aber nicht nur zur Stabilisierung bei, sondern auch zur Verfügbarkeit des Verhaltens als Mittel adaptiver Leistung. Derartige automatisierte Verhaltensformen können auch genetisch untersucht werden, aber von dem Punkt an, an dem sie automatisch wurden, erweisen sich ihre „Ergänzungsreihen" als relativ wenig aufschlußreich, denn von da an können Situation und Umweltszusammenhang sie auch in Abwesenheit der Motivationen, die sie ursprünglich begründeten, in Gang setzen. Wir werden später noch (Abschnitt II. H.) auf die Begriffe der Automatisierung und der Autonomie zurückkommen. Sie sind Woodworths Begriff der „Gewohnheiten als Antrieb" (307, S. 100 ff.), wie auch Allports Begriff der funktionellen Autonomie (6 und 7, S. 76 ff.) verwandt, aber spezifischer und differenzierter als jedes dieser beiden Konzepte.

Die Psychoanalyse als eine Entwicklungs-Psychologie befaßt sich erstens mit den genetischen Ursprüngen von Verhaltensweisen, zweitens mit dem Ausmaß an Autonomie, das Verhaltensweisen erlangen, und drittens mit den genetischen Wurzeln der Relationen des Subjekts zu den Realitätsbedingungen, die das Auftreten einer Verhaltensform in einem bestimmten Moment im Leben eines Menschen mitentscheiden.

[7] s. Freud (112, Vorlesung 21) und Fenichel (66, S. 121 ff.).

E. Die entscheidenden Determinanten des Verhaltens sind unbewußt

Der topographische Gesichtspunkt

An sich ist dieser Grundsatz keiner Psychologie fremd, besonders nicht jenen psychologischen Richtungen, die alle Bewußtseinsphänomene als Untersuchungsobjekt ausschließen, und daher annehmen *müssen,* daß die Determinanten des Verhaltens außerbewußt sind. Alle psychologischen Schulen befassen sich mit vom Subjekt „unbemerkten" Bedingungen und mit „nicht wahrgenommenen" oder „nicht wahrnehmbaren" Vorgängen, die seinem Verhalten zu Grunde liegen. Der psychoanalytische Lehrsatz von den nicht wahrgenommenen Determinanten aber unterscheidet sich von den angeführten Vorstellungen in mehreren Hinsichten (89, S. 545; 101):

a) Er faßt das, was nicht wahrgenommen oder nicht wahrnehmbar ist, ausdrücklich in Begriffe (101).

b) Er behauptet, daß aus dem, was vom Subjekt (und/oder dem Beobachter) wahrgenommen wird, mit Hilfe der Auswirkungen des Nicht-Wahrgenommenen und/oder des Nicht-Wahrnehmbaren auf das Wahrgenommene, das Nichtwahrgenommene oder Nicht-Wahrnehmbare erschlossen werden kann.

c) Er behauptet, daß die Gesetze, die das Wahrgenommene beherrschen, sich von denen unterscheiden, die das Nicht-Wahrgenommene beherrschen und daß angesichts der Abweichungen des Wahrgenommenen von seinen üblichen Formen (108, S. 9, Ges. W. X S. 285–288) auf das Nicht-Wahrgenommene geschlossen werden kann.

d) Er trifft eine systematische Unterscheidung zwischen dem Nicht-Wahrgenommenen und dem Nicht-Wahrnehmbaren (das Nicht-Wahrgenommene kann bewußt werden, während das Nicht-Wahrnehmbare, laut Definition, dies nicht kann). Er bringt diesen Unterschied durch die Ausdrücke des „deskriptiven" im Gegensatz zum „dynamischen" Unbewußten zum Ausdruck und verbegrifflicht ihn in den Systemen Vorbewußt und Unbewußt (89, S. 545–47).

e) Während andere Psychologien das Nicht-Wahrnehmbare in nicht-psychologischen Termini abhandeln (Hirn-Felder, neurale Verbindungen usw.) behandelt die Psychoanalyse es konsequent in psychologischen Begriffen, wie Motivationen, Affekte, Gedanken usw.

Die Unterschiede zwischen den das Bewußte und den das Unbewußte beherrschenden Gesetzen werden in den Begriffen des Primär- und des Sekundärprozesses ausgedrückt[8]. In den frühen Phasen der Theorie werden das Bewußte und das Unbewußte als Systeme von überragender Bedeutung an-

[8] Die Beziehung Bewußt versus Unbewußt zu Primärprozessen versus Sekundärprozessen stellt aber keine eins-zu-eins Koordination dar.

gesehen. Späterhin (1923) werden sie den strukturellen Begriffen Ich, Es, Überich (117) untergeordnet und noch später (1938) auf die Rollen bloßer „Qualitäten“ verwiesen (131, S. 79–86)[9]. In Übereinstimmung mit Freuds frühen Formulierungen behandeln neuere Beiträge zur Ich-Psychologie Bewußtsein als ein komplexes übergeordnetes Sinnesorgan. Sie schreiben ihm eine komplexe hierarchische Schichtung (Bewußtseinszustände 250, 252, 258) zu und behandeln es damit auf einer anderen Abstraktionsstufe als das Unbewußte.

F. Alles Verhalten ist letzten Endes triebbestimmt

Der dynamische Gesichtspunkt

Diese These der Psychoanalyse ist in doppelt entstellter Form nur allzu bekannt geworden: alles Verhalten wird durch die Sexualität bestimmt. Die nähere Bestimmung „letzten Endes“ wurde fortgelassen und Sexualität, Libido und Trieb wurden gleichgesetzt. Es trifft durchaus zu, daß bis in letzte Zeit der Sexualtrieb und seine Partialtriebe diejenigen waren, die die Psychoanalyse am genauesten untersucht hatte. Die Psychosexualität wurde aber so umfassend definiert, daß sie niemals synonym mit „sex“ war (92). In den frühen Stadien der Theorie wurde angenommen, daß es auch Selbsterhaltungs- und Ich-Triebe gebe (105, 106, 112). Später wurde diese Annahme aber wieder aufgegeben, da sie nicht zur Organisierung der empirischen Evidenz beitrugen. Die Geschichte der Triebtheorie (Narzißmus, Triebschicksale, Lebens- und Todestrieb, monistische Triebtheorie, Aggressionstrieb) läßt vermuten, daß die anfängliche Konzentration auf die libidinösen Triebe Freud wohl dazu verhalf, das Wesen der Triebe und ihre motivierende Rolle (106) zu erforschen, es ihm aber nicht ermöglichte, die Theorie der Triebe selbst zum Abschluß zu bringen. Trotz mancher neuerlichen Fortschritte (150, 158) ist noch immer unklar, wieviele und welche Art von Trieben angenommen werden müssen.

Die entscheidende Rolle, die den libidinösen Trieben zugeteilt wird, ist keine theoretische Notwendigkeit in diesem System. Sie scheint sich aus zwei von Freuds grundlegendsten Einsichten herzuleiten: vom Begriff der Determinierung des Verhaltens durch Triebe und von der Beobachtung der kindlichen Sexualität. Die Tatsache, daß die Theorie schon sehr früh diese beiden Punkte in Verbindung miteinander brachte, hat die volle Auswertung der Rolle der libidinösen Triebe im Seelenleben vielleicht verzögert.

---

[9] In Teil I. B. 3. wurde das hier angeschnittene Thema von einem anderen Blickpunkt her besprochen.

Die kindliche Sexualität war eine durch die Methode der psychoanalytischen Rekonstruktion ermöglichte, und durch die Methode der direkten Beobachtung von Säuglingen und Kindern verifizierte Entdeckung. Obgleich empirischen Ursprungs, gewann sie systematische Bedeutung, da sie das Beispiel für den Ablauf der genetischen Triebentwicklung lieferte (92). Das umfassendere Prinzip der Triebdeterminierung stellte sowohl eine empirische als eine begriffliche Entdeckung dar. Die empirische Entdeckung enthält, abgesehen von ihrem neuen Aspekt, zwei bekannte Beobachtungen:

a) Verhalten wird nicht ausschließlich durch äußere Reize ausgelöst, sondern tritt oft auch ohne diese, wie spontan, ein.

b) Verhalten (das gemäß dem wissenschaftlichen *fiat* kausal bestimmt ist) weist eine Zielbestimmtheit, einen zweckmäßigen, teleologischen Charakter auf. Die begriffliche Entdeckung, die die Form der Definition des Trieb-Begriffs annahm, war der erste Versuch großen Maßstabs, diesen beiden Beobachtungen gleichzeitig Rechnung zu tragen.

Der Trieb wird als ein dem Organismus innewohnendes kausales Agens definiert (106, S. 212) und kann somit als Erklärung für die scheinbare „Spontaneität" des Verhaltens gelten. Ferner, da laut Definition die Wirksamkeit des Triebes abhängig von einer Umweltbedingung, nämlich der Gegenwart des Triebobjekts ist, kann er auch als Erklärung für die Zweckmäßigkeit des Verhaltens gelten. Diese Koordination von Trieb und Triebobjekt – die als durch Evolution gesichert angesehen wird – duldet zuerst wenig, wenn überhaupt, Instrumentalhandlungen (Handlungen durch Mittel) und fordert unmittelbaren Vollzug (Lustprinzip). Im Laufe der Entwicklung wird sie elastischer und gestattet Aufschub und Zwischenschaltung von Instrumentalhandlungen, obgleich sie diese im Dienst des Befriedigungsvollzugs auswählt und organisiert. Späterhin gestattet sie Ersatzziele und eine Vielzahl von Instrumental- und Vollzugshandlungen, bis sie schließlich bloß noch das Vollzugsverhalten vorschreibt, für das Instrumentalverhalten aber nurmehr das Motivationsgerüst abgibt. Dies Konzept der Motivation liefert nicht nur für die Spontaneität und die Teleologie des Verhaltens eine Begründung, sondern auch für Verhaltensweisen, die durch äußere Reize hervorgerufen werden, da letztere als Triebobjekte oder deren Ersatz aufgefaßt werden können.

Kann man die psychologischen Theorien in zwei Klassen teilen, je nachdem sie die menschliche Psyche als *tabula rasa* ansehen, auf der die Erfahrung ihre Schrift einprägt oder als eine Organisation von Tatsächlichkeiten und Möglichkeiten, welche Ausmaß und Art der Veränderungen begrenzen, die die Erfahrung bewirken kann – dann gehört der Triebbegriff zweifellos zur zweiten Klasse. Wollte man eine Parallele in den philosophischen Systemen suchen, so entspräche der Unterschied in groben Zügen dem zwischen Humes und Kants Auffassung[10]. In psychologischer Terminologie entspricht diese Gegenüberstellung etwa dem Begriff der passiven Registrierung von Erfahrungen versus ihrer aktiven Organisation, eine Unterscheidung, die auch die Natur/Aufzucht Kontroverse umfaßt. Die Psychoanalyse war eine der ersten Theorien, die die Wechselwirkung von Natur und Aufzucht in der Entwicklung des Verhaltens erkannte. Die Triebe repräsentieren den „Natur"-Faktor; ihre Schicksale im Laufe der Erfahrung das Wechselspiel von Natur und Aufzucht. Die Koordination von Trieb und Triebobjekt bringt außerdem eine primäre, durch die Evolution gegebene Koordination zwischen der menschlichen Natur und ihrer Umgebung zum Ausdruck und ist somit die psychologische Repräsentanz der biologischen Angepaßtheit der Species Mensch an ihren umweltlichen, ecologischen Ort.

Schließlich kommen wir zur „letztlichen Determination des Verhaltens durch Triebe". Hier begegnen wir den gleichen Beziehungen, wie wir sie beim „genetischen Standpunkt" angetroffen haben. Während die frühe Psychoanalyse den Satz von der „letztlichen Triebbestimmtheit" tatsächlich ohne Einschränkung anwendete, führten die wachsenden Beweise für die „Unteilbarkeit des Verhaltens" zu der Einsicht, daß das Verhalten, insofern es als von Trieben determiniert bezeichnet werden kann, auch als von Abwehrmechanismen und/oder Kontrollen determiniert bezeichnet werden muß. Außerdem handelte es sich, mit der Entwicklung der Ichpsychologie, nicht mehr um die Frage, welcher von diesen *der* letztliche Determinator des Verhaltens sei, sondern vielmehr um die Frage, in welcher Hinsicht und in welchem Ausmaß *jeder* ein Determinator eines gegebenen Verhaltens war[11]. Trieb<>Ich

Schließlich traf man auch auf Verhaltensweisen, bei denen keine Triebdeterminiertheit nachweisbar war. Das führte zur Entwicklung des Begriffs der Ich-Autonomie (cf. Abschn. II. H.). So muß der Satz von der letztlichen Determiniertheit des Verhaltens durch Triebe, obgleich er in der Psychoanalyse seine Gültigkeit behält, im Zusammenhang der anderen hier besprochenen Grundthesen gesehen werden, die seinen Geltungsbereich näher bestimmen und begrenzen. Die Begriffe der Triebverschmelzung, der Triebdifferenzierung in Partialtriebe, des Konflikts usw. gehören alle dem dynamischen Gesichtspunkt zu und bezeichnen Grenzen der Annahme der letztlichen Triebbestimmtheit.

---

[10] cf. Allport: Becoming (9, S. 7 ff.) und Piaget (234, 236).

[11] cf. Waelder (299).

G. Alles Verhalten führt seelische Energie ab und wird durch seelische Energie reguliert

Der ökonomische Gesichtspunkt

Auch dieser Satz hat seine Geschichte. In der ersten Phase der analytischen Theorie (Abreaktionstheorie bis 1898) wurde die seelische Energie den Affekten gleichgesetzt und die „Abwehrmechanismen", die die Abreaktion verhinderten, nicht als Energien verbegrifflicht (29, 86). In der zweiten Phase (1900–1926) wurde seelische Energie in dem Begriff der Triebenergie, und die Methoden, die zu ihrer Abfuhr verwendet werden, im Begriff des Primärprozesses erfaßt. Man erkannte, daß andere (sekundäre) Vorgänge unter Verwendung kleinster Energiebeträge eine regulative Funktion auf die Prozesse ausüben, die Triebenergien abführen (89, besonders Kapitel VII; 99, 107, 108, 110, 111). Die Beziehung, die zwischen diesen beiden Arten von Vorgängen angenommen wurde, ist recht ähnlich derjenigen, die heute zwischen „power engineering" und „information engineering" angenommen wird[12]. Dem Wesen und Ursprung der Sekundärprozesse wurde in dieser Phase aber wenig Beachtung geschenkt. Erst in der dritten Phase (ab 1926) wurde ein gewisses Verständnis des Sekundärprozesses, seiner kongenitalen Wurzeln und des fortschreitenden ontogenetischen Übergangs vom Primärprozeß zum Sekundärprozeß gewonnen (122, Kap. VIII, S. 168–172; cf. auch 256).

Alles Verhalten hat sowohl Primärprozeß- als auch Sekundärprozeß-Aspekte, obgleich der eine oder der andere vorherrschen kann. Der Primärprozeß arbeitet mit Triebenergieen. Sein regulatives Prinzip ist die Tendenz zur Triebentspannung (Lustprinzip)[13]: er strebt nach sofortiger Entladung von Energieanhäufungen auf direktem Wege wie auch mit Hilfe der Mechanismen der Verschiebung, Verdichtung, Ersatzbildung und Symbolisierung. Der Sekundärprozeß arbeitet nach dem Prinzip des geringsten Kraftaufwandes, ist auf die objektive Realität hin orientiert und findet durch Aufschub und Umwege, durch experimentelles Handeln in Gedanken den sichersten Weg zum erstrebten Objekt in der Wirklichkeit, wobei er die Entladung von Triebenergien hinausschiebt, bis das Objekt gefunden ist (89, Kap. VIII, bes. S. 605–607; 99). Im Laufe der Entwicklung entstehen hier-

---

[12] cf. Wiener (304 S. 53–56) und Rapaport (246).

[13] Wir wollen hier nicht den Unterschied zwischen einer „optimalen" und einer „maximalen" Spannungsherabsetzung diskutieren. Die letztere wurde dem sogenannten „Nirvanaprinzip" (in Verbindung mit dem Todestrieb) zugeschrieben – eine spekulative Abschweifung, die kein integraler Teil der Theorie zu sein scheint. cf. Freud (114), Fenichel (67), und Hartmann, Kris und Loewenstein (158).

archisch geschichtete Strukturen (Abwehrmechanismen und Kontrollen), die als „Dämme“ wirken. Sie verzögern oder verhindern nicht nur die Entladung, sondern setzen auch die Tendenz der Triebe zu unmittelbarer Abfuhr herab. Diese Strukturen werden so aufgefaßt, als würden sie durch „Bindung“ von Triebenergie gebildet, um die ursprünglich gegebene Triebabfuhrschwelle zu erhöhen (89, S. 605 ff.; 108). Ihre Wirkung, die Tendenz der Triebe zu sofortiger Entladung zu verringern, wird im Begriff der „Neutralisierung“ erfaßt: spezielle Instanzen der Neutralisierung werden als Delibidinisierung, Deaggressivierung oder als Sublimierung bezeichnet (117, S. 274, 269, 258). Diese Prozesse der Energiebindung und Neutralisierung sind die Quellen der Besetzungen (Überbesetzungen, Aufmerksamkeitsbesetzungen), über die der Sekundärprozeß verfügt: in kleinen Quantitäten für experimentierendes Denken (99, S. 233), als Signale in der Form von Affekten (89, 122) und als Gegenbesetzung (gegen Triebe), durch die Bildung von neuen und die Verstärkung von bestehenden Abwehrstrukturen. Wird einmal ein „Neutralisierungsprozeß“ angenommen, dann weicht die ursprüngliche Dichotomie von Primär- und Sekundärprozessen einem hierarchischen Modell, in dem die beiden theoretischen Extreme und die tatsächlich beobachteten Phänomene intermediäre Formen (191, 250) darstellen. Die in geringerem Maße neutralisierten Energien (Triebabkömmlinge) zeigen Eigenschaften ihres Triebursprungs; bei den in höherem Maß neutralisierten ist dies nicht der Fall. Sie stehen dem Ich zur Verfügung[14]. Auch andere Quellen neutralisierter Energien, bei denen es sich aber nicht um Triebe handelt, sind mit der Theorie vereinbar.

Diese psychologischen Energien werden von der Theorie mit keiner bekannten Art biochemischer Energie gleichgesetzt. Sie entsprechen der Muskelenergie, die beim manifesten Verhalten aufgewendet wird, nicht. Der Qualitätsunterschied (Mobilität versus dem Maß an Neutralisierung) der psychologischen Energie[15] entspricht dem beobachteten Unterschied zwischen überwertigen Gedanken (e. g. Zwangsgedanken) und „freien“ Gedanken (e. g. logischem Denken), zwischen Impuls- oder Zwangshandlungen und Handlungen nach „freier“ Entscheidung. Zwischen Freuds „Energien“ und Lewins „Spannungen“, sowie zwischen Freuds Trieben und Triebobjekten

---

[14] Das Ich errichtet oder verwendet Abwehrmechanismen gegen weniger neutralisierte Triebabkömmlinge, während es höher neutralisierte benutzen kann, da es sie mit Hilfe von Kontrollen beherrscht.

[15] Von der „Qualität“ von Energien zu reden widerspricht nicht der Tatsache, daß Energie ein quantitativer Begriff ist. Auch die Physik spricht von verschiedenen Arten von Energie: Licht, Wärme usw. In der Psychologie besitzen wir aber noch keine Transformationsgleichungen, um die Beziehungen dieser Qualitäten zueinander auszudrücken.

und Lewins Kräften und Valenzen besteht offensichtlich eine begriffliche Übereinstimmung, obgleich auch bedeutsame Unterschiede erkennbar sind. Sie gleichen sich, insofern sie nicht in den mathematischen Formeln ausgedrückt werden können, in der die Physik ihren Energiebegriff faßt. Und doch verbegrifflichen sie Phänomene, die den Gesetzen des Energieaustauschs zu gehorchen scheinen (Erhaltung der Energie, Entropie[16], geringster Aufwand). Es ist aber weder gesagt noch ausgeschlossen, daß unter Umständen ein biochemischer Energieaustausch aufgedeckt werden könnte, welcher dem Austausch an psychologischer Energie entspräche, auf den die Psychoanalyse aus den Verhaltensweisen der Person schließt. Sie unterscheiden sich, unter anderem, darin, daß Lewins Begriffe den hier besprochenen Qualitätsunterschieden nicht Rechnung tragen.

Vom Standpunkt der Energiewirtschaft des Organismus aus gesehen könnte der Austausch von psychologischer Energie als die Leistung eines "information engineering" Netzwerks aufgefaßt werden, das den biochemischen Energieaufwand des manifesten Verhaltens kontrolliert. Aber dies Kontrollnetzwerk ist selbst mehrfach geschichtet, so daß jeweils kleinere Energiequantitäten jene Schichten des Netzwerks kontrollieren, die größere Energiequantitäten ableiten und verwenden[17]. (Weiteres über den ökonomischen Gesichtspunkt siehe Abschn. I. B, 3. b und V. A).

H. Alles Verhalten hat strukturelle Determinanten

Der strukturelle Gesichtspunkt

In der frühesten Phase der psychoanalytischen Theorie bis 1900 wurde diese These in der Form ausgedrückt: alles Verhalten ist durch Konflikt bestimmt. Konflikt wurde dabei zuerst als Triebkonflikt (d. h. als der Konflikt zwischen libidinösen und Ichtrieben; cf. Freud 113; Alexander 3) als Konflikt zwischen Trieben und Zensur (cf. Freud 89) und als Konflikt zwischen Trieben und Realität aufgefaßt. In letzter Zeit haben sich Zweifel erhoben, ob das Konzept eines Konflikts zwischen Trieben mit der heutigen Form der Theorie vereinbar ist (wobei angenommen wird, daß im Es, da es nicht kohärent ist, widersprechende Triebforderungen nebeneinander bestehen können)[18]. Auch die Bedeutung des Konflikts mit der Realität hat sich inzwischen verändert (siehe Freud, 13 und Anna Freud, 84). Außerdem wird

[16] Die Gültigkeit des ökonomischen Gesichtspunkts bleibt von Bertalanffys Begriff der „Offenen Systeme" unberührt (18 a).

[17] cf. Wiener (259).

[18] Siehe Rapaport (259).

heute der strukturelle Konflikt – zwischen Ich, Es und Überich – als die Essenz des Konfliktbegriffs angesehen. Allerdings hat Hartmann (147, 151) vor einiger Zeit auf die Wichtigkeit des intrastrukturellen Konflikts (des Konflikts innnerhalb eines Systems) hingewiesen. Schließlich hat sich die psychoanalytische Theorie, obgleich der Konflikt einer ihrer zentralen Begriffe war und ist, neuerlich auch mit konfliktfreien Funktionen und Strukturen (147; 54 bes. S. 195/96), als Teil des Autonomieproblems, befaßt (248, 249, 260 a).

Am einfachsten läßt sich das Strukturproblem darstellen, wenn man darauf hinweist, daß Triebenergien nur innerhalb wohldefinierter Systeme, die feststehende Abfuhr-Schwellenwerte besitzen, definiert werden können. Die strukturelle Auffassung könnte durchaus durch Beobachtungen, die auf solche Abfuhrschwellen hindeuteten, zuerst einmal notwendig geworden sein; der Vorläufer des Konflikts zwischen Trieben und Strukturen wäre dann die Beziehung zwischen Trieben und Schwellen gewesen. Tatsächlich war dies aber nicht der Ursprung des strukturellen Gesichtspunktes, obgleich die frühe, neuropsychologische Form der Theorie (1895) solch eine Deutung sogar zuließe (85, Anhang). Neuerlich (1939) hat Hartmann (147, 152) darauf hingewiesen, daß nicht nur Schwellenwerte, sondern auch Ich-Apparate, wie Gedächtnis, Wahrnehmung und Motilität strukturelle Gegebenheiten sind[19]. Aber auch diese strukturellen Gegebenheiten sind nicht Grund und Ursprung des strukturellen Gesichtspunkts.

Es wurde beobachtet, daß weder das Verhalten im allgemeinen, noch die Symptombildung im besonderen durch Triebe eindeutig bestimmt werden. Im Gegensatz zu den Triebvorgängen, deren Ablaufswechsel schnell von statten geht und deren Ablauf paroxismal ist, erschienen die mit ihnen in Konflikt stehenden Faktoren, die das Verhalten mitdeterminieren, unveränderlich oder zumindest von langsamerer Verlaufsgeschwindigkeit. Die Beobachtung dieser relativ beharrlichen Determinanten von Verhalten und Symptom scheint die eigentliche Grundlage gewesen zu sein, auf der der Begriff der Struktur errichtet wurde.

In der ersten Phase der Theorie bis 1900 wurde die Realität als der Faktor angesehen, der durch das Ich (Bewußtsein) im allgemeinen und durch dessen Abwehrmechanismen im besonderen (87, 88) mit den Trieben in Konflikt gerät. Diese Auffassung entwickelte sich damals aber nicht zum begrifflichen

---

[19] Die hier in Frage kommenden strukturellen Gegebenheiten sind nicht etwa der muskuläre Apparat der Motilität, noch die Endorgane der Wahrnehmung, sondern vielmehr deren psychologische Repräsentanz: z. B. jene psychologischen Strukturen, durch welche die Kontrolle und die Auslösung des motorischen Apparates beeinflußt werden.

Status. 1900 trat an ihre Stelle das Konzept der intrapsychischen Zensur, die von den Ichtrieben (Selbsterhaltungstrieben) ausgeübt wird. Es entwickelte sich die Auffassung vom psychologischen Leben als einem fortdauernden Aufeinanderprallen von Triebkräften (89) und der beharrende Charakter der in Konflikt liegenden Faktoren wurde aus den Augen verloren. Nicht einmal die Beziehung, die zwischen den Begriffen der Zensur und des Sekundärprozesses errichtet wurde, führte zu einer Verbegrifflichung des beharrenden Charakters dieser beiden triebkontrollierenden Faktoren. Stattdessen begann Freud von neuem (1911–17), sich mit der Rolle der Realität zu beschäftigen. Er hielt sie nun für den Faktor, der mit den Trieben in Konflikt gerät und zu einer Mitdeterminante des Verhaltens wird. Er schrieb die realitätsprüfenden Funktionen aber noch dem Sekundärprozeß *und* den Ichtrieben zu (99, 112). Weitere Untersuchungen der Zensurvorgänge (insbesondere ihrer verdrängenden Funktion) und des Sekundärprozesses warfen zusätzlich Licht auf die Natur dieser triebfeindlichen Faktoren: sie wurden jetzt im Begriff der Gegenbesetzungen erfaßt, die die Abfuhr von Triebbesetzungen aufschieben und durch ihr fortwährendes Bestehen die Rückkehr des Verdrängten verhindern. (107, 108). Diese Formulierung über die beharrenden Gegenbesetzungen stellt den Beginn der strukturellen Konzeption dar.

Eine explizite Formulierung der strukturellen Auffassung wurde notwendig, als sich herausstellte, daß nicht nur die Triebe, sondern auch fast alle die unveränderlichen Faktoren, die mit den Trieben in Konflikt stehen, unbewußt sind. Die topographische Auffassung, die alle entscheidenden Determinanten (Triebe) des Verhaltens dem Unbewußten und alle Epiphänomene und „scheinbaren Determinanten“ (Ich) dem Bewußtsein zuwies, wurde als System unhaltbar und mußte durch die strukturelle Auffassung ersetzt werden. Die topographische Aufteilung in die Systeme „Unbewußt“, „Vorbewußt“ und „Bewußt“ wich der strukturellen Auffassung vom Es, Ich und Überich. Die „letztlichen Triebdeterminanten“ wurden als Es verbegrifflicht, die Kodeterminanten (ob bewußt oder nicht) als Ich, und ein spezialisiertes Segment des Ich als Überich[20]. Während das Es als Ansammlung von Trieben (koexistent, wenn auch widerstreitend) aufgefaßt wurde, definierte man das Ich als eine kohäsive Organisation, deren Aufgabe es ist, die Forderungen von Es, Überich und Realität zu vereinigen (117). Das Ich wurde

---

[20] Im Folgenden wollen wir von diesen drei strukturellen Hauptbegriffen nur das Ich besprechen. Die strukturelle Behandlung des Es und Überich ist vorerst noch so unadäquat, daß die ausführliche Darstellung, die sie beanspruchen würde, über den Rahmen dieser Arbeit hinausführt.

als Struktur aufgefaßt, die – zusammen mit den Trieben – alles Verhalten mitbestimmt und für den koordinierten und organisierten Charakter allen Verhaltens, einschließlich spezifischer Triebabfuhr-Handlungen (etwa des Sexualakts) verantwortlich ist. Aber das Ich als Struktur erwies sich als derart komplex, daß seine Erforschung auch heute noch in den Anfängen steht. Der Erkenntnis der strukturbildenden und strukturellen Rolle der Identifikation (117) folgte die Erkenntnis der Rolle der defensiven Substrukturen des Ich (122). Zusätzlich zu diesen zwei Arten von Substrukturen erkannte die psychoanalytische Ichpsychologie auch orientierende (wahrnehmungsmäßige), verarbeitende (begreifende) und exekutive (motorische) Substrukturen, als man realisierte, daß es sich dabei um bereitliegende, den Ichvorgängen zugängliche Instrumente (Mittel) handelt (147, 248)[21].

Anfangs nahm die psychoanalytische Theorie an, daß alle psychologisch relevanten Strukturen ontogenetisch entstehen. Heute werden allerdings einige dieser Strukturen als kongenital gegeben angenommen. Diese Verschiebung in der Vorstellung schließt zwei Voraussetzungen in sich: erstens, daß derartige, konstitutionell gegebene Apparate wie die Motilität, das Wahrnehmungssystem, das Gedächtnissystem und die Schwellenwerte[22] psychologisch relevant sind; zweitens, daß das Ich nicht dem Es entstammt, sondern beide aus der gemeinsamen undifferenzierten Matrix der ersten extrauterinen Phase der Ontogenese hervorgehen[23].

Während ursprünglich alle Strukturen als in Beziehung zu Trieb und Konflikt stehend angesehen werden, nahm man nun an, daß die angeborenen Ich-Apparate als unabhängige Faktoren in Konflikte eintreten und ihre Funktion nicht primär von Trieben abhängt: so werden sie als *Ich-Apparate primärer Autonomie* bezeichnet[24]. Das besagt nicht, daß sie keine Beziehung zu Trieben hätten. Sie sind ein integraler Teil des Apparats, der Triebhandlungen ausführt: sie sind das einzige Instrument, über das der Organismus zu diesem Zweck verfügt. Es besagt auch nicht, daß sie für immer frei von Konflikten blieben: unter bestimmten Bedingungen können und werden sie in Konflikt geraten, wie es z. B. der motorische Apparat bei funktionellen Lähmungen und der Sinnesapparat beim tubulären Sehen der Hysterischen tut. Somit sind also selbst die Apparate primärer Autonomie nur relativ unabhängig von Trieben und Konflikten. Autonom sind sie aber insofern,

[21] Die Tatsache, daß bestimmte Ichstrukturen (e. g. Abwehren) Denkrepräsentanzen haben, widerspricht nicht der hier getroffenen Unterscheidung zwischen Abwehrstrukturen einerseits und Denk-(Mittel)strukturen andererseits.

[22] Siehe Fußnote II, Nr. 19.

[23] Cf. Hartmann, Kris und Loewenstein (157).

[24] Hartmann (147). Siehe auch (248) u. (260 a).

als *erstens* ihre Funktion zwar durch Triebe ausgelöst, nicht aber in ihrem Ablauf bestimmt wird, als *zweitens* sie funktionieren können und auch funktionieren, selbst wenn sie nicht der Befriedigung eines spezifischen Triebes dienen. Allerdings müssen hinsichtlich beider Punkte Einschränkungen gemacht werden: erstens, obgleich die Rolle der Triebe in Bezug auf diese Apparate tatsächlich primär die der Funktionsauslösung ist, gibt es doch Hinweise darauf, daß die Triebe auch noch andere Auswirkungen auf die Apparate haben (e. g. die Auswirkungen der Motivation auf das Gedächtnis (240); zweitens ist das Problem der Energieversorgung dieser Apparate (wenn sie nicht durch Triebe in Funktion gesetzt werden) bisher noch nicht befriedigend gelöst worden (151, 191 und 250, besonders Teil VII). Woodworths (307) Begriff der „Gewohnheit als Trieb", Bühlers (36) „Funktionslust", Piagets (236) „Kreisreaktion", Allports (8) „funktionelle Autonomie" sind Ansätze zur Lösung des gleichen Problems. Überträgt man den Inhalt dieser Lösungsversuche in psychoanalytische Termini, so muß man feststellen, daß sie entweder die Triebe (oder Partialtriebe) den Apparaten zuschreiben, oder die Apparate als Quellen von (neutraler) Ich-energie betrachten, oder schließlich annehmen, daß die von den Apparaten verwendete Energie neutralisierte Triebenergie ist, die dem Ich zur Verfügung steht.
Die psychoanalytische Theorie faßte zuerst die Strukturen, die sich im Laufe der Ontogenese herausbilden, als aus Konflikten entsprungen auf, d. h. als Abwehrstrukturen. Da Abwehrmechanismen eine zentrale Rolle in der psychoanalytischen Theorie spielen, sind sie die am häufigsten untersuchten Strukturen und das hat wohl den Eindruck vermittelt, daß alle Strukturen aus Konflikten erwachsen sind und alle Kontrollen Abwehrmechanismen sind. Obwohl schon frühzeitig (117) die Rolle der Identifikationen für den Aufbau von Ichstrukturen erkannt wurde, blieb doch immer eine Tendenz bestehen, auch diese Art von Strukturaufbau als Konflikt-entsprungen anzusehen. Selbst heute besteht in diesem Punkt keine theoretische Klarheit[25]: bestimmte Identifikationen entstehen sicher aus Konflikten (e. g. die Identifikation mit dem Aggressor); bei anderen scheint das nicht der Fall zu sein. Aber es ist klar, daß Instrumental-(Mittel-)strukturen, die im Laufe der Triebbefriedigung oder des Abwehrkampfs gegen Triebe, oder im Verlauf von Konfliktlösungen entwickelt oder verwendet werden, eine „Umwandlung der Funktion"[26] erfahren können und häufig erfahren und zu Mitteln

[25] Siehe allerdings Erikson (58).
[26] Siehe Hartmann (147, 152): Rationalisierung beispielsweise ist ein Abwehrmechanismus, der dazu neigt, eine „Umwandlung der Funktion" einzugehen und damit zu einem wichtigen Instrument der Anpassung zu werden.

des Handelns und der Anpassung im Dienste des Ich werden. Sie werden als *Strukturen von sekundärer Autonomie*[27] bezeichnet. Auch sie sind nur relativ autonom, im gleichen Sinn wie es die Apparate primärer Autonomie sind. Auch von ihnen wird angenommen, daß ihnen neutrale Energien zur Verfügung stehen, oder daß sie neutralisierte Energien, die zur Verfügung des Ich stehen, verwenden. Die Beobachtungen, auf die der Begriff der sekundären Autonomie Bezug nimmt, stehen jenen nah, die zu Allports Begriff der „funktionellen Autonomie“ führten: sie behandeln die Beziehung von Instrumentalstrukturen sowohl zu grundlegenden Motivationen, als zu Motivationen höherer Ebene, wie Haltungen, Werten usw.

Zusammenfassend: 1. Die strukturellen Determinanten des Verhaltens wurden als vermittelnde Variablen eingeführt, welche der Beobachtung Rechnung tragen, daß Motivationen das Verhalten nicht in einem eins-zu-eins Verhältnis determinieren. 2. Strukturelle Determinanten unterscheiden sich von motivierenden Determinanten, insofern sie relativ dauerhaft sind: ihr Veränderungstempo ist relativ langsam. 3. Es gibt sowohl angeborene als auch erworbene Strukturen: Apparate von primärer und sekundärer Autonomie. 4. Strukturbildung formt die Motivationen um und veranlaßt das Entstehen neuer Motivationen von höherer Neutralisierung. 5. Strukturen und die aus ihnen erwachsenden Motivationen können zu relativ autonomen Determinanten des Verhaltens werden.

I. Alles Verhalten wird durch die Realität bestimmt

Der adaptive Gesichtspunkt

Die Realität bezeichnet in der psychoanalytischen Theorie die äußeren Reizquellen einschließlich des Körpers des Subjekts, aber ausschließlich der somatischen Quellen von Trieben und Affekten (106, S. 111/13). In dieser Theorie stellt die *Realität* (i. g. die *äußere Wirklichkeit)* die Antithese zur psychologischen Realität dar[28] (89, S. 625).

Dieser Grundsatz der psychoanalytischen Theorie hat wahrscheinlich mehr Metamorphosen als irgendein anderer durchgemacht, und seine Folgerungen sind außerordentlich weitreichend. Er enthält, vom Standpunkt der Psychologie her, die Frage nach der Rolle, die Reize für das Verhalten spielen; vom Standpunkt der Biologie her die Frage nach der Beziehung zwischen dem Organismus und seiner Umgebung; von der Philosophie her die epistomologische Frage (d. h. wie kann der Mensch von seiner Umgebung wissen und in

[27] Hartmann (147, 152).

[28] Die entsprechenden Adjektive sind: real und psychologisch.

Übereinstimmung mit seiner Umgebung handeln, wenn seine Gedanken und Handlungen durch die Gesetze seiner eigenen Natur bestimmt werden).

In der frühesten Konzeption der psychoanalytischen Theorie wurde die Realität als die Zielscheibe der Abwehr angesehen (85, Manuskript H, 87, 88). Genauer gesagt, nahm Freud zu jener Zeit an, daß die Abwehr gegen *die Erinnerung an ein reales Ereignis* gerichtet sei, um die Rückkehr der damit verbundenen Gefühle (Affekte) zu verhindern, die, da sie einem sozialen Tabu unterliegen, unvereinbar mit der Selbstachtung waren[29]. Daraus schloß er, daß Symptome (d. h. pathologisches Verhalten), die der Abwehr entsprangen (Verdrängung usw.) letztlich durch reale Ereignisse determiniert seien. Die Frage nach der Rolle der Realität für die Determinierung des Normalverhaltens hat Freud noch nicht gestellt, obgleich er annahm, daß der Affektgehalt nicht-traumatischer Erlebnisse durch Verteilung über ein weites assoziatives Netzwerk „versickere“ (cf. 29 und 111), während der Affekt traumatischer Erlebnisse „aufgestaut“ werde.

Die zweite Konzeption der Realität (89), die die Theorie von 1900 bis 1923 beherrscht (mit Ausnahme von Freuds „Formulierungen über die zwei Prinzipien“, die schon die nächste Konzeption vorbereiten), hatte zwei Aspekte: das Triebobjekt und den Sekundärprozeß.

Der Trieb wurde als ein innerer Reiz (106, 110) aufgefaßt, der, ungleich den äußeren Reizen, fortdauernd ist und dem sich das Subjekt nicht durch Flucht entziehen kann. Es ist ein Reiz, dem gegenüber der Organismus keine, die Intensität herabsetzende Schranke der Art besitzt, wie er sie gegenüber äußeren Reizen verwendet. Diesen äußeren Reizen hingegen wurde geringe Bedeutung und psychologische Wirksamkeit und gar keine verhaltensbestimmende Rolle zugebilligt. Zur gleichen Zeit jedoch wurden bestimmte Konfigurationen äußerer Reize, nämlich die Triebobjekte, als Vorbedingung für Triebhandlungen (Triebabfuhr) aufgefaßt. So blieb die Wirksamkeit der Triebe als letztliche Determinanten des Verhaltens zum Teil abhängig von der Erreichbarkeit des Triebobjekts. Das ist aber nicht die einzige Rolle, die die Realität in dieser Theorie einnimmt: die Auffassung ging dahin, daß Aspekte der Realität, die die Triebhandlung untersagen, intrapsychisch durch die Zensur repräsentiert werden (89). Es ist dies eine um die Triebe zentrierte Realitätsauffassung: sie erfaßt nur jene Realitätsbedingungen, die die Triebhandlung möglich oder unmöglich machen. Ein Aspekt dieser Trieb-

---

[29] Selbstachtung und soziales Verbot haben in der Psychoanalyse selbst keinen begrifflichen Status erreicht. Sie tauchten in der frühen Übersichttheorie plötzlich auf (103) und kehrten später in den Neo-Freudianischen Schulen wieder. Erst in neuerer Zeit hat die Ich-Psychologie begonnen, ihren Platz in der Theorie zu bestimmen (Hartmann 151, Bibring 232, Erikson 58, Jacobson 176, 178).

Objekt-Konzeption der Realität hat aber auch allgemeinere Bedeutung. Während die Instinkte von Tieren niedrigerer Entwicklungsstufen direkt und mehr oder weniger starr mit spezifizierten äußeren Reizen koordiniert sind, scheint die Instinkt-Reiz-Koordination der Tiere höherer Entwicklungsstufen weniger starr zu sein. Dieser Unterschied könnte als fortschreitende Internalisierung der Verhaltensregulation charakterisiert werden[30]. Die psychoanalytische Triebtheorie nimmt an, daß die Beziehung der menschlichen Triebe zu ihren Triebobjekten elastisch, und die Regulierung des menschlichen Verhaltens in hohem Maß internalisiert ist. Mag die frühe psychoanalytische Theorie auch zu Zeiten den Eindruck vermittelt haben, als sei der Organismus völlig autonom von seiner Umwelt, so war sie doch niemals so blind, diesen extremen Standpunkt einzunehmen. Entschieden aber hat sie die Frage nach der *relativen* Autonomie des Organismus von seiner Umwelt aufgeworfen[31] und deutlich gemacht, daß jede Erklärung des Verhaltens sich mit der relativen Autonomie des Verhaltens sowohl von Trieben wie von der äußeren Wirklichkeit auseinandersetzen muß.
Der andere Aspekt der Realitätsauffassung in dieser Phase der Theorie war der Sekundärprozeß. Danach sollte der sekundäre Denkprozeß die Tendenz haben, die Realität „wahrhaftig" widerzugeben, d. h. nicht nur im Sinn des Triebes, dessen Objekt erreicht werden soll, sondern im Sinne „wirklicher" Beziehungen zwischen Objekten, die in der Realität bestehen (89). Auch die Sekundärprozesse des Handelns passen sich der Realität an (99, S. 233 ff.) und streben nicht blind nach Triebentladung. Entladungsaufschub, Umwege um eines sicheren Weges willen, „volle" Verfügung über Erinnerungen und ihre Verwendung im gedanklichen Probehandeln charakterisieren den Sekundärprozeß, der also nicht „selektiv" im einschränkenden Sinn, wie der Primärprozeß ist, sondern über einen weitreichenden Zugang zur Wirklichkeit verfügt, der gegenüber er selektive Beurteilung und Auswahl übt. Diese Auffassung setzte eine „objektive" Wirklichkeit und einen Sekundärprozeß voraus, der, ungleich dem Primärprozeß, nicht „entstellt", sondern *realitätsgerecht* ist, obgleich man durchaus erkannte, daß der Sekundärprozeß diese „Entstellungen" nicht völlig beheben kann; denn dazu müßte er die Affekte eliminieren, deren er als richtungsweisender Signaler bedarf (89). Diese Konzeption blieb unvollständig, da sie Ursprung, Wesen und Funktion des Sekundärprozesses unerklärt ließ[32].

---

[30] Diese Internalisierung wird als gleichzeitig mit der Aufrichtung des Ich einhergehend angesehen. Cf. Hartmann (147, 150).
[31] cf. Gill und Brenman (139, 260 a).
[32] Siehe allerdings Freud (120, 121), auch Ferenczi (70, 71, 72, 73).

Die dritte Konzeption der Realität tritt in Freuds Ichpsychologie der Periode von 1923–38 zu Tage. Schon in den „Formulierungen über die zwei Prinzipien“ (1911) kündigte sie sich an, besonders in den Begriffen des *Realitätsprinzips* und der *Realitätsprüfung*. In der ersten Konzeption richtete sich die Abwehr gegen die Wirklichkeit und die Erinnerung wirklicher Ereignisse; in der zweiten war sie gegen den Trieb gerichtet und die Realität spielte nur eine periphere Rolle; in der dritten scheinen Realität und Trieb einen mehr oder weniger gleichwertigen Status zu erreichen (122). Nun ist das letztliche Motiv (Determinante) der Abwehr eine wirkliche Gefahr und der Trieb wird abgewehrt, da ihm gemäß zu handeln wieder in eine gefährliche Realsituation führen würde. So werden die Abwehrmechanismen gegen Triebe zu Repräsentanten der Wirklichkeit und als wesentliche Bestandteile der Ich- und Überichstruktur zu internalisierten Regulatoren des Verhaltens.

In dieser dritten Periode wurde das Ich noch als hauptsächlich abwehrende Organisation angesehen. Allerdings weist sein Ursprung aus Identifikationen[33] und seine allgemeinste Definition als zusammenhängende Organisation von psychischen Prozessen[34] schon auf seine anderen Funktionen und seine enge Beziehung zur Realität hin. Die Identifizierungen mit den Objekten der gesellschaftlichen Wirklichkeit bedeutet, daß der Realität nicht nur eine abwehrend-konflikthafte, sondern auch eine Ich-Strukturen-bildende Rolle zukommt. Außerdem erhält das Ich, indem es als zusammenhängende Organisation mit einer eigenen synthetischen Funktion (122, S. 137–39, 227) aufgefaßt wird, einen Grad an Unabhängigkeit von den Trieben, der eine relative Objektivität in Hinsicht auf die Realität zuläßt. Die Beziehung des Ich zur Wirklichkeit läßt die zentrale Rolle, die die Realität in dieser Phase der Theorie spielt, aufs deutlichste hervortreten: die Aufgabe des Ichs ist es, die Forderungen von Es, Überich und Realität in Einklang zu bringen (117); die Beziehung zur Realität ist entscheidend für das Ich (128); und das Ich ist rings um das System Wahrnehmung – Bewußtsein, d. h. um die Mittel des Kontaktes mit der Realität, organisiert.

In dieser Konzeption formt die Realität nicht nur das Ich, sondern beeinflußt selbst die Triebe, die früher als unveränderlich angesehen wurden[35].

---

[33] „Vielleicht ist diese Identifizierung überhaupt die Bedingung, unter der das Es seine Objekte aufgibt. Jedenfalls ist der Vorgang zumal in frühen Entwicklungsphasen ein sehr häufiger und kann die Auffassung ermöglichen, daß der Charakter des Ich ein Niederschlag der aufgegebenen Objektbesetzungen ist . . .“ (117, S. 257), d. h. von Identifikationen mit aufgegebenen Objekten.

[34] (117, S. 246 ff.).

[35] Siehe (130), doch auch schon in (108).

Überdies erscheint in Anna Freuds Auffassung (84) die Abwehr gegen die Realität selbst wieder als ein Begriff, ähnlich wie in Freuds erster Konzeption der Realität.

Die vierte – Hartmanns – Auffassung von der Realität stellt eine radikale Fortentwicklung dar: der Organismus, als ein Produkt der Evolution, wird schon angepaßt, oder potentiell angepaßt an die Wirklichkeit, geboren. Die Ich-Apparate von primärer Autonomie sind Instrumente und Garanten dafür, daß beim Menschen „für den Durchschnittsfall, für eine durchschnittlich zu erwartende Aufgabenbreite, zweckmäßig vorgesorgt" ist (147). Bei den Tieren niedrigerer Entwicklungsstufen sind die Instinkte Garanten der Realitätsanpassung; die menschlichen Triebe haben viel von dieser Rolle verloren und die angeborene Angepaßtheit ist beim Menschen daher eher eine Möglichkeit als eine Wirklichkeit; Anpassungsvorgänge haben ein stärkeres Gewicht als angeborene Angepaßtheit. Diese latente Möglichkeit zur internalisierten Verhaltensregulierung realisiert sich im Laufe der Entwicklung des Ich, das damit zum menschlichen Anpassungsorgan wird[36].

Bei dieser Konzeption spielen sowohl die Realität wie auch die Angepaßtheit und die Anpassung eine viel umfassendere Rolle als in Freuds dritter Theorie[37]: hier sind sie die Matrix allen Verhaltens. Hartmanns Begriffe der *relativen Autonomie*, der *sekundären Autonomie*, der *Automatisierung* und *Neutralisierung* bieten zum ersten Male ein Gerüst, um die Entwicklung und die Funktion des Sekundärprozesses als eines der wichtigsten Anpassungsmittel des Menschen zu verstehen. Aber Hartmann geht sogar noch weiter und sieht die Realität, an die der Mensch sich anpaßt, als eine von ihm und seinen Vorfahren geschaffene an. Doch scheint selbst diese Konzeption eine wesenhafte Dualität von psychologischer und äußerer Realität beibehalten zu haben.

Der fünfte Realitätsentwurf, der sowohl in Freuds dritter Konzeption wie auch in Hartmanns Auffassung vorgebildet ist, wurde von Erikson (54, 58) entwickelt. Es handelt sich dabei um die psychologische Auffassung der Realität. Der Mensch ist potentiell nicht nur *einer* „durchschnittlich zu erwartenden" Umgebung im voraus angepaßt, sondern einer ganzen sich entfaltenden Reihe solcher Umgebungen. Diese Umgebungen, denen der Mensch sich anpaßt, sind nicht „objektive", sondern vielmehr soziale Umgebungen, die seiner Entwicklung und Reifung halbwegs entgegenkommen: soziale Modalitäten (e. g. die sozial gebilligten Formen des „Besitzergreifens") pflegen, wählen und zähmen seine sich entfaltenden „Modi" (e. g. den inkorporie-

Hartmann

z.B.

rende oral Modi)

[36] cf. Hartmann: Ich-Psychologie und Anpassungsproblem (147).

[37] cf. Kris (190) und Hartmann (155).

renden oralen Modus) des Verhaltens (55)[38]. Das ist das genetische Gegenstück zu Hartmanns systematischer Formulierung; es ist bisher der einzige Versuch zur Verbegrifflichung der Phasen der Epigenese (51, 54), durch welche die Praeadaption wirksam wird und in denen durch Anpassungsprozesse die Verhaltensepigenese und Umweltsbedingungen untrennbar vereint werden. (54, bes. Kapitel VII). Die Auffassung von einer „objektiven" Wirklichkeit und von einem nicht-selektiven und „wirklichkeitsgerechten" Sekundärprozeß verschwindet hier und selbst die Hauptkoordinaten (Zeit und Raum) der Realität werden „subjektiv" (56) in dem Sinne, daß aufgewiesen wird, daß sie relativ sowohl zum organismischen Raum und zur organismischer Zeit, wie auch zu jener Gesellschaft sind, in deren Realität der Mensch hineinwächst[39].

J. Alles Verhalten ist sozial determiniert

Der psychosoziale Gesichtspunkt

Es hieße offene Türen einrennen, wollte man nochmals nachweisen, daß die Psychoanalyse die reale Erfahrung im allgemeinen und die soziale Erfahrung im besonderen als Determinanten des Verhaltens ansieht. Die organische Psychiatrie etwa, die sich auf konstitutionelle und hereditäre Faktoren konzentriert, hat der Psychoanalyse schon immer den Vorwurf gemacht, diese Faktoren zu vernachlässigen und sich ausschließlich auf die erfahrungsmäßigen Determinanten des Verhaltens zu konzentrieren. Das heißt aber, die „Natur" der Triebe, die in der analytischen Theorie eine zentrale Rolle spielen und sicherlich einen konstituionellen – und keinen erfahrungsmäßigen – Faktor darstellen, außer acht lassen. Der Ursprung dieser und ähnlicher Mißverständnisse liegt wohl darin, daß die Theorie es unterließ, ihre Einstellung zu der dualen Beziehung zwischen dem Organismus und seiner Umgebung systematisch zu klären. Es ist charakteristisch für Organismen, daß sie von ihrer Umgebung abhängig, aber auch relativ unabhängig von

[38] In dieser Konzeption entwickeln sich Modi nach genetischen, eingeborenen Gesetzen, aber es ist die soziale Organisation der Umwelt, die ihren Platz und ihre Form im Verhaltensrepertoire und ihre Verwendung zur Realitätsbeherrschung und Anpassung bestimmt.

[39] Diese Konzeption leugnet nicht die Objektivität der gewöhnlichen, durch soziale Übereinstimmung festgelegten Aspekte von Raum und Zeit, oder die intellektuelle Möglichkeit, die subjektiven Koordinaten der Realität zu überschreiten, um universell gültige Wissenschaften von Raum, Materie usw. aufzurichten. Sie entwertet nicht die Koordination des Organismus mit der „objektiven" Umgebung, die durch die Apparate von primärer und sekundärer Autonomie (e. g. die Wahrnehmungs- und motorischen Apparate) gewährleistet wird, noch die Wirksamkeit des „Kausalgewebes" der Umgebung (Brunswick, Heider), das aller individuellen und sozialen „Subjektivität" Grenzen setzt.

ihr sind. Dies Gleichgewicht zwischen Abhängigkeit und Unabhängigkeit könnte als relative Autonomie (des Organismus von seiner Umgebung) bezeichnet werden – im gleichen Sinn, in dem die analoge Beziehung des Ich zum Es so bezeichnet wird (260 a).

Der Standpunkt der organischen Psychiatrie setzt eine *absolute Autonomie* von Umwelteinflüssen voraus. Von ihrem Standpunkt aus hat Freud diese Autonomie völlig außer acht gelassen, da er sich vornehmlich mit der Abhängigkeit des Verhaltens von Erfahrung, sozialen Normen usw. befaßte. Auf der anderen Seite ließ Freuds Akzentuierung der Triebe und seine Berücksichtigung konstitutioneller Faktoren es selbst vielen seiner Anhänger so erscheinen, als statuiere seine Theorie eine *absolute Autonomie* von der Umgebung. Von diesem Standpunkt aus erschien die Gesellschaft als ein Faktor, der der menschlichen Natur widerstrebt. Der Mensch wurde als geborener Individualist betrachtet und daher sah man häufig das therapeutische Ziel in der Befreiung der menschlichen Natur von sozialen Fesseln. Freud indessen hielt die sexuellen Triebe und ihre Objektwahl als anaklitisch[40] an die Selbsterhaltungstriebe und deren Objektwahl. Diese Feststellung bezieht sich also auf die ersten sozialen Beziehungen des wachsenden Organismus und deutet auf die soziale Determinierung des Verhaltens hin. Auch die Konzeption des Ödipuskomplexes deutet in diese Richtung: die soziale Umgebung des knospenden Individuums bietet die Objekte für seine libidinösen und aggressiven Triebe und die Strukturen (Identifikation in der Ich- und Überich-Entwicklung), die aus den Beziehungen zwischen dem Subjekt und diesen Objekten erwachsen, bestimmen sein Allgemeinverhalten mit – und nicht bloß seine Pathologie (117). Obgleich diese sozialen Konzeptionen nie ausdrücklich in einer psychoanalytischen Sozialpsychologie zusammengefaßt wurden, ist die soziale Determination des Verhaltens der analytischen Theorie offensichtlich nicht fremd.
Woher stammt nun aber die zögernde Haltung der klassischen Psychoanalyse gegenüber der Betonung der sozialen Determiniertheit des Verhaltens, wie Adler, Sullivan, Horney und Kardiner das vertreten? Offenbar zeichnet sich im Hintergrund dieses Zögerns ein Kampf zwischen verschiedenen Auffassungen von der *relativen* Autonomie des Verhaltens von der umweltmäßigen Realität ab[41]. Nach Ansicht der klassischen Analytiker haben die

---

[40] Anaklitisch – angelehnt. Damit ist gemeint, daß die ersten Objekte des Sexualtriebes jene Menschen sind, die für den Säugling sorgen und sein Überleben sichern, i. e. die Objekte seiner Selbsterhaltungstriebe sind.
[41] Siehe zu dieser Frage Fenichels Kritik an Fromm (68).

„dissidenten“ Schulen, angesichts der Entdeckung der Abhängigkeit des Verhaltens von der sozialen Wirklichkeit, jene Konzepte der psychoanalytischen Theorie preisgeben, die die Beobachtungen hinsichtlich der Autonomie des Verhaltens von der Umwelt betrafen und umfaßten: es waren das die Triebe und die anderen konsituionellen (e .g. strukturellen) Gegebenheiten. Das Resultat schien – vom Standpunkt der klassischen Analytiker aus – darin zu bestehen, daß manche Dissidenten dazu übergingen, die Einordnung in die Gesellschaft[42] (vor allem als therapeutisches Ziel) als „Anpassung“ aufzufassen, Wesen und Existenz von Trieben außer Acht zu lassen, die Forderung der Umwelt in den Vordergrund zu stellen und damit wissentlich oder unwissentlich Zensur und Überich zu verstärken. Von diesen Therapeuten ließ sich sagen, sie haben „die Partei der Gesellschaft“ gegenüber dem Patienten ergriffen – während es doch nach der ursprünglichen Konzeption ihre Aufgabe war, keine Partei oder beide zu ergreifen. Bei anderen Dissidenten schienen sich andere Folgen zu ergeben: es war die Gesellschaft, der die Leiden des Menschen zur Last gelegt wurden, und die so umgeformt werden sollte, daß sie dem Menschen keine Leiden mehr zufügte. Dies hieß Partei für das Individuum gegen die Gesellschaft ergreifen. So galten die verschiedensten therapeutischen Haltungen als charakteristisch für die Dissidenten: Gehorsam und Bravheit, soziales Rebellentum, spießbürgerliche Konformität und eine so generelle Billigung der individuellen Freiheit, daß sie schon in Libertinismus hinüberspielte. Jede dieser Haltungen kann durchaus die private Überzeugung eines Therapeuten sein und als solche wird sie unvermeidbar in irgendeiner Form in die Therapie eindringen – aber keiner von ihnen steht ein Platz in der psychologischen Theorie zu. Es ist nicht unsere Aufgabe festzustellen, ob es sich hierbei um eine gerechte Einschätzung der dissidenten Schulen handelt[43]. Es genügt, darauf hinzuweisen, daß diese behaupteten oder tatsächlichen Haltungen Indizien einer Auseinandersetzung um die relative Autonomie des Ichs von der sozialen Realität sind. Dabei darf man den Beitrag der dissidenten Schulen zur Formulierung des psychosozialen Gesichtspunkts nicht unterschätzen.
Der Nachdruck, den Anna Freud auf die Arbeit mit den Eltern ihrer kind-

---

[42] Wir übersetzen das in der Originalarbeit verwendete Wort „adjustment“ mit dem Begriff der „Einordnung“, um zum Ausdruck zu bringen, daß es sich hier um eine Unterwerfung unter die gesellschaftlichen Regeln handelt – im Gegensatz zur „Anpassung“ die etwas von Gegenseitigkeit und wechselseitigem Entgegenkommen zum Ausdruck bringt. (Der Autor)

[43] Fenichels Einschätzung von Kardiner und Fromm (68) scheinen mir so adäquat, als das begriffliche Gerüst seiner Zeit dies zuließ: Hartmann und Erikson waren noch nicht mit ihren Auffassungen in den Meinungsstreit eingetreten.

lichen Patienten legt, und ihre Arbeit mit Kindergruppen im letzten Krieg bedeuten eine Anerkennung der sozialen Determiniertheit des Verhaltens. Hartmann lieferte die erste theoretische Formulierung der Rolle der gesellschaftlichen Wirklichkeit. Sein Ausgangspunkt war dabei Freuds Konzeption von der zentralen Rolle, die die verlängerte Hilflosigkeit und Abhängigkeit des Säuglings von Pflegepersonen für die menschliche Entwicklung spielt. Hartmanns wichtigster theoretischer Fortschritt liegt in seinem Begriff des „sozialen Entgegenkommens", der entsprechend Freuds Begriff des „somatischen Entgegenkommens" geprägt ist. Die Grundlagen dieses Begriffs sind Beobachtungen jener gesellschaftlichen Institutionen, die den angeborenen und neu erworbenen adaptiven Mitteln des sich entwickelnden Individuums entgegenkommen, sie pflegen und formen. Erziehung als eine soziale Institution ist ein Beispiel des „sozialen Entgegenkommens".

Eriksons epigenetische psychosoziale Auffassung läuft in gleicher Richtung mit Hartmanns systematischen und programmatischen Formulierungen, die sie weiter ausführt. Seine Konzeption der Gesellschaft ist vielfältig: sie ist die Geographie und die Mittel des Überlebens, die diese bietet; sie ist die Wirtschaft und die anderen sozialen Einrichtungen; sie ist die Ideologie einschließlich der Tradition (54, Kap. III und IV, 53). Seine Theorie umfaßt: (a) die epigenetische Konzeption der Ichentwicklung, die aus einer Reihenfolge von Entwicklungsphasen besteht, deren jede durch eine phasen-spezifische Krise charakterisiert ist, deren Eintreten universell, deren Lösung aber von Gesellschaft zu Gesellschaft verschieden und individuell einmalig ist (54, Kap. II, 55, 58); (b) die fürsorgenden Personen (Eltern, Lehrer, usw.) und deren erzieherische Praktiken, die die Einrichtungen und Traditionen repräsentieren, die von der Gesellschaft entwickelt wurden, um jeder phasen-spezifischen Krise des sich entfaltenden Lebenszyklus gerecht zu werden; (c) die phasen-spezifischen Bedürfnisse des heranwachsenden Individuums, die bei den fürsorgenden Personen die jeweils passenden Bedürfnisse erwecken, entsprechend den jeweiligen Phasen in deren Lebenszyklus. Dabei tragen die gesellschaftlichen Einrichtungen und Traditionen mittels der so erweckten Bedürfnisse der fürsorgenden Personen zur Lösung der phasen-spezifischen Krisen des wachsenden Individuums bei; (d) die resultierenden Verhaltensformen, die im allgemeinen ihren gebilligten Platz in der Gesellschaft haben und die Lebensfähigkeit des Individuums in dieser Gesellschaft sicherstellen.

Bei dieser Konzeption paßt sich weder das Individuum der Gesellschaft an, noch preßt die Gesellschaft das Individuum in ihre Form; vielmehr bilden Gesellschaft und Individuum eine *Einheit*, innerhalb deren eine wechselseitige Regulierung stattfindet. Die sozialen Einrichtungen sind Vorbedingungen der individuellen Entwicklung, und das Verhalten des sich entwickelnden Individuums wiederum ruft die Hilfe hervor, die die Gesellschaft durch ihre erwachsenen Mitglieder erteilt, gelenkt durch die Einrichtungen und Traditionen dieser Gesellschaft. Die Gesellschaft ist nicht ein bloßer Verbieter oder Versorger; sie ist die notwendige Matrix der Entwicklung allen Verhaltens. Tatsächlich hängt die Entwicklung und das Fortbestehen des Ich, des Überich und vielleicht aller Strukturen von der sozialen Matrix ab: Verhalten wird von ihr bestimmt und ist nur innerhalb ihrer möglich. Bettelheims[44] und Redls[45] Untersuchungen bestätigten und erweiterten diese Auffassung. Gill und Rapaport (140) schlossen aus den hier besprochenen Beobachtungen und Theorien, daß die klassische metapsychologische Trias vom dynamischen, strukturellen und ökonomischen Gesichtspunkt durch Hinzufügung eines adaptiven Gesichtspunkts erweitert werden müsse.

K. Diskussion

Ich habe diese Skizzierung der grundsätzlichen Behauptungen der allgemeinen psychoanalytischen Theorie vorgelegt, um eine Erörterung ihrer Variablen zu ermöglichen. Die Untersuchung konzentriert sich auf die drei klassischen metapsychologischen Gesichtspunkte (den dynamischen, topographischen und ökonomischen), schließt aber auch den strukturellen Gesichtspunkt (der den topographischen weiter ausbaute und ersetzte) wie den genetischen und adaptiven mit ein, welch letztere (da sie von gleicher Rangordnung in der Theorie wie die klassische Trias sind) notwendig scheinen, um das System der psychoanalytischen Metapsychologie[46] zu vervollständigen. Die Aufnahme des psychosozialen Gesichtspunkts in diese Reihe ist (wie auch die des topographischen) ein Zeichen systematischer Schwäche, da es sich bei ihm nur um einen spezifischen Aspekt des adaptiven Gesichtspunktes handelt. Es ist bis jetzt noch schwierig, wenn nicht unmöglich, die Theorie getrennt von ihrer Geschichte darzustellen. Der topographische Gesichtspunkt, obgleich durch den strukturellen befriedigend ersetzt, wird hier aufgeführt, da es schwer ist, letzteren so darzustellen, daß die Rolle der unbewußten Determination so klar aus ihm hervorgeht, wie aus dem heute nur mehr historischen topographischen Gesichtspunkt. Desgleichen wird auch der psychosoziale Gesichtspunkt getrennt besprochen, da es noch immer schwerfällt, den adaptiven Gesichtspunkt so darzustellen, daß seine psychosozialen Folge-

---

[44] cf. Bettelheim (19, 20, 21).
[45] cf. Redl (262, 263).
[46] Siehe Gill und Rapaport (140).

rungen klar hervorgehen. Sowohl Hartmanns wie Eriksons Theorien sind zu neu, ihre Folgerungen zu wenig erfaßt und ihre Beziehungen zueinander zu wenig untersucht[47], um, unter Außerachtlassung aller anderer als systematischer Überlegungen, eine Darstellung zuzulassen.
So ist wahrscheinlich, daß sieben von den zehn hier besprochenen Gesichtspunkten bei zukünftigen systematischen Darstellungen in die fünf metapsychologischen Gesichtspunkte zusammengezogen werden (den dynamischen, ökonomischen, strukturellen, genetischen und adaptiven). Unter Umständen könnten sie tatsächlich als die Axiome des Systems formuliert werden. Die verbleibenden drei Gesichtspunkte (der empirische, der „Gestalts", und der organismische) scheinen von anderem Charakter zu sein, und daß sie mit den metapsychologischen zusammengeworfen werden ist ein weiteres Anzeichen dafür, daß die hier versuchte Systembildung verfrüht ist. Im großen ganzen befassen sie sich mit der Natur der Beobachtungsobjekte und mit deren Organisation als Einheiten. Es ist möglich, daß diese drei Gesichtspunkte in zukünftigen systematischen Darstellungen als Definition der Beobachtungsobjekte der Theorie erscheinen werden. Wenn das der Fall ist, stellt sich die Frage, warum sie hier nicht von den anderen getrennt wurden. Ein Grund ist der, daß die anderen noch nicht als Axiome formuliert wurden und auch sie enthalten ja Definitionen. Warum dann nicht alle Definitionen ausdrücklich festsetzen und von den Gesichtspunkten trennen? Bei unserem heutigen Wissensstand wäre die vorliegende Analyse, selbst wenn sich solche Festsetzungen und Trennungen als möglich erwiesen, ein unerläßlicher vorbereitender Schritt.
Die Konzeptionen Tolmans (295), MacCorquodale und Meehls (209) und anderer Autoren hinsichtlich unabhängiger, vermittelnder und abhängiger Variablen kann hier nicht eingehend besprochen werden. Es muß genügen festzustellen, daß ihre Auffassung dieser Variablen nicht als „methodologisch sauber" erscheint, sondern belastet von den jeweiligen systematischen Tendenzen der Autoren. Nur die Konzeption der Variable, welche Koch die „mathematische" nennt, scheint relevant für die psychoanalytische Theorie. Es ist im Sinne solch einer mathematischen Konzeption, wenn wir hier von Variablen sprechen.
Ich glaube, daß aus der Skizzierung der „Gesichtspunkte" der Theorie sich folgende Schlüsse ziehen lassen:
1. der psychoanalytische Begriff der *Überdeterminierung* besagt, daß eine oder mehrere Determinanten eines gegebenen Verhaltens, die dieses zu erklären scheinen, nicht notwendig seine volle kausale Erklärung ausmachen.

[47] Siehe Rapaport (259, 260).

Das trifft nicht *per se* für andere Wissenschaften zu, aber das *Prinzip der Überdeterminierung* hat sich für keine andere Wissenschaft als notwendig erwiesen. Daß dies Prinzip für die Psychoanalyse eine Notwendigkeit ist, scheint teilweise der Vielzahl der Determinanten des menschlichen Verhaltens zuzuschreiben zu sein, teilweise dem für die Theorie charakteristischen Mangel an Kriterien für die Unabhängigkeit und Hinlänglichkeit von Kausalfaktoren. Die Verhaltensdeterminanten dieser Theorie sind so definiert, daß sie auf jedes Verhalten zutreffen und daher müssen ihre empirischen Grundlagen in jeder Verhaltensform vorhanden sein. Da gewöhnlich nicht eine einzelne Determinante dauernd die dominierende Rolle in einem gegebenen Verhalten übernimmt, geht es nicht an, während der Erforschung dieser dominierenden Determinante die anderen zu vernachlässigen. Wenn günstige Bedingungen eine Determinante vorherrschen lassen, kann das den Untersucher zu dem Schluß verführen, daß er eine vorhergesagte funktionelle Beziehung bestätigt hat – was tatsächlich der Fall ist. Bedauerlicherweise aber mißlingt der Versuch, die betreffende Beobachtung oder das Experiment zu wiederholen häufig, da bei der Wiederholung entweder das gleiche Verhalten wieder eintritt, obwohl eine andere Determinante dominant geworden ist, oder ein anderes Verhalten auftritt, obgleich dieselbe Determinante dominant blieb[48]. Hier ist Lewins „Gesetz und Experiment in der Psychologie" (200) relevant: er argumentiert, daß das Kriterium der Gültigkeit für psychologische Experimente[49] nicht die Wiederholbarkeit, sondern die vorhersagbare systematische Variation ist.

Aus dem Begriff der Überdeterminierung ergibt sich für die Wahl unabhängiger Variablen: a) Jede, in der Hierarchie der psychologischen Organisation hoch rangierende Motivation kann sich, wenn sie als unabhängige Variable eines Experiments oder einer Beobachtung gewählt wird, als abhängig von Variablen erweisen, die der Basis der Hierarchie näher liegen. In diesem Fall wird entweder die abhängige Variable als implizite Funktion dieser tiefer liegenden Variablen (Motivationen, Strukturen usw.) behandelt werden, oder die letzteren werden als vermittelnde, zwischen die unabhän-

---

[48] In einem Zeigarnik-Experiment zum Beispiel kann einerseits eine unterbrochene Aufgabe sowohl mit dem nicht entladenen Spannungssystem (Lewin's Erklärung) wie damit erklärt werden, daß die Aufgabe von Anfang an für das Subjekt eine spezifische „historische" oder „motivische" Bedeutung hatte. In diesem Fall haben verschiedene dominante Determinanten die gleichen Effekte erzielt. Andererseits kann eine unterbrochene Aufgabe (trotz des nicht entladenen Spannungssystems) vergessen werden, wenn die Unterbrechung als Mißlingen empfunden wird. In diesem Fall bleibt die nicht entladene Spannung die dominante Determinante, aber die Auswirkung im Verhalten ist eine andere.

[49] cf. Gill und Brenman (28, 138), Benjamin (10).

gige und abhängige Variable eingeschaltete Variablen aufgefaßt. b) Wird eine der Basis der Hierarchie entstammende Motivation als unabhängige Variable eines Versuchs gewählt, dann werden höher in der Hierarchie rangierende Variablen als vermittelnde zwischen die unabhängige und die abhängige Variable des Experiments eingeschaltet werden. Bei G. S. Kleins Experiment (183) zum Beispiel sind kognitive Haltungen die vermittelnden, Durst die unabhängige, und kognitive Verhaltensweisen die abhängigen Variablen. Obgleich in der Theorie die Grundtriebe systematisch hervorragende[50] unabhängige Variablen sind, scheinen sie sich von anderen motivierenden Variablen nicht in bedeutsamer Weise zu unterscheiden.

2. Die psychoanalytische Konzeption der *Autonomie* schränkt den Charakter der Grundtriebe als hervorragende unabhängige Variablen weiterhin ein, indem sie auf weitere, gleichermaßen hervorragende Variablen hindeutet. Der Begriff der Autonomie setzt voraus, daß Strukturen primärer (und sekundärer) Autonomie eine relative Unabhängigkeit von Trieben beibehalten (oder erwerben) können. Die Funktion autonomer Strukturen kann, selbst wenn sie von Trieben ausgelöst wird, doch unabhängig von letzteren bleiben. Auch abgeleitete Motivationen (die im allgemeinen Beziehungen zu Strukturen haben) können eine derartige Unabhängigkeit erlangen. Die Folgerungen aus diesem Autonomiebegriff für die Wahl unabhängiger Variablen stehen im Gegensatz zu den Folgerungen aus dem Begriff der Überdetermination: da die Autonomie mit dem Abstand von den Grundtrieben zunimmt, erscheinen Variablen (Strukturen oder Motivationen), die hoch in der Hierarchie rangieren, als systematisch hervorragende unabhängige Variablen. Als unabhängige Variablen eines Experiments haben sie den Vorteil, daß die abhängige Variable *nicht* eine implizite Funktion der näher an der Basis der Hierarchie liegenden Variablen sein muß, und daß (im Idealfall) keine vermittelnden Variablen zwischen letzteren und der abhängigen Variable eingeschaltet sind.

Die widerstreitenden Folgerungen des „Überdetermindations-“ und des „Autonomie“-Begriffs schränken ebenfalls die Vorteile des letzteren ein, da nicht alle Strukturen und abgeleiteten Motivationen Autonomie beibehalten oder erlangen; außerdem ist Autonomie keine alles-oder-nichts Angelegenheit, sondern vielmehr eine Sache des Grades. So haben wir es immer mit einer *relativen Autonomie* zu tun, deren Grad empirisch bestimmt werden muß.

---

[50] Der Ausdruck ‚hervorragend‘ wird hier gebraucht, um auszudrücken, daß die Triebe, obgleich die Entwicklung der Theorie die ursprüngliche Auffassung der Triebe als letztliche kausale Determinante einschränkte, noch immer eine spezielle Position im System der Theorie einnehmen.

3. Grundlegende Motivationen und Strukturen, ebenso wie Motivationen hohen Autonomiegrades, sind im System hervorragende Variablen. Ob sie als systematisch unabhängige Variablen (im Sinne Kochs) angesehen werden sollten, ist nicht klar, da sie auch in der Rolle intervenierender und unabhängiger Variablen auftreten können. Um dies zu illustrieren, wollen wir die Hauptklassen der Variablen der Theorie einmal überblicken. Es sind dies: Motivationen und Strukturen (jeder möglichen hierarchischen Stufe und jeden Grades an Autonomie), Verhaltensweisen (einschließlich des Denkens und der Affekte, wie auch des beobachtbaren Handelns) und schließlich die äußere Realität.

a) *Die äußere Realität.* Im Reflexbogenmodell tritt die äußere Realität (Reiz) als *unabhängige Variable* auf. Das Modell geht von der Annahme aus, daß in diesem Fall immer unbewußte Impulse und Vorstellungen als intervenierende Variablen eintreten. Die motorische Aktion und/oder das bewußte Denken und/oder der Affekt sind dann die abhängige Variable. Nun besagt aber der Autonomiebegriff, daß die funktionelle Beziehung zwischen Reiz und Verhalten jeden Grad relativer Autonomie besitzen kann; d. h. das Ausmaß, in dem unbewußte Impulse und Vorstellungen intervenieren, ist variabel. Die Reiz-Reaktions-Psychologie erscheint hier also als Grenzfall von hohem Autonomiegrad (d. h. hoher Automatisierung)[51].
Die äußere Realität als eine intervenierende Varible ist eine der Folgerungen, die sich aus dem adaptiven Gesichtspunkt ergeben. Wird entweder die Struktur oder die Motivation als die unabhängige und das Verhalten als die abhängige Variable gewählt, dann erscheint die äußere Realität als die intervenierende Variable und entspricht dem adaptiven Aspekt des in Frage stehenden Verhaltens[52]. Aus dem Begriff der relativen Autonomie von der Umgebung folgert allerdings, daß manche der Beziehungen zwischen Motivation und Verhalten, und zwischen Struktur und Verhalten (wie bei Impulshandlungen, Fugues und charakterologisch typischen Verhaltensweisen) innerhalb gewisser Grenzen unberührt von Veränderungen der äußeren Realität bleiben.
Weniger offensichtlich ist, inwiefern die äußere Realität eine *abhängige Variable* sein kann. Würde sie geographisch[53] aufgefaßt, so wäre es sinnlos (oder Sache der anderen Naturwissenschaften), sie als abhängige Variable

[51] Siehe Hartmann (147).

[52] Bei einer Untersuchung der Auswirkung des Hungers auf das Ernährungs-Verhalten z. B. wird die Anwesenheit oder Abwesenheit und das Benehmen des Beobachters als intervenierende Variable auftreten.

[53] Siehe Koffka (189, S. 27 ff.).

zu behandeln. Greifen wir aber über das inhärente „Kausalgewebe“ (Brunswik, Heider) der Realität hinaus und erfassen sie psychologisch, dann kann sie zur abhängigen Variable werden: ein Mensch innerhalb meines Lebensraumes ist eine äußere Realität, aber diese Realität ist eine von meinen „Gefühlen“ gegenüber diesem Menschen abhängige Variable.

b) *Motivationen.* Bei Entbehrungsversuchen wie auch bei therapeutischen Beobachtungen (z. B. von Übertragungsphänomenen) treten Motivationen als unabhängige Variablen[54] auf; ihre hierarchische Stellung (unter Einbeziehung der Überdetermination und der Autonomie) definieren den Grad ihrer tatsächlichen Unabhängigkeit. In diesen Fällen treten gewöhnlich Abwehrmechanismen und andere Strukturen als intervenierende Variablen auf. Das Verhalten ist dabei die häufigste abhängige Variable. Bei Untersuchungen über strukturbildende Vorgänge und strukturelle Änderungen wird allerdings die Struktur die abhängige Variable sein.
Beim Reflexbogenmodell treten die unbewußten Motivationen als *intervenierende* Variablen, die äußere Realität als die unabhängige und das Verhalten als die abhängige Variable auf. Übrigens erscheinen überall dort, wo eine kontrollierende (nicht impulsive) Motivation oder eine der Basis der Hierarchie der psychologischen Organisation naheliegende Struktur als unabhängige Variable angenommen wird, Motivationen höherer Rangstufe als intervenierende Variablen – vorausgesetzt, daß zwischen den unabhängigen und den abhängigen Variablen keine automatisierten Beziehungen bestehen.
Motivationen als *abhängige Variablen* trifft man dort an, wo in der Hierarchie niedrig rangierende Motivationen als unabhängige und Abwehrstrukturen als intervenierende Variablen gewählt werden, oder dort, wo die äußere Realität in der Form von Entbehrungen die unabhängige Variable ist. Klinisch läßt sich das Bestehen defensiver Strukturen in der Regel aus dem Auftreten abgeleiteter Motivationen[55] erschließen, welch letztere in diesem Fall abhängige Variablen sind. Bestimmte Motivationen können aber auch dann als abhängige Variablen erscheinen, wenn äußere Realitäten (abgesehen von Entbehrungen) oder psychologische Strukturen die unabhängigen Variablen sind.

---

[54] Ausgenommen, wo das Maß der Entbehrung die unabhängige und der Trieb die abhängige Variable ist.

[55] Bei der Untersuchung koprophiler Impulse z. B. kann aus dem Auftreten einer Motivation für exzessive Reinlichkeit auf das Vorliegen einer Reaktionsbildung geschlossen werden.

c) *Strukturen.* Strukturen treten als unabhängige Variablen auf, wo individuelle Unterschiede im Verhalten unter (relativ) gleichbleibender Motivation und Reizung untersucht werden: z. B. bei der vergleichenden Untersuchung von Symptomen verschiedener Neurosen oder der Untersuchung individueller Wahrnehmungsunterschiede (Klein, Holzmann, Gardner u. a. 135, 166, 167, 185, 283).

Strukturen als *intervenierende Variable* sind alltägliche Erscheinungen bei der klinischen Beobachtung. Sie sind die Ursache dafür, daß zwischen Motivationen und Verhalten keine eins-zu-eins Beziehung besteht. Abwehrstrukturen unterdrücken Motivationen und ersetzen sie durch abgeleitete Motivvationen (wie etwa bei Reaktionsbildungen). Kontrollstrukturen lenken und bahnen Motivationen, wie bei Umweg- und Aufschubverhalten und bei der Wahl von Ersatzzielen. Bei Kleins (183) Durstversuch war die Durstmotivation die unabhängige, das Wahrnehmungsverhalten die abhängige Variable, während die Strukturen (die „kognitiven Haltungen" des Subjekts) als intervenierende Variablen auftraten.

Weniger leicht ist es, sich Strukturen als abhängige Variablen vorzustellen, obwohl sie bei strukturverändernden Prozessen, einschließlich der Lernprozesse, als solche auftreten. Insofern die Psychoanalyse als Therapie ihr Ziel erreicht, bestehende Strukturen zu ändern, erscheinen, wenigstens in gewissen therapeutischen Beobachtungen, Strukturen als abhängige Variablen. Piagets (236) Schemata der primären, sekundären und tertiären zirkulären Reaktionen sind Strukturen und in seinen genetischen Untersuchungen über ihr Wachstum und Schicksal erscheinen diese Strukturen als abhängige Variablen.

d) *Das Verhalten.* Die Rolle des Verhaltens als abhängiger Variable bedarf keiner Diskussion. Aber vielleicht sollte man nochmals festhalten, daß dies Verhalten hier so umfassend definiert wird, daß es bewußtes und unbewußtes Denken, Affekte und Handlungen umgreift, die einander ersetzen können und faktisch auch oft ersetzen. Das Verhalten ist also eine komplexe abhängige Variable.

Schwieriger ist es, sich das Verhalten in der Rolle einer *intervenierenden Variable* vorzustellen, obwohl man ihr häufig begegnet. Wenn zum Beispiel eine Motivation als unabhängige und die beobachtbaren Fazetten des Verhaltens als die abhängigen Variablen gewählt werden, dann werden sich in in der Regel die Denk- und Affektfazetten des Verhaltens als intervenierende Variablen dazwischenschalten. Dieser Sachverhalt scheint einer der zentralen Punkte der Hebbschen Kritik der Reiz-Reaktions Theorien zu sein (159). Natürlich werden bei Impulshandlungen und wo die Beziehung zwischen Motivation und manifester Handlung automatisiert ist, derartige intervenierende Variablen meist fehlen.

Die Auffassung vom Verhalten als unabhängiger Variable dürfte wohl die am wenigsten einleuchtende sein. Doch kann zum Beispiel unter den Bedingungen hochgradiger Autonomie eine Fazette des Verhaltens als eine unabhängige und jede andere seiner Fazetten als die abhängige Variable angesehen werden. Bei Werners Experiment etwa (143, 193) – wo das Subjekt gegen eine motorische Behinderung ankämpft, mit dem Ergebnis einer Zunahme seiner Bewegungs-Antworten im Rorschachtest – wird die motorische Fazette des Verhaltens zur unabhängigen, die kognitive Fazette zur abhängigen Variablen.

4. Es scheint, daß die Variablen all dieser Hauptklassen als empirisch unabhängige oder intervenierende oder abhängige Variablen behandelt werden können; im Hinblick auf ihre Manipulierbarkeit aber unterscheiden sie sich weitgehend, und diese gerade wird von manchen Autoren als Kriterium für die Selektion unabhängiger Variablen angesehen. Genetische und strukturelle Variablen zum Beispiel sind einer direkten Manipulation nicht zugänglich. Neben solchen, im Wesen der Materie liegenden Schwierigkeiten ist auch die Manipulierbarkeit der inneren und äußeren Umwelten wie der Handlungen durch die Rücksicht auf das unverletzliche Eigenleben des Subjekts eingeschränkt, und eingeschränkt auch durch die Tatsache, daß eine soziale Manipulation über ein enges Gebiet hinaus wahrscheinlich die Rechte des Individuums gefährdet. Aber die Manipulierbarkeit ist kein unerläßliches Kriterium; sie kann durch die Beobachtung ersetzt werden (wie in der Astronomie) oder indem man die „Experimente der Natur“ ausfindig macht (wie in der Evolutionstheorie).

5. Wir kommen zu dem Schluß, daß die psychoanalytische Theorie die Erforschung aller möglichen funktionellen Beziehungen zwischen ihren Variablen erfordert. Man fragt sich, ob nicht zwischen den starren Entscheidungen der verschiedenen psychologischen Schulen hinsichtlich der systematischen Variablen (e. g. jene der Reiz-Reaktions- und der Gestalt-Psychologie) und dem beschränkten Umfang der jeder von ihnen annehmbar erscheinenden Beobachtungsobjekten, eine enge Beziehung besteht. Jede Einschränkung in der Wahl der Variablen scheint in einer Einschränkung des Umfangs der Beobachtungsobjekte und der Beobachtungsmethoden zu resultieren und vermutlich dürfte der Mangel an Methoden das Haupthindernis sein, das der Überbrückung der Kluft zwischen Psychoanalyse und akademischer Psychologie und zwischen den verschiedenen psychologischen Schulen im Wege steht.

III. DIE INITIALEN EVIDENZGRÜNDE FÜR DIE ANNAHMEN DES SYSTEMS UND IHR STRATEGISCHER CHARAKTER

A. Initiale Evidenzgründe

Wir wollen hier ausschließlich die Evidenzgründe für die frühen Postulate des Systems diskutieren[1]. Den Evidenzgründen der heute gültigen Annahmen nachzuforschen wäre eine historische Aufgabe, die den Rahmen des vorliegenden Versuches weit überschritte. So werden die im folgenden Abschnitt zu besprechenden Sätze nicht immer identisch mit den für den heutigen Stand der Theorie gültigen Postulaten sein.

Die Grundannahme der psychoanalytischen Theorie war und ist der „durchgehende seelische Determinismus". Ihre weiteren initialen Voraussetzungen sind in jener These der psychoanalytischen Metapsychologie implizite enthalten, nach welcher eine vollständige Darstellung jedes seelischen Vorgangs dessen dynamische, topographische („topische") und ökonomische Beschreibung enthalten muß[2].

Welche Annahmen sind nun in diesen drei Punkten enthalten?

Der topographische Gesichtspunkt unterscheidet zwischen den Systemen Unbewußt, Vorbewußt und Bewußt und schließt daher die Voraussetzung *unbewußter seelischer Vorgänge* in sich, welche, abgesehen vom „seelischen Determinismus" die früheste und allgemeinste Annahme der Psychoanalyse darstellt. Auf dieser Annahme sind die Begriffe der unbewußten Motivation (der dynamische Voraussetzungen enthält) und des Primärprozesses (der ökonomische Voraussetzungen enthält) aufgebaut.

Der dynamische Gesichtspunkt setzt die Annahme *seelischer Kräfte* und ihrer *Konflikte* im allgemeinen und der *Triebnatur dieser Kräfte* im besonderen voraus (89). Auf diesen Voraussetzungen sind die Begriffe der libidinösen Triebe und der Zensur (Ichtriebe oder Selbsterhaltungstriebe – die heute überholt sind) errichtet, ebenso wie die Konzeption der zentralen Rolle der libidinösen Triebe (92).

Der ökonomische Gesichtspunkt setzt die Existenz seelischer *Energien* im allgemeinen und deren Triebursprung im besonderen voraus. Diese Voraussetzungen bilden den Ausgangspunkt für den Begriff der Besetzung (Energiequantität). Aus diesen Voraussetzungen ergeben sich Prinzipien analog zu den physikalischen Prinzipien der Energieerhaltung, der Entropie und des geringsten Kraftaufwandes. *Das Prinzip der Erhaltung*: Besetzung geht nie-

---

[1] Die Hinweise hier beziehen sich, falls nicht anders angegeben, auf Breuer und Freud (29).

[2] Dies ist die erste explizite Formulierung der Metapsychologie, 1915 (108, S. 281).

mals verloren und läßt sich daher bei den Verwendungen und Verwandlungen der Besetzungen durch die Arbeit seelischer Kräfte verfolgen (108, S. 281). Das *Entropieprinzip* (das viel mißdeutete Lustprinzip): Triebenergie drängt nach Abfuhr (d. h. Spannungsverminderung 29, 89). *Das Prinzip des geringsten Aufwands:* Prozesse, bei denen andere Besetzungen als die der Grundtriebe beteiligt sind, operieren so, daß die geringste Besetzungsmenge aufgewendet wird (89). Die wichtigsten Begriffe, die auf diesen Prinzipien aufgebaut sind, sind Wunscherfüllung versus Realitätsprüfung, die die Übertragung und Umformung von Besetzungen lenken und die Primär- versus Sekundärprozeß-Mechanismen, die diese Übertragung und Umformung fördern.

Die initialen Evidenzgründe für diese drei Gruppen von Annahmen und deren Folgesätze können heute noch nicht scharf von den Beweisen für die Gültigkeit der auf ihnen errichteten Theorien geschieden werden. Eine scharfe Trennung würde eine vorausgehende Entscheidung darüber erfordern, welche Annahmen als Axiome zu behandeln, und welche empirisch aus einer Kombination von Axiomen, Definitionen und Beobachtungen abzuleiten sind.

1. Die Annahme des seelischen Determinismus

Der initiale Evidenzgrund für dieses Postulat war die Beobachtung, daß scheinbar sinnlose hysterische Symptome, bei denen man früher eine somatische Ätiologie[3] annahm, verschwanden, wenn der Patient sie in der Hypnose mit verflossenen Erlebnissen, Gedanken, Gefühlen oder Phantasien in Zusammenhang brachte und ihnen so Sinn und seelischen „Grund“ verlieh[4]. Dieser Erfolg, anscheinend willkürliches pathologisches Verhalten in ein kausales psychologisches Netzwerk einzufügen, diente als empirischer Ausgangspunkt für das Wagnis, in den weiteren Bereich der Träume, der Fehlhandlungen usw. vorzudringen. Der Erfolg bei deren „Deutung“ führte zur weiteren und scheinbar unbegrenzten Verallgemeinerung dieser Annahme, auf der alle anderen Ausgangsannahmen der Theorie beruhen. Die empirischen Beweise allein, ohne die in der Einleitung dieser Arbeit besprochenen

---

[3] Selbst die psychologisch eingestellte Französische Schule schloß sich dieser Ansicht an (Charcot, Janet usw., 288).

[4] Siehe dazu Breuer und Freud (29). Der theoretische Abschnitt dieser Arbeit enthält eine fragmentarische und vereinfachte Version der neuropsychologischen Theorie, die Freud in einem „Projekt“ entwickelte, das den genannten Beobachtungen Rechnung tragen sollte (85, Anhang). Diese beiden theoretischen Auslassungen sind Vorläufer der von Freud im VII. Kapitel der „Traumdeutung“ entwickelten Theorie.

Hintergrundsfaktoren, hätten offensichtlich kaum zur Annahme des psychologischen Determinismus geführt.

2. Die Annahme unbewußter seelischer Vorgänge

Die Beobachtung, daß in der Hypnose und im Verlauf des freien Assoziierens Patienten sich verflossener Erlebnisse oder Beziehungen zwischen Erlebnissen oder Beziehungen zwischen verflossenen und gegenwärtigen Erlebnissen bewußt werden, führte zur Annahme des „nichtbewußten" Fortbestehens solcher Erlebnisse und der „nichtbewußten" Existenz solcher Beziehungen (29, 86). Aber erst die Entdeckung, daß solche unbewußten Erlebnisse und Beziehungen bestimmten Gesetzen (e. g. dem Lustprinzip und dem Mechanismus des Primärprozesses) unterliegen, die von den Gesetzen des bewußten Verhaltens und Denkens abweichen, ließ die erwähnten Erinnerungsphänomene (die schon Charcot und Bernheim beobachtet hatten)[5] zur Evidenz für die Annahme *unbewußter seelischer Vorgänge* werden (89). Das Wesentliche dieser Annahme liegt darin, daß sie die genannten Beobachtungen in psychologischen Ausdrücken verbegrifflicht, obgleich die aus den Beobachtungen erschlossenen Prozesse anderen Gesetzen unterliegen, als die bekannten bewußten seelischen Vorgänge. Mit anderen Worten: diese Annahme weigert sich, das Nichtbewußte als Körperliches und das Nichtlogische als Nichtpsychologisches zu behandeln. Sie verwirft sowohl die Bewußtheit als die logischen Beziehungen als notwendige Kriterien der seelischen Vorgänge und gelangt so zum Begriff der unbewußten seelischen Vorgänge, die anderen Gesetzen folgen als die bewußten. Die Erforschung der Träume lieferte überzeugende bestätigende Beweise für diese Annahme.

3. Die Annahme unbewußter seelischer Kräfte und Konflikte

Die Evidenz unbewußter seelischer Vorgänge erforderte zu Beginn noch nicht unbedingt die Annahme unbewußter seelischer Kräfte und Konflikte. Breuers Hypnoid-Annahme und Freuds Trauma- und Retentions-Annahme (29, 86) schienen dem unbewußten Charakter dieser Vorgänge hinlänglich Rechnung zu tragen. Erst Freuds Entdeckung, daß vieles von dem, was seine Patienten berichteten, nicht, wie er ursprünglich geglaubt hatte, unbewußte Erinnerungen tatsächlicher Erlebnisse waren, sondern unbewußte Phantasien (85, Brief Nr. 69, 1897), bildete den Evidenzgrund für die Annahme unbewußter seelischer Kräfte. Diese Annahme sollte einerseits jenem Agens Rechnung tragen, das derartige Phantasien schafft und sie in Hypnose und freier Assoziation dem Patienten zu Bewußtsein bringt, wie andererseits

---

[5] Siehe Breuer und Freud (29 Kap. I).

dem Agens, das vor und im Verlauf einer Therapie diese Phantasien daran verhindert, bewußt zu werden. Freud nahm an, daß die unbewußten Kräfte, die diese Phantasien hervorrufen und sie im Verlauf der Therapie bewußt werden lassen, die Sexualtriebe sind. Die Kräfte hingegen, die den Sexualtrieben entgegentreten, sie in Symptome umwandeln und den Weg zur Bewußtwerdung der von ihnen erregten Phantasien versperren, faßte er als die Kräfte der Zensur auf, als Ichtriebe.
Die initialen Evidenzgründe für diese dritte Annahme umfaßten also Beobachtungen hinsichtlich unbewußter Phantasien, hinsichtlich ihrer Bewußtwerdung in der Therapie, hinsichtlich des Widerstandes gegen ihre Bewußtwerdung und hinsichtlich der Relation zwischen diesen Phantasien und den Symptomen.

4. Die Annahme seelischer Energien und ihres Ursprungs aus den Trieben

Die Beobachtung, daß das Wiedererinnern traumatischer Erlebnisse, wenn es von Affekt begleitet ist, manchmal zum Verschwinden der Symptome und der Angst, manchmal aber auch zu deren Ersetzung durch andere Symptome und Angstäquivalente führt, legte den Gedanken nahe, daß bei den psychologischen Vorgängen, welche der Symptombildung zu Grunde liegen, eine verschiebbare und umformbare Quantität eine Rolle spiele. Ehe er den Begriff der unbewußten Kräfte entwickelte, nahm Freud an, daß es sich bei dieser Quantität um den Affekt handle, der, wenn er nicht zum Ausdruck gelangte (d. h. wenn er „gestaut" wurde) entweder in Angst umgewandelt oder auf ein körperliches Organ (Konversion) oder auf einen Denkvorgang (z. B. Zwangsgedanken) verschoben werde. Nach der Entwicklung des Begriffs der Triebe wurde diese Quantität als Triebenergie (Besetzung) aufgefaßt.
Der Kräftebegriff allein konnte die Beobachtung nicht erklären, daß bei Blockierung einer Triebhandlung ein Verhalten resultiert, das sich in Richtung und Form von dem unterscheidet, das von dem Trieb selbst zu erwarten war. Diese Beobachtung wurde zum Evidenzgrund für die Annahme der *seelischen Energien* und des sie betreffenden Erhaltungsprinzips. Diese psychologischen Energien konnten, analog den physikalischen, durch ihre Verschiebungen und Umformungen, der „Arbeit" Rechnung tragen, die die seelischen Kräfte in unerwarteten Formen und an unerwarteten Punkten verrichten. Diese Annahme, in Verbindung mit der Annahme vom Trieb-Ursprung der unbewußten seelischen Kräfte, führte zum Postulat des Trieb-Ursprungs der seelischen Energien. Die Evidenz für die Annahme eines Entropieprinzips und eines Prinzips des geringsten Kräfteaufwands lag bei den Beobachtungen hinsichtlich des Unterschiedes zwischen den zwei Arten

von Verhaltenscharakteristika, die als Manifestationen der Primär- und Sekundärprozesse verbegrifflicht wurden. Überwiegt eines dieser Charakteristika, so wird die Verhaltensform zwingend und überwertig, läßt weder Aufschub noch Umwege zu, als strebe sie nach unmittelbarer Entladung großer Erregungsquantitäten. Diese Charakteristika von Zwangs- und Wahnvorstellungen, von Zwangsritualen, hysterischen Anfällen usw. diente als Evidenzgrund für die Annahme eines Entropie (Lust-Unlust-) Prinzips. Überwiegen andere Charakteristika, so wird das Verhalten Unterbrechungen, Aufschüben und Umwegen zugänglich, als spielten hier Potentiale von unbedeutender Intensität eine Rolle. Diese Charakteristika zielgerichteter Handlung einerseits und des geordneten logischen Denkens andererseits waren die initialen Evidenzgründe für die Annahme des Prinzips des geringsten Kraftaufwandes.

Man könnte einwenden, daß unsere Diskussion sich nicht mit der Annahme der *letztlichen Determination allen Verhaltens* durch unbewußte Triebe (mit dem Akzent auf *letztlichen* und *allen*) befaßt habe, die in der Tat eine der Annahmen der frühen analytischen Theorie ist. Wir übergehen sie aber, da sie ja tatsächlich eine Kombination der hier besprochenen Annahmen darstellt.

B. Strategische Wahl initialer Evidenzgründe

Die Frage, warum die Beobachtungen, die als initiale Beweisgründe für die Postulate des Systems dienten, für strategisch gehalten wurden, ist für die Theorie der Psychoanalyse in gewisser Weise irrelevant. Die Ausgangssituation war nicht, daß Erscheinungen der Pathologie für strategisch gehalten wurden; sie waren *das* Material, das die Probleme aufwarf, mit denen man sich zu befassen hatte. Die Theorie erwuchs auf dem Boden der Neurosen, ihrer Pathologie und ihrer Therapie. Von hier aus verzweigte sie sich im beharrlichen und immer vielfältigeren Bestreben, zu beweisen, daß ihr System begrifflicher Beziehungen, obgleich geschaffen, um pathologische (scheinbar willkürliche und psychologisch sinnlose) Erscheinungen zu erklären, auch für die offensichtlich sinnvollen Erscheinungen des normalen Seelenlebens adäquate kausale Begründungen liefern kann.

Die Pathologie *war* (wie Virchow das für die Biologie erkannte) strategischer Ausgangspunkt für die Untersuchung von Normalvorgängen[6]. Sie

---

[6] Der Pathologie kommt noch eine andere Rolle in der Entwicklung der Psychoanalyse zu: außer Liebe und Todesangst konnten nur tatsächliche Leiden und die Hoffnung auf Linderung einen Menschen dahin bringen, einem anderen jenen fast unbeschränkten Zugang zu

ließ erkennen, daß der sogenannte „normale“ Zustand der Dinge, den wir als selbstverständlich hinnehmen, nur eine unter vielen Möglichkeiten darstellt. So eröffnete sie den Weg zur Kausalanalyse, mit deren Hilfe die Psychoanalyse konsequent und erfolgreich die Schranken zwischen dem Normalen und dem Pathologischen, dem Infantilen und dem Erwachsenen, dem Verborgenen und dem Offenbaren, dem Außerordentlichen und dem Alltäglichen niederlegte (89, 99). Es ist nicht historischer Zufall, daß Freuds Theorie aus der Erforschung der Pathologie hervorging.
Die Pathologie und ihre Therapie waren strategische Ausgangspunkte für die Entdeckung der Gemeinsamkeiten zwischen dem Normalen und Pathologischen. Für die Entdeckung der Unterschiede zwischen beiden erwies sie sich als strategisch weniger günstig. Nur langsam, mit der Entwicklung der analytischen Ich-Psychologie, hat die Psychoanalyse begonnen, die Unterschiede zwischen dem Pathologischen und dem Normalen, dem Infantilen und dem Erwachsenen, dem Unangepaßten und dem Angepaßten wieder zu entdecken. Heute sind die Begriffe der Struktur, der Autonomie, der Anpassung und der Realität die wichtigsten Werkzeuge der Theorie bei ihrem Bemühen, diese Unterschiede aufzudecken. Es sind die gleichen Begriffe, die die Psychoanalyse sowohl von jenen genetischen Reduktionstheorien unterscheiden, die keine Kluft zwischen dem Normalen und dem Pathologischen, dem Erwachsenen und dem Infantilen sehen, wie auch von G. Allports (8) und ähnlichen Theorien, die einen scharfen Bruch zwischen beiden annehmen.
Wir können diese Diskussion nicht beenden, ohne, mindestens in Kürze, bei den Methoden zu verweilen, mit deren Hilfe die initiale Evidenz gewonnen wurde. Methodologie ist heutzutage en vogue und alle Überlegungen zu Methode und Technik gewinnen durch ihren Namen Würde. Aber eine wesentliche methodologische Aufgabe – die Untersuchung der Beziehung zwischen einer Theorie und der Beobachtungsmethode, mit deren Hilfe die durch die Theorie erklärten Daten gewonnen wurden – wird nur selten verfolgt. In welchem Maße gibt eine Theorie, die auf Daten, die durch eine gegebene Methode gewonnen wurden, basiert, das Wesen der Daten selbst wieder, und in welchem Ausmaß gibt sie die Methode der Datengewinnung und ihre Begrenztheit wieder? Der Mann, der in einen leeren Raum ruft, wird wahrscheinlich sein eigenes Echo hören; ebenso kann der Forscher unter Umständen wenig mehr zurückerhalten, als was er schon in seine Methode eingebaut

---

seinem Privatesten zu gestatten, der der Psychoanalyse das Tor zur Erforschung ihrer initialen Evidenzgründe öffnete. Daß diese Eröffnung zur gleichen Zeit ein Hindernis für die unabhängige Verifikation der analytischen Theorie darstellt, ist ebenso natürlich als es, auf den ersten Blick, paradox erscheint.

hat. Zum Beispiel: bis zu welchem Maß sind die „Gesetze des Lernens" der verschiedenen akademischen Theorien Gesetze der menschlichen Natur, und in welchem Ausmaß sind sie Artifakte der von Assoziationisten und Konditionierern zu ihrer „Feststellung" verwendeten Methoden? Desgleichen: in welchem Ausmaß gibt die analytische Theorie die menschliche Natur wieder und in welchem Maß Freuds Methoden zur Erforschung der menschlichen Natur?

Methodologische Untersuchungen werden wahrscheinlich zu dem Ergebnis kommen, daß manche der psychoanalytischen Methoden (zum Beispiel die Arzt-Patient-Zweiergruppe) einen bestimmenden Einfluß auf die analytische Theorie hatten[7].

Wir können diesem Problem hier nicht weiter nachgehen, geben aber zu bedenken, daß eine methodologische Analyse durchaus zur Unterscheidung zwischen einer *allgemeinen* psychoanalytischen Theorie, die wenig abhängig von diesen Methoden ist, und einer *spezifischen* Theorie führen könnte, die weitgehend abhängig von ihnen ist. Im Gegensatz zur spezifischen Theorie müßte die allgemeine Theorie leichter durch andere Methoden nachprüfbar sein, als jene, mit deren Hilfe die initiale Evidenz für sie gewonnen wurde. Im vorliegenden Versuch haben wir uns auf jene Aspekte der Theorie konzentriert, die nicht offensichtlich abhängig von diesen Methoden sind, und haben Begriffe zu vermeiden versucht, die offensichtlich an die Methoden gebunden sind, wie etwa Übertragung, Deutung und andere[8].

C. Die Beziehung der Beobachtungen zur Theorie

In Teil II, K. sprachen wir schon von den Schwierigkeiten, die sich bei dem Versuch ergeben, die hauptsächlichen empirischen unabhängigen und abhängigen Variablen der Theorie auszuwählen und ihre Verbindung zu den systematischen unabhängigen und abhängigen Variablen der Theorie aufzu-

---

[7] Siehe Rapaport (242).

[8] Ein Beispiel, um die Beziehung von Methode und Theorie zu beleuchten: Es scheint, daß H. S. Sullivan (293), der als Ausgangspunkt die psychoanalytische Methode der Zweiergruppe und Teilnehmerbeobachtung wählte, zu einer Persönlichkeitstheorie kam, die den Begriff des Individuums auflöst und die Person als einen der quasi-stabilen Knoten im Netzwerk der zwischenmenschlichen Beziehungen auffaßt. In Sullivans Theorie also spielt die Untersuchungsmethode und der auf ihr basierende Übertragungsbegriff eine dominierende Rolle – mit der Konsequenz, daß die Theorie eine entscheidende Eigenschaft des Wesens der Sache, nämlich die Individualität der Person, überfährt. Sullivan erscheint die Individualität als ein schädlicher, unwissenschaftlicher Mythos, den er auf die *Personifikations*-Funktion des Selbst-Systems reduziert.

weisen. Statt die Diskussion zu wiederholen, wollen wir die Beziehung einer empirischen Beobachtung zu den Variablen der Theorie hier illustrieren[9]. Wollen wir die Worte eines Mannes aufgreifen, der den Satz äußert: "Now things are becoming queer" und lassen Sie uns den Zusammenhang herstellen, aus dem die psychoanalytische Theorie ihre Erklärung dieses Verbalverhaltens ableitet. Das Verhalten trat im Verlauf einer Diskussion innerhalb einer Gruppe auf. – Die anderen Mitglieder reagierten darauf mit Bestürzung. – Das Subjekt wurde durch diese Reaktion verwirrt. – Später fand er heraus, daß er "queer" statt "clear" gesagt hatte, wie er es beabsichtigte und auch glaubte getan zu haben. – Die Entdeckung brachte ihn in Verlegenheit. – Die Diskussion betraf die Fehlführung einer Gruppenangelegenheit. – Die Äußerung des Subjekts folgte einer Erklärung des Vorsitzenden der Gruppe. – Der Vorsitzende schrieb die Fehlführung dem Mißverständnis einer von ihm gegebenen Instruktion durch den Schatzmeister zu, und nicht einer böswilligen Absicht. – Der Vorsitzende besaß den unbedingten Respekt der Gruppe, verfügte auch sonst über beträchtliche Macht.

Im Sinn der Psychologie des gesunden Menschenverstandes haben wir es hier mit einem „Versprechen" zu tun.

In deskriptiven Termini: die bewußte Absicht des Subjekts war es, den Erklärungen des Vorsitzenden zuzustimmen; es führte diese Absicht nicht durch, sondern drückte sich statt dessen in einer Weise aus, die Bestürzung erregte; es war sich weder der Tatsache, seine Absicht nicht ausgeführt zu haben, noch seiner Bestürzung erregenden Äußerung bewußt; als er erfuhr, was er gesagt hatte, wurde er verlegen.

In Termini der Daten-Sprache: Die unabhängige Variable (bewußte Absicht) determinierte einen Wert der abhängigen Variable (verbale Äußerung der Zustimmung und Bewußtheit derselben). Aber eine intervenierende Variable determinierte einen anderen Wert der Handlungskomponente der abhängigen Variable (abweichende, Bestürzung erregende verbale Äußerung). Die intervenierende Variable beließ die Bewußtheitskomponente der abhängigen Variable unverändert. Eine zweite intervenierende Variable (äußere Realität: Mitteilung) änderte die Bewußtheits-Komponente der abhängigen Variable und determinierte ihren affektiven Aspekt (Verlegenheit).

Diese Formulierung ist nicht „neutral": sie besagt, daß die unabhängige Variable eine „Motivation" (Absicht) ist. In der Tat besagen dies selbst die deskriptiven Ausdrücke. Vor Freud war zunächst der common-sense-Aus-

[9] Das Beispiel vereinfacht eine tatsächliche Situation, indem unklare Punkte eliminiert werden, um eine längere Erklärung peripherer Dinge zu vermeiden.

druck „Versprechen“ neutral, ist es aber heut nicht mehr. Lassen Sie uns eine grobe Formulierung in Termini der Assoziationspsychologie versuchen, um nachzuweisen, daß die Daten-Sprache untrennbar von der Begriffs-Sprache ist und daher nicht neutral sein kann. Also in den Termini einer Assoziationspsychologie: die Erklärung des Vorsitzenden wurde vom Subjekt mit zustimmender verbaler Äußerung assoziiert; die tatsächliche Reaktion des Subjekts aber war durch stärkere assoziative Bande mit der Erklärung des Vorsitzenden assoziiert. Das Aufeinanderprallen der beiden assoziativen Komplexe führte zu einem Kompromiß, in dem der eine Komplex die Bewußtheit determinierte, der andere die verbale Reaktion des Subjekts.

In Termini der psychoanalytischen Begriffs-Sprache: die bewußte Absicht des Subjekts wird mit einem sozial-adaptiven Ichinteresse erklärt (verbegrifflicht); das Mißlingen dieser Absicht mit einer Es-Motivation; die Unbewußtheit des Mißlingens mit einer unbewußten Ich-Motivation, die mit der Es-Motivation in Konflikt steht; die Unbewußtheit des tatsächlichen verbalen Ausdrucks mit der unbewußten Es-Motivation, die zum Ausdruck kam, wie auch mit den unbewußten Ich-Kontrollen (Abwehren) die, obgleich es ihnen nicht gelang, die Benutzung des Ausführungsapparates des Ich durch die Es-Motivation zu verhindern, doch deren Zugang zum Bewußtsein erfolgreich unterbanden (Kompromiß). Endlich wird die akute Verlegenheit als die Affektmanifestation des Zusammenpralls zwischen den unbewußten Motivationen und der wiederhergestellten Ichkontrolle erklärt.

Lassen Sie uns die hier verwendeten Begriffe näher betrachten. Die Unbewußtheit ist offensichtlich die Sachgrundlage des deskriptiven Begriffs Unbewußt. Gleicherweise ist die Absicht, "clear" zu sagen, ein bewußtes Motiv. Aber es ist bereits eine Folgerung, daß dieses Motiv eine Kraft sei, und es ist eine weitere Folgerung, daß der Ausspruch "queer" das Vorliegen einer anderen, unbewußten Kraft anzeigt. Noch eine weitere Folgerung ist, daß auch eine dritte Kraft beteiligt ist, die die Bewußtwerdung sowohl des Mißlingens der bewußten Absicht wie des Erfolges der unbewußten Absicht verhindert. Nochmals um eine Folgerung handelt es sich bei dem Schluß, daß die beiden letzteren Kräfte in Konflikt standen und zu einem Kompromiß gelangten, auf den sowohl die Klangähnlichkeit der Worte "clear" und "queer" wie die Tatsache hinweist, daß die unbewußten Kräfte Kontrolle über den Ausführungsapparat, nicht aber Zugang zum Bewußtsein, erlangten. So sehen wir, daß manche der hier beteiligten Begriffe der Beobachtung nahe, andere ihr aber in steigendem Ausmaß entfernt sind.

Bei klinischen Schlußfolgerungen kann der Abstand zwischen den Beobachtungen und den Begriffen sogar noch größer erscheinen. Der Kliniker kann zum Beispiel zu dem Schluß gelangen, daß das Versprechen in der alten Dreiecksbeziehung zwischen dem Subjekt, seinem älteren Bruder und seinem Vater wurzelt, und diese durch die Dreiecksituation zwischen Subjekt, Schatzmeister und Vorsitzendem reaktiviert wurde. Er kann sogar noch weitergehen und schließen, daß eifersüchtige homoerotische und aggressive Triebe die eigentlichen unbewußten Kräfte sind, die hier mit den Abwehrmechanismen des Ich in Konflikt geraten und Ichinteressen stören.

Kein Wunder, daß die Psychologen den Eindruck gewannen, daß die Beziehung der analytischen Begriffe und Theorien zu den ihnen zugrunde liegenden Beobachtungen weitläufig und willkürlich sei. Ist der Eindruck aber richtig? Nehmen wir an, unser Subjekt gäbe die Einwilligung zu einem freien Assoziationsversuch und seine Assoziationen kreisten um den Schatzmeister und den Vorsitzenden statt um die Gruppeninteressen. Wären wir dann zu dem Schluß berechtigt, daß das treibende Agens hinter dem Wort "queer" eine unbewußte, auf die beiden Männer gerichtete Kraft ist? Wollen wir weiterhin annehmen, daß die Assoziationen nicht nur diese unbewußte Kraft als einen aggressiven Trieb bestätigen, sondern ihn auch als eifersuchtsverdächtig erkennen lassen? Und schließlich lassen Sie uns annehmen, daß im Verlaufe der Assoziationen das Subjekt realisiert, tatsächlich Sohnesgefühle gegenüber dem Vorsitzenden und vage, kaum verstandene Gereiztheiten gegenüber dem Schatzmeister empfunden zu haben – ähnlich wie einst gegenüber seinem Bruder – und hiermit also bestätigt, daß die unbewußte Kraft dem Subjekt-Bruder-Vater Dreieck zugehört.

Es trifft zu, daß bei dieser Reihenfolge die Begriffe (Unbewußt, unbewußter Impuls, unbewußter feindseliger Impuls, unbewußter feindseliger und libidinöser Impuls, unbewußter feindseliger und libidinös-infantiler Impuls) sich immer weiter von dem Versprechen entfernen, das die ursprüngliche Beobachtung darstellt. Aber auch die Assoziationen sind Beobachtungen, und die immer weiter abliegenden Begriffe werden in Bezugnahme auf diese zusätzlichen Beobachtungen eingeführt. So ist der Abstand zwischen Beobachtungen und Begriffen nicht so groß, wie es auf den ersten Blick erscheint. Eine Schwierigkeit verbleibt aber noch: die Beziehung jedes weiter abliegenden Begriffes zu der korrespondierenden zusätzlichen Beobachtung setzt den weniger fernliegenden Begriff voraus. So wäre es zum Beispiel sinnlos, ohne anzunehmen, daß die Unbewußtheit des Subjekts die empirische Grundlage für den deskriptiven Begriff „Unbewußt" ist und ohne den unbewußt motivierten Charakter des Versprechens anzunehmen, den Schluß ziehen zu wollen, die Assoziationen des Subjekts spezifizierten, daß der aggressive (durch das Versprechen angezeigt) Impuls auf den Schatzmeister und den Vorsitzenden abziele.

Diese Beziehung zwischen Beobachtungen und Begriffen ist allen Wissenschaften gemeinsam: *Beobachtungen weisen theoretische Beziehungen nur für jene auf, die das Beobachtete schon in Begriffen der Theorie erfassen.* Wo es sich um die Psychoanalyse handelt, scheinen die Psychologen diesen Gemeinplatz aber immer zu übersehen. Dies Übersehen ist so allgemein, daß der Mangel an systematischen Bearbeitungen der Theorie allein offenbar nicht zu ihrer Erklärung genügt. Es muß andere Gründe geben, und über einige von ihnen wollen wir Vermutungen anstellen:

Der Psychologe ist an explizite – ja operationale – Begriffsdefinitionen. gewöhnt und mißtrauisch gegenüber den analytischen Begriffsdefinitionen. Er hegt den Verdacht, daß sich hinter den wechselseitigen Verknüpfungen dieser Begriffe ein circulus vitiosus verbirgt. Angesichts der fehlenden systematischen Darstellung der Theorie können wir mit seinem Mißtrauen sympathisieren, dürfen aber nicht vergessen, daß etwa in der Physik niemand eine explizite Definition der Energie fordern würde, die nicht den Arbeitsbegriff enthielte (der seinerseits wieder die Begriffe von Weg und Kraft enthält, die wiederum Masse und Beschleunigung, und diese Zeit und Geschwindigkeit, und diese Raum und Zeit in sich schließen). Wir wollen uns hier nicht bei der Forderung nach operationalen Definitionen aufhalten: Feigl (64) und Frenkel-Brunswik (83) haben nachgewiesen, daß die Psychologen in dieser Sache päpstlicher als der Papst zu sein versuchten, und daß von keiner Wissenschaft je operationale Definitionen *aller* ihrer Begriffe gefordert wurden.

Der klinische Analytiker ist außerordentlich geschickt und unbefangen in der Verwendung von Begriffen, die weitab von den Beobachtungen liegen. Er kann zum Beispiel angesichts des Wortes "queer" mutmaßen, was bei diesem Versprechen eine Rolle gespielt haben *könnte*, wobei er die intervenierenden Beobachtungen (e. g. Assoziationen) und Begriffe umgeht. Es kann sich dabei um eine gut unterbaute Mutmaßung handeln, wenn vorausgehende Produktionen des Patienten auf sie konvergieren; es kann eine schlecht unterbaute Mutmaßung sein, wenn der Analytiker mehr Phantasie als Vorsicht besitzt. Sie mag sogar, wenn sie ihm mitgeteilt wird, dem Patienten zu Einsichten verhelfen. Aber eine Mutmaßung bleibt sie, solange die Assoziationen oder andere Hervorbringungen des Patienten sie nicht bestätigen. Manche dieser Mutmaßungen werden durch so viele Erfahrungen gestützt und betreffen so allgemein verbreitete Beziehungen, daß sie *beinahe* gesichert sind. Diese aber haben eine besondere Neigung, sich in Klischées zu verwandeln, dem Außenseiter den Eindruck der Willkürlichkeit oder aber eines unheimlichen „zweiten Gesichts“ zu vermitteln und die Komplexheit der theoretischen Beziehungen, selbst im Denken des Psychoanalytikers, übermäßig zu vereinfachen. Der klinische Analytiker verwendet derartige Mutmaßungen nicht viel anders wie der Elektriker technische Ausdrücke und Vorgänge, ohne auf ihre theoretische Problematik einzugehen oder ihrer überhaupt bewußt zu sein.

Werden die Faustregeln der klinischen Psychoanalyse mit der analytischen Theorie gleichgesetzt, so werden unvermeidlicherweise die Beobachtungen und Begriffe, die die Kluft zwischen den Grundbegriffen und den Ausgangsbeobachtungen überbrücken, vernachlässigt.

Der analytische Autor und Praktiker neigt dazu, von psychoanalytischen Begriffen und Theorien in Termini ihrer Inhalte zu sprechen. Der „Inhalt" des Wortes "queer" mag als Beispiel dienen. Die Verwendung dieses Wortes führt (oder verführt) zu dem Schluß, daß bei diesem Versprechen ein homosexueller Impuls eine Rolle gespielt haben *könnte* (queer, sonderbar, schräg, ist zugleich ein Slangausdruck für homosexuell). Der *Inhalt* jeder Fehlleistung *kann* auf das Wesen der dabei beteiligten, unbewußten Motivation hinweisen. Inhalt ist ein wichtiger Führer für den Praktiker. Viele intuitive und erfahrene Analytiker lassen sich in hohem Maße vom Inhalt der Kommunikationen leiten, andere vom Ton der Stimme oder sonstigen Gefühlsausdrücken. Die Mehrheit der Literaturbeiträge verraten eine Neigung, unter Vernachlässigung anderer Führungsmomente sich vom Inhalt leiten zu lassen. Was dabei aus dem Auge verloren wird – für den Praktiker muß sie nicht unbedingt wichtig sein, aber für denjenigen, der an der Theorie interessiert ist, *muß* sie im Mittelpunkt stehen – ist die funktionelle (und damit also begriffliche) Beziehung, *zu der* der Inhalt hinführt. Das Wort "queer" ist – unter den Umständen, in denen es geäußert wurde – eine Kompromißbildung zwischen Es-Motivationen und Ich-Kontrollen. Das ist eine der funktionellen Beziehungen, die an dieser Fehlhandlung beteiligt sind. Der Inhalt des Versprechens weist auf manche der (aggressiven und homoerotischen) Impulse hin, die bei dieser funktionellen Relation beteiligt sind. Aber dieser Hinweis hat nur dann einen theoretischen Sinn, wenn angenommen wird, daß das Wort und die Umstände seiner Äußerung empirische Konterparte für die deskriptiven Begriffe des Unbewußten, der unbewußten Motivation, der unbewußten Triebmotivation, des unbewußten Konflikts und der Kompromißlösung sind. Kein Inhalt verrät seine volle Bedeutung, wenn nicht seine formalen Charakteristika und die von Zeit, Ort und Zusammenhang seines Erscheinens in Betracht gezogen werden, das heißt, abstrahiert werden. Der Inhalt des Wortes "queer" und jeder anderen Kommunikation hat *nur* insofern voraussagenden Charakter, als er einem Netzwerk von Vorstellungen zugehört, die die beteiligten Triebe repräsentieren. Mit anderen Worten: Der Inhalt ist ein Führer, weil er zu einem Netzwerk formaler Beziehungen gehört. Sei es der Ödipuskomplex, der Kastrationskomplex, eine anale Fixierung oder ein homosexueller Impuls, auf den der Inhalt sich bezieht: er tut es immer kraft einer formalen Beziehung.

Der Nachdruck, der auf den Inhalt gelegt wird, scheint einer der Hauptgründe für das Übersehen der Beziehungen zwischen Begriffen und Beobachtungen zu sein. Die Analytiker sind nicht die einzigen, die einen direkten Sprung vom Inhalt zur unbewußten Motivation machen. Auch Experten des Rorschach- und anderer projektiver Tests tun dies, oft mit geringerer Erfahrung und immer mit weniger unterstützender Information seitens des Untersuchten, nach der sie sich richten könnten[10]. McClelland (210) hat kürzlich die Psychologen aufgefordert, ihr Interesse am Inhalt neu zu beleben. Er hat recht – es ist höchste Zeit, mit der ernsthaften experimentellen Untersuchung der Inhalte zu beginnen. Aber eine Warnung dürfte angebracht sein: je bekannter die Inhalte werden, mit denen die psychoanalytische Theorie sich befaßt, desto größer wird die Versuchung, die begrifflichen Beziehungen zu umgehen und zu verschleiern.

[10] Siehe andererseits Schafers (278) Behandlung der Inhalte als Führer zu formalen Beziehungen.

Die Psychoanalyse als Theorie hat keine formale Untersuchung des Aufbaus ihrer funktionellen Beziehungen unternommen. Bei allem, was darüber gesagt werden kann, wird es sich also um Ableitungen handeln müssen. In den vorangehenden Abschnitten unserer Arbeit wurde dies so weit als möglich versucht. Wir können hier nur noch eine Besprechung der „Funktionsform" der Theorie in ihrer Beziehung zu den Funktionsformen der Lewinschen und der Reiz-Reaktionstheorie anfügen.

Lewins (204) grundlegende Funktionsform lautet: V = f (P, U) d. h. Verhalten ist eine Funktion der beiden Faktoren Umwelt und Person. Hier stellt V das Verhalten im allgemeinen und nicht einen spezifizierten Aspekt des Verhaltens dar; U repräsentiert die Umwelt als Lebensraum der Person im allgemeinen und nicht einen spezifizierten Teil desselben; P schließlich repräsentiert die strukturellen und spannungsmäßigen Charakteristika der intrapersonalen Bereiche zur Zeit des Verhaltens, noch nicht aber die Person als eine in Veränderung begriffene historische Einheit.

Wir können die Formel V = f (P, U) extreme Werte annehmen lassen, die sie in die grundlegende Funktionsform der Reiz-Reaktions-Theorie transformieren, indem wir drei Annahmen machen: *Erstens,* daß es Umweltssituationen gibt, in denen das Verhalten (die Reaktion) eine Invariante in bezug auf individuelle Unterschiede und intrapersonelle Veränderungen darstellt; für alle U-Werte, für die diese Voraussetzung gilt, nimmt folglich die Funktion die Form V = f (U) an. Das Kausalgewebe der Umweltsituation ist hier zwingend geworden. Im Sinne der psychoanalytischen Ich-Psychologie ist dies eine Situation, in der keine Autonomie von der äußeren Realität mehr besteht; *zweitens:* daß U (der Lebensraum) von Subjekt zu Subjekt nicht variiert (die Gleichung trägt solchen Variationen nicht direkt Rechnung); *drittens:* daß gewisse Verhaltensformen nicht durch die Umwelt (U) im allgemeinen, sondern durch ein spezifisches Element derselben bestimmt werden; das besagt, daß das Verhalten (V) in Beziehung auf die Umwelt unveränderlich ist – mit Ausnahme eines einzigen, spezifizierten Elements derselben, nämlich des Reizes (R). Verwenden wir dann den Ausdruck *Reaktion* (Rea) für das so spezifizierte Verhalten und den Ausdruck *Reiz* für das so spezifizierte Element von U (Umwelt), so kommen wir zu der Gleichung Rea = f (R).

Ähnlich kann die Gleichung V = f (P, U) in die Funktionsform jener Phase der Psychoanalyse transformiert werden, in der die Rolle der Realität für die Determinierung des Verhaltens vernachlässigt werden durfte, während die Triebe und Abwehrmechanismen der Person eine überragende Rolle in der Bestimmung des Verhaltens spielten. Unternehmen wir solch eine Transformation, so müssen wir realisieren, daß Lewin, indem er es unterließ, die Beziehungen zwischen „geographischem" und „hodologischem" Raum im Prinzip festzulegen, Tür und Tor für alle diejenigen offen ließ, die U (die Umwelt) in eine Funktion von P (der Person) umbilden wollen und so die Gleichung $V = f(P, U)$ in die Gleichung $V = f(P)$ verwandeln[1].

Werner und Wapners „sensori-tonische" Theorie (301a) führte – indem sie einen tonischen Faktor in der Wahrnehmung postulierte, die Person (P) in die wahrgenommene Umwelt (U) ein – und ließ damit ebenfalls einen (wenn auch schmalen) Raum für solch eine Transformation offen. Andere, vor allem Brunswik, Heider, Gibson und neuerlich Klein (183) haben diese Möglichkeit ausdrücklich abgelehnt. Nach Piagets Untersuchungen ist der Aufbau der Realität eine ontogenetische Errungenschaft und nicht ein Prozeß des „imitativen Lernens" oder der „Konditionierung". So können auch in seiner Theorie genetische Überlegungen U in $U = g(P)$ auflösen, obgleich hier alle solche g Funktionen (= genetische Funktionen) in Wirklichkeit in der Form $U_n = g_n(U_{n-1}, P)$ auftreten und P selbst historischer Veränderung unterworfen ist $[P_n = h_n(P_{n-1}, U_{n-1})]$. Jede genetische Theorie neigt jedoch dazu, $V = f(P, U)$ in $V = f(P)$ zu verwandeln: das heißt genetische Theorien erregen immer die Versuchung zu einem genetischen Reduktionismus[2].

Kann aber irgendeine dynamische Psychologie sich von solchem Reduktionismus freihalten? Allports personalistische Psychologie verfügt vielleicht über die ausgesprochensten Sicherungen gegenüber solch einer Reduktion, die den Menschen entweder in einen, letztlich seiner Umwelt ausgelieferten Mechanismus oder in eine, letztlich ihren Trieben ausgelieferte, solipsistische Kreatur verwandelt. Allports (6, 8) Sicherung gegen beide dieser Alternativen liegt in seinem Begriff der funktionellen Autonomie, der bedeutet, daß, wie auch immer die genetische Historie einer Funktion verlaufen ist (sei es durch Reifung oder durch Lernen), die Funktion Autonomie erlangen kann und damit zu einer unreduzierbaren Grundlage von Verhalten wird. Eine ähnliche Lösung wurde unabhängig hiervon in der psychoanalytischen Theorie durch Hartmann gefunden und in seinen Begriffen der konfliktfreien Sphäre und der autonomen Ichfunktionen zum Ausdruck gebracht.

---

[1] Brunswik und Heider weisen darauf hin, daß Lewins „Umwelt" „eingekapselt" ist. G. S. Klein stellt fest, daß Lewin die „inhaerente Struktur" der Umgebung außer Acht läßt und sich ausschließlich auf deren wahrgenommene Struktur bezieht.

[2] Siehe aber Erikson (54, 55, 58).

Allerdings muß festgehalten werden, daß es sich bei Hartmann um einen Begriff der *relativen* Autonomie handelt: Funktionen und Strukturen besitzen nur beschränkte Autonomie vom Trieb oder Lernprozeß, aus dem sie entstanden sind; zum Beispiel können Verhaltensformen, die durch solche Funktionen und Strukturen *determiniert* werden, durch Triebe *überdeterminiert* sein; sie können von Trieben als Instrumente benutzt werden; unter Spannungsbelastung muß ihre Autonomie nicht unbedingt standhalten und kann ontogenetisch früheren Formen weichen[3]. Piagets (236) genetische Theorie der Intelligenz weist in dieselbe Richtung: die neuen und höheren „zirkulären Reaktionen" – und die ihnen entsprechenden „Schemata" – erlangen Unabhängigkeit von den Schemata, aus denen sie entspringen. Aber die Schemata und zirkulären Reaktionen niedrigerer Ordnung werden von den höheren nicht *ersetzt* und können jederzeit reaktiviert werden, wenn die letzteren nicht die Mittel bieten, um die jeweilige Situation zu bewältigen.

V = f (P, U) bedeutet, daß keine allgemein gültigen Beziehungen vom V = f (P) oder V = f (U) Typ möglich sind. Soll die V = f (P) Funktionsform Gültigkeit über einen eng spezifizierten Bereich hinaus erlangen, so muß U (Umwelt) als eine intervenierende Variable in die Gleichung eingeführt werden. Die gleiche Überlegung trifft auch auf die Gültigkeit von V = f (U) zu. Sie erfordert die Einführung von P als intervenierende Variable. Aber weder U noch P sind einfache Variablen: sie sind Funktionen anderer Variablen, die nur für einen engen Bereich von Bedingungen konstant gehalten werden können. Nehmen wir als erwiesen an, daß die Erfahrung einer Person hinsichtlich ihres Lebensraumes unsere Grundinformation über ihre geographische Umwelt ist, dann ist U eine Funktion der geographischen Umwelt und von P; und wenn P sich mit der Erfahrung verändert – und das tut es – dann ist es eine Funktion der vorangehenden P's und U's.

Sehen wir uns das Problem von einem anderen Blickwinkel aus an: Die extremen Werte, die V = f (P, U) entweder in V = f (U) oder V = f (P) überführen, bedeuten, daß gewisse eins zu eins Beziehungen zwischen Reiz und Reaktion, Trieb und Verhalten möglich sind. Wir wissen aber empirisch, daß dies im großen ganzen eine unhaltbare Annahme ist, daß der einzelne Reiz kaum je der einzige wirksame Faktor in U, und der einzelne Trieb kaum je der einzige wirksame Faktor in P ist. Somit werden also, wenn wir Reiz oder Trieb (R oder T) als unabhängige Variablen wählen, die anderen Faktoren als vermittelnde (intervenierende) Variablen wirksam. Mit ande- (94)

---

[3] Dies ist nur eine mögliche Konsequenz von Spannungsbelastungen, nicht eine notwendige. U. a. berichten Jacobson (175) und Bond (25) über Beobachtungen erhöhter Autonomie und Leistungsfähigkeit unter Spannungsbelastung. Siehe auch 260 a.

ren Worten: das Bemerkenswerte am menschlichen Verhalten ist, daß der Mensch häufig verschiedene Reize mit dem gleichen Verhalten beantwortet und identische Reize häufig verschiedene Reaktionen hervorrufen. Das gleiche gilt für Motivationen: die gleiche Motivation kann durch eine Vielfalt von Verhaltensweisen ausgedrückt werden, und eine Vielfalt von Motiven können durch das gleiche Verhalten zum Ausdruck gelangen[4]. Es wird daher, wenn Reize oder Motive als unabhängige Variablen gewählt werden, notwendig, vermittelnde Variablen einzuführen, um dem dauernden Wechsel der abhängigen Variablen Rechnung zu tragen. So zum Beispiel hat die Theorie des Lernens "sets", Haltungen usw. als vermittelnde Variablen eingeführt, um die Funktionsform: Reaktion = f (Reiz) zu retten. Wo P im allgemeinen die unabhängige Variable ist, wird U als die vermittelnde dienen und umgekehrt. In Psychologien, bei denen das P differenziert ist und das Motiv (e. g. der Trieb) die unabhängige Variable darstellt, erscheinen Strukturen (Abwehren, Kontrollen usw.) als vermittelnde Variablen. Bei jenen Psychologien, wo das U differenziert ist, werden Situation und "setting" als intervenierende Variablen auftreten.

Abschließend ist zu sagen: das Wesen der psychoanalytischen Theorie selbst macht intervenierende Variablen zu einem unerläßlichen Bestandteil ihrer Funktionsformen. Es scheint, daß dies auch für alle dynamischen Psychologien gilt und daß die Spanne der intervenierenden Variablen, die sie verwenden, vom Ausmaß der Autonomie abhängt, die sie den, bei den untersuchten Phänomen beteiligten Strukturen und Funktionen zuschreiben[5].

---

[4] Siehe Frenkel-Brunswik (82) und Gill (137).

[5] Man könnte einwenden, daß der Gebrauch intervenierender Variablen nicht vom Maß der Autonomie abhängt, die das System Strukturen und Funktionen zuschreibt; sondern vielmehr von den Beobachtungsmethoden, durch die die Daten, denen die Theorie Rechnung trägt, gewonnen werden. So bemerkt R. R. Holt (in einer persönlichen Mitteilung): „Skinner braucht keine intervenierenden Variablen, weil er Verhalten in einen engen Kreis zwingt, wo Reiz und Reaktion direkt in mathematische Beziehung gesetzt werden können." Vermutlich wurzelt aber auch Skinners Vorgehen in einer Wahl autonomer (automatisierter) Beziehungen. Es scheint, daß sowohl das Maß an Autonomie, wie die den intervenierenden Variablen zugeschriebene Rolle von der Beobachtungsmethode abhängen. Die psychoanalytische Methode allein gestattet der Theorie kaum, den Begriff der Autonomie einzuführen und hat ihn der Theorie sicherlich auch nicht aufgezwungen. Er wurde erst eingeführt, als Daten, die durch andersartige Beobachtungsmethoden gewonnen worden waren, auch von der Theorie erfaßt wurden. Umgekehrt scheint Hebb (159), als er andere Beobachtungsmethoden (e. G. Sendens) als die Konditionierung in Betracht zog, realisiert zu haben, daß die Reiz-Reaktions-Beziehung nicht frei (autonom) von dem ist, was zwischen dem Reiz und der Reaktion vor sich geht.

V. DAS PROBLEM DER QUANTIFIZIERUNG

Am einfachsten wäre es, hier noch einmal festzustellen, daß die Psychoanalyse als Disziplin keine Quantifizierung anstrebte, und damit das ganze Problem zu umgehen. Man könnte berechtigte Ungeduld mit der allgemeinen „Meßwut", die die Psychologie ergriffen hat, äußern, wobei man sich teils auf die Geschichte der Entwicklungstheorie berufen könnte, wo lange Zeit kaum etwas gemessen wurde, teils darauf, wieviel in psychologischen Labors ohne gute Gründe fieberhaft gemessen wird. Manchmal hat man den Eindruck, daß die Hoffnung, die hinter solchen Messungen steht, dem Sprichwort entspricht: auch das blinde Huhn findet manchmal ein Korn.

Aber das Problem der Quantifizierung kann nicht leichthin abgetan werden. Die Psychoanalyse – wie jede andere Wissenschaft – ordnet, setzt gleich, vergleicht und unterscheidet die Objekte der Beobachtungen, und werden diese Prozeduren erst einmal präzise durchgeführt, dann erweisen sie sich als mathematische Operationen[1]. So bewegen sich alle Wissenschaften in der Bemühung, ihre Behauptungen zu präzisieren, auf eine Mathematisierung der Beziehungen hin, die sie durch ihre Verfahren erfassen.

Da die Mathematisierung entweder metrisch oder nichtmetrisch sein kann, ist die Quantifizierung nur eine ihrer Formen. Im Gegensatz zu den üblichen Quantifizierungsmethoden versuchte Lewin (202) die Topologie und Piaget (235) die Gruppentheorie als nichtmetrische Mathematisierungen in die Psychologie einzuführen. Nichtmetrische Mathematisierung schließt nicht notwendig die Quantifizierung aus; es ist tatsächlich nicht klar, ob Lewins Quantifizierungen das Ergebnis seines Erfolges oder seines Mißerfolges mit der nichtmetrischen Mathematisierung sind. Das Problem der metrischen Mathematisierung liegt in der Frage: welche Art von Quantifizierung – wenn überhaupt eine – ist welcher Art von psychologischer Beziehung angemessen?

Vermutlich hat die Psychoanalyse deswegen keine Mathematisierung entwickelt und ist die Schulpsychologie mit ihren angestrengten Bemühungen um Quantifizierung nicht weit gekommen, weil sie beide Wissenschaften in einer frühen Entwicklungsphase sind. Es ist zu diesem Zeitpunkt sogar schwer, darüber zu diskutieren, ob sich die Psychoanalyse in Richtung einer metrischen oder nichtmetrischen Mathematisierung entwickelt. Es wäre entschieden zu früh, dahingehend zu entscheiden, daß die Quantifizierung die

[1] cf. Piaget (234, Bd. 1).

der psychoanalytischen Theorie angemessene Art der Mathematisierung ist. Die nachfolgende Diskussion der Quantifizierung impliziert keine solche Entscheidung, sondern vertritt diese Haltung: da die Frage der Quantifizierung erhoben wurde, und die Quantifizierung sich als die der Psychoanalyse gemäße Mathematisierung erweisen *kann,* sollten einige der dabei auftauchenden Probleme erforscht werden. Dieser Abschnitt wird sich mit zwei Themen befassen: mit dem quasi-quantitativen Begriff der Besetzung, der unter allen Begriffen der Theorie am dringlichsten einer Quantifizierung zu bedürfen scheint, und mit der Art von Quantifizierung, die die Theorie – wenn überhaupt – erfordert.

A. Besetzungen (Kathexen)[2]

Die psychoanalytische Theorie enthält quasi-quantitative Begriffe. Die hervorragendsten unter ihnen sind der Begriff der *Triebe,* die als Kräfte aufgefaßt werden, und der *Besetzungen,* die sie aufwenden, und die als Energiequantitäten aufgefaßt werden.

Warum sind letztere nun nicht gemessen worden? Um diese Frage zu beantworten, müssen die Unterscheidungen näher untersucht werden, die die Theorie zwischen verschiedenen Formen der Energie macht.

1. Die muskuläre Energie, die ein Verhalten aufwendet, ist nicht die psychologische Energie, von der die analytische Theorie spricht; die psychologischen Kräfte, die bei ihrem Wirken psychologische Energie verwenden, *setzen nur die Kräfte frei,* die die biochemische Muskelenergie verwendet.

2. Es wird angenommen, daß die psychologische Energie ihren Ursprung in den Trieben hat, und um ihren hauptsächlichen Manifestationen Rechnung zu tragen, werden zwei Transformationsvorgänge angenommen: Bindung und Neutralisierung. Aus beiden Vorgängen resultieren Energieformen (gebundene Energie, neutralisierte Energie), die sich von der ursprünglichen (freibeweglichen) Form der Triebenergie unterscheiden.

3. Diese drei Formen von Energie und die beiden hauptsächlichen Prozesse der Umformung können wie folgt charakterisiert werden:

a) Die *freibewegliche Energie* unterliegt dem Lustprinzip, sie strebt nach unmittelbarer Abfuhr auf dem kürzesten Wege und duldet weder Umweg noch Aufschub. Diese direkte Abfuhr kann die Form von Handlungen, Vorstellungen oder Affekten annehmen (e. g. Impulshandlungen, Zwangsrituale, Fehlhandlungen, Wahnbildungen, Zwangsvorstellungen und unkon-

---

[2] Siehe auch früher, S. 54 ff. und 81 ff.

trollierter Affektstürme, wie etwa Wutanfälle, Paniken usw.). Die Vorgänge, die frei bewegliche Energie verwenden, werden im Begriff der Primärprozesse erfaßt. Sie wenden verschiedene Mechanismen an (d. h. spezifische Transformationen von Energien) wie zum Beispiel Verdichtung, Verschiebung, Ersetzung, Symbolisierung usw. Diese Mechanismen spielen in allen Fazetten des Verhaltens eine Rolle, obwohl sie gewöhnlich durch Beispiele illustriert werden, die aus dem Bereich der Vorstellungen (e. g. Träume) entnommen sind. Die freibewegliche Energie, obgleich ihre Funktion durch die eben erwähnten Verhaltensweisen besonders deutlich illustriert wird, ist nicht einer bestimmten Klasse von Verhaltensweisen zuzuschreiben, sondern ist eine Komponente allen Verhaltens.

b) *Gebundene Energie* wird als Energie definiert, die in Strukturen gebunden ist. Breuer (29) verglich sie mit der tonischen Innervation der Muskeln. Die Strukturen, deren Aufbau das Ergebnis einer Bindung von Energien ist, werden einerseits als jene kontrollierenden und abwehrenden Ichstrukturen verbegrifflicht, die sowohl geordnetes Denken wie kontrollierte Affekte und zielgerichtetes Verhalten möglich machen, und andererseits als die Ichstrukturen, die die Instrumente (Information, Gewohnheiten, Begriffe; antizipatorische, grammatikalische, syntaktische und logische Grundformen) sind, welche das geordnete Denken, der kontrollierte Affekt, das zielgerichtete Verhalten benützt. Die durch diese defensiven und kontrollierenden instrumentalen Strukturen ermöglichten Prozesse werden im Begriff der Sekundärprozesse erfaßt. Die Transformation der Bindung verwandelt freibewegliche Energie in gebundene Energie. Die so geschaffenen Strukturen wirken der freien Beweglichkeit ungebundener Energien entgegen und dienen auch als die Instrumente (Apparate), durch welche die letzteren verausgabt und kontrolliert werden. Verglichen mit der hohen Energieverausgabung in Primärprozessen können die durch Bindung entstandenen Strukturen mit einem minimalen Aufwand an psychologischer Energie (autonom) funktionieren. Sie kontrollieren auch die Abfuhr beweglicher Energien (Energien von großer Intensität) und schaffen somit hohe Potentiale für die Handlungen. Ähnlich wie physikalische Mechanismen transformieren, sparen und verausgaben sie Energie. Die Begriffe des Bindungsvorgangs und der Strukturen, die er schafft, tragen dem Aspekt der seelischen Organisation Rechnung, der Spannung nicht herabsetzt, sondern aufrechterhält oder sogar erhöht (siehe Freud, 89 Kap. VII und Allport, 8).

c) *Neutralisierte Energie* wird als Energie definiert, deren Tendenz, dem Lustprinzip zu folgen (Tendenz zu direkter, unmittelbarer Abfuhr), herabgesetzt ist. Diese Definition umschließt ein Spektrum von Energieformen von kaum neutralisierten bis zu hoch neutralisierten Energien. Der Neutralisierungsvorgang wird als die Transformation definiert, durch welche Triebenergien, deren *Idealtyp* als nichtneutralisiert angenommen wird, in Energien verschiedenen Neutralisationsgrades umgewandelt werden. Die Abfuhrtendenz (Entropietendenz) ist aller Energie (physikalischer wie physiologischer) gemeinsam: wie sollen wir Rechenschaft über Energien geben, die dieser Tendenz nur mehr oder weniger folgen? Die Beschränkungen unseres systematischen Wissens erlauben nur eine Antwort in Analogie.

Das Entropieprinzip gilt sicherlich für geschlossene Systeme physikalischer Energie, aber Organismen – ebenso wie andere offene Systeme und wie von Menschen errichtete mechanische Strukturen – verzögern und behindern die Wirkung der Entropietendenz. Organismen tun das, indem sie strukturiert sind und indem sie weitere Strukturen aufbauen (cf. Schroedinger 284). Von Menschen errichtete Strukturen tun es, indem sie die Verausgabung kinetischer Energie verhindern (wie bei Dämmen) und sie dadurch in potentielle Energie umwandeln und indem sie die Verausgabung kinetischer Energie mittels kleiner Variationen potentieller Energie kontrollieren (wie am Gitter der elektronischen Röhre).

Die Neutralisierung wird als Ergebnis der Strukturbildung durch den Bindungsvorgang aufgefaßt (Siehe Rapaport 256 und 250, besonders Teil VII). Durch Erhöhung der Abfuhrschwelle der Triebenergien und durch die Errichtung neuer Kontroll-„Dämme" behindern diese Strukturen die Tendenz zur direkten Abfuhr, erzwingen Aufschübe und Umwege und lassen so abgeleitete Motivationen entstehen, deren Neigung zu unmittelbarer und direkter Abfuhr herabgesetzt ist: so ist ein Schritt zur Neutralisation von Besetzungen gemacht. Mit weiteren Strukturbildungen entstehen weitere abgeleitete Motive, die Besetzungen von noch höherem Neutralisationsgrad verwenden.

Gewisse Beobachtungen machen die Annahme von Transformationen nötig, welche die Auswirkungen von Bindung und Neutralisierung umkehren. Diese Beobachtungen betreffen einerseits die Schwächung von Kontrollen und Abwehrmechanismen und andererseits die sogenannte Libidinisierung oder Aggressivierung von Funktionen und Strukturen. Diese Transformationen könnten als „Mobilisierung" oder „Deneutralisierung" bezeichnet werden[3]. Erscheinungsformen solcher Umbildungen lassen sich bei speziellen

---

[3] Sie kommen beim Regressionsvorgang vor. Freud spricht von ihnen als von der Triebentmischung libidinöser und aggressiver Triebe durch Regression (siehe 122 Seite 143–44); siehe auch Gills Kapitel: Die Metapsychologie der Regression (139).

normalen Zuständen (z. B. Träumen), bei pathologischen Zuständen (z. B. Zwängen und Wahnbildungen) beobachten.

Die Komplexheit dieser Theorie der psychologischen Energien und ihrer Beziehung zur motorischen Energie des Verhaltens hat weitreichende Konsequenzen für die Quantifizierung. Die motorische Energie des Verhaltens wird durch die Ökonomik der psychologischen Energien und durch die entsprechenden Dynamismen der psychologischen Kräfte, die durch psychologische Strukturen wirken, „kontrolliert" und „freigesetzt". Es ist anzunehmen, daß diese Beziehung analog der Kontrolle großer (muskulärer) Energiebeträge durch ein Informationsnetzwerk vorzustellen ist, das mit kleineren (psychologischen) Energiebeträgen arbeitet. Andererseits finden wir innerhalb des Bereichs psychologischer Energien eine ähnliche Beziehung: die Verausgabung größerer Energiebeträge (freibewegliche Triebenergie) wird von einem Netzwerk kontrolliert, welches mit kleineren (gebundenen und neutralisierten) Energiebeträgen arbeitet. Außerdem haben wir es, da sich die Prozesse der Bindung (Strukturbildung) und Neutralisierung wiederholen, wobei sie immer neue Schichten der ansteigenden Hierarchie der psychologischen Organisation schaffen, mit einer ganzen, tiefgestaffelten Anordnung kontrollierender Netzwerke zu tun.

Eines der Hindernisse für die Quantifizierung wird nun offenbar. Das sichtbare Verhalten ist in der Regel eine sehr entfernte Repräsentation der psychologischen Prozesse, die es hervorriefen. So wird, obgleich die Beobachtungen die Notwendigkeit von Begriffen wie „Besetzung" und von Begriffen, die auf Besetzungstransformation hinweisen, nahelegen, die Messung dieser Beobachtungsgrundlage durch den Umstand erschwert, daß die gleiche Gruppe von Beobachtungen die Annahme einer komplexen hierarchischen Organisation nötig machen, die mittels Strukturen, die mit kleinen Besetzungsmengen arbeiten, den Aufwand und die Transformierung von Besetzungen kontrollieren. Wäre die Theorie systematisch straff, ihre Definitionen explicit und ihre Inferenzregeln spezifisch, dann würden die aus den mannigfaltigen Kontrollen, denen die Besetzungsverteilungen unterworfen sind, resultierenden Diskontinuitäten eine Quantifizierung nicht verhindern. Aber die Theorie ist nicht derart straff und vollständig. Das deutlichste Kennzeichen ihres lockeren Aufbaus ist die Tatsache, daß der Umfang ihrer experimentell verifizierten Sätze schon jetzt hinreichen würde, um eine straffere Theorie zu bestätigen.

Die Situation ist aber nicht so hoffnungslos, wie die beschriebenen Komplikationen das erwarten ließen. Die Theorie der Besetzungen enthält quasiquantitative Sätze in der Form von Ungleichheiten. Die folgende Ungleichheit zum Beispiel gilt für bewegliche Besetzungen: bei der Triebhandlung ist die Besetzungsquantität größer als bei der Affektladung, wo sie wiederum größer ist als bei einer Vorstellung. Solch eine Reihe von Ungleichheiten ist *an sich* eine primitive (intensive) Quantifizierung[4], und diese Art von Quantifizierung ist der Theorie inhärent. Es besteht zum Beispiel kein Grund, das Maß der freien Beweglichkeit von Besetzungen (oder umgekehrt das Maß an Neutralisation) nicht in solchen Ungleichheiten auszudrücken. R. R. Holts (165) Untersuchung von Primärprozeß-Manifestationen im Rorschachtest z. B. unternimmt eben dies. Die Bildung solcher Ordinal-Skalen unter Verwendung psychologischer Schätzungsverfahren scheint *gegenwärtig* die Quantifizierungsmethode der Wahl für die primitiven quantitativen Beziehungen der Theorie zu sein.

Einige Schwierigkeiten dabei sollten hier aber erwähnt werden: Das ordinale Skalieren von Primärprozessen könnte die Aufmerksamkeit von der Tatsache ablenken, daß die Theorie *nicht* das Vorliegen eines einfachen Kontinuums der Neutralisation behauptet. Die Abnahme der Beweglichkeit geht mit Bindung (Strukturbildung) einher, d. h. mit der Errichtung neuer hierarchischer Schichten, die sich nicht nur im Maß der freien Beweglichkeit der Besetzung von einander unterscheiden, sondern auch in ihren Strukturen und Motivationen. Obzwar das Maß der Beweglichkeit ein gemeinsamer Parameter durch alle die verschiedenen hierarchischen Schichten hindurch bleibt, machen es die qualitativen Unterschiede in Strukturen und Motivationen von Schicht zu Schicht schwierig, jene Züge des Verhaltens herauszufinden, die, wenn sie geschätzt und eingestuft sind, diesen gemeinsamen Parameter quantifizieren. Ist der für die Schätzung ausgewählte Verhaltenszug nicht angemessen, so wird man nur Äpfel und Birnen vergleichen. R. R. Holt scheint diese Fußangel vermieden zu haben, aber es bedurfte einer beachtlichen Beherrschung der Theorie, um das zu bewerkstelligen und die verwendeten Maßstäbe blieben grobe.

Die individuellen Beispiele der Primärprozeß-Phänomene stellen der Quantifizierung somit keine unübersteigbaren Hindernisse in den Weg. Aber wie verhält es sich mit einem Verhaltensausschnitt (einem Rorschach oder TAT-Protokoll oder einem klinischen Interview), der mehrere solche Beispiele enthält? Jedes von ihnen kann eingeschätzt werden. Aber können wir sie zählen? Und wenn wir es tun, was berechtigt uns dazu? Wenn wir beschließen, ihre Gewichtigkeit zu bestimmen, lassen sich die Gewichte addieren? Diese Fragen sind bisher nicht beantwortet. Wir wissen nicht einmal,

---

[4] cf. Piagets Diskussion intensiver Quantifizierung (234), dessen Diskussionen der Entwicklung des Quantitätsbegriffs und seiner Beziehung zu Logik und Mathematik auch sonst relevant für die Quantifizierungsprobleme der Psychologie sind.

wo die Antworten herkommen werden. Vielleicht werden wir für längere Zeit rein empirische, theoretisch nicht unterbaute Antworten hinnehmen müssen, in der Hoffnung daß sie uns zeigen werden, daß die Theorie die Antworten darauf hat – oder so ausgebaut werden kann, daß sie sie gibt. Es ist aber auch möglich, daß die empirischen Antworten die Theorie radikal ändern werden. Dies Problem ist kein für Holts Untersuchungen spezifisches. Bei Nahrungsentzugsuntersuchungen unter Verwendung von TAT Erzählungen finden sich individuelle Unterschiede in den Erzählungen einer Gruppe gleichhungriger Versuchspersonen: manche Erzählungen enthalten viel Material, das *weitläufigen* Bezug auf Nahrung nimmt, andere enthalten wenig nahrungsbezogenes Material, aber was da ist, hat *nahe* Beziehungen. Können die Einschätzungen dieser individuell sich unterscheidenden Produktionen addiert werden? Die Beziehung zwischen Triebintensität (Besetzungsbetrag) auf der einen Seite und der Frequenz und Intensität ihrer Indikatoren auf der anderen ist eines der wichtigsten ungelösten Probleme der Quantifizierung.

B. Dimensionale Quantifizierung

Wie sind die allgemeinen Aussichten für die Quantifizierung der Variablen der Theorie? Ehe wir die Beantwortung dieser Frage versuchen, wollen wir feststellen, daß die dringlichsten Aufgaben der Theorie in der Systematisierung ihrer Beziehungen liegen, die dessen bedürfen und auf den Gebieten, die neue Beobachtungen erfordern. Ohne zu betonen, daß unter anderem ein Großteil der Ichpsychologie noch unaufgenommenes Territorium ist, und daß unser Wissen von den Affekten dringend der Systematisierung bedarf usw., könnte schon die Diskussion der Quantifizierung an sich die tatsächliche Situation verfälschen: Mathematisierung im allgemeinen und Quantifikation im besonderen bedürfen einer systematisierten und straffen Theorie.

Wenn der Physiker mißt, so kennt er die Dimensionen dessen, was er beobachten und messen will und er kann diese Dimensionen mit Hilfe des CGS (Centimeter, Gramm, Sekunden)-Systems ausdrücken, und wenn er eine Konstante einführt, so weiß er, daß ihre Dimension derart zu bestimmen ist, daß seine Gleichung nicht nur quantitativ, sondern auch dimensional richtig wird. In $s = \frac{g}{2} Z^2$ ist die Dimension der Größe C, der Zeit S und g ist $\frac{C}{S^2}$; ersetzen wir diese Dimensionen, so bekommen wir $C = \frac{C}{S^2}\ S^2$, was anzeigt, daß die Gleichung auch dimensional richtig ist. Auch die klassische *Härteskala* ist ein Quantifizierungsmittel. Aber anstelle eines dimensionalen Maßes bietet sie nur eine *ad hoc*-Quantifizierung. Die meisten – wenn nicht alle – Messungen der heutigen Psychologie (z. B. die IQ's) sind *ad hoc* Quantifizierungen. Ohne eine systematische Theorie ist keine dimensionale Quantifizierung möglich. In der Physik würde keiner versuchen, eine Theorie durch Messungen zu prüfen, ohne erst die Relevanz dessen, was er mißt, und wie er es mißt sicherzustellen. Die Dimensionen sind die Kriterien der Relevanz. Die Psychologen aber „prüfen" psychoanalytische Lehrsätze, ohne die Theorie zu untersuchen und zu systematisieren, die diesen Behauptungen Bedeutung verleiht. Theorien können nur geprüft werden, wenn man sie ernst nimmt. Prüfen heißt Mathematisieren, und Mathematisieren heißt, in den von der Theorie gesetzten Beziehungen, Beziehungen von höherer Ordnung der Abstraktion zu entdecken. Derartige Abstraktionen können nicht aus isolierten Sätzen abgeleitet werden, sondern nur aus dem System der Beziehungen, die diese Behauptungen miteinander verknüpfen.

Bis heute wissen wir nicht, wie eine dimensionale Quantifizierung der psychoanalytischen Variablen durchzuführen ist. Trotzdem können wir nicht die Hände in den Schoß legen, da die Systematisierung der Theorie und eine dimensionale Quantifizierung zusätzliche Beobachtungen erfordert. Bei der Sammlung neuer Beobachtungen müssen wir mit ad hoc Quantifizierungen vorlieb nehmen, dürfen aber das Ziel der dimensionalen Quantifizierung nicht aus dem Auge verlieren. Um es zu erreichen, werden wir lernen müssen, den Ort unserer Variablen in der motivationalen und strukturellen Hierarchie in Rechnung zu stellen und Variablen gegeneinander auszuspielen, um zu Gleichungen zu gelangen, die tatsächlich Gleichgewichte von Kräften oder zwischen Strukturen und Kräften usw. darstellen. Fortschritte in dieser Richtung werden bei jedem Schritt lange Reihen von Experimenten erfordern, wobei die experimentellen Bedingungen systematisch zu variieren sind. Die augenblicklich populären „Ein-Schuß-Experimente" (vermutlich angeregt sowohl durch die Prämie, die auf Publikationen steht, wie durch die Publikationspolitik psychologischer Zeitschriften) stehen im Widerstreit zum Fortschritt in Richtung der dimensionalen Quantifizierung. „Ein-Schuß-Experimente" benützen, natürlicherweise, *ad hoc* Quantifikationen, die nur selten eine Beziehung zu den *ad hoc* Quantifikationen anderer Experimente aufweisen. Die Lewinschen Experimente über Affekt und Aktionspsychologie haben diese Gefahr bis zu einem gewissen Maß vermieden und gezeigt, wie durch systematische Variation der Experimentalbedingungen, die durch eine zusammenhängende Theorie gelenkt wird, ad hoc Beziehungen vermieden werden können. Aber die Berichte über diese Experimente sind auf Deutsch erschienen und werden wenig gelesen, außer in Ellis (45) und Lewins (201) Auszügen, die beide nicht die Methode übermitteln.

Das Unglück bei der ad hoc Quantifizierung ist unter anderem, daß, selbst wenn sie statistisch verläßliche Resultate liefert, diese Resultate reinem Glück bei der Wahl der experimentellen Aufgaben und Objekte zu verdanken sein können. Selbst die scheinbar genaue Wiederholung eines Experiments kann Resultate erbringen, die von den ursprünglichen abweichen. Da die entscheidenden Dimensionen nicht bekannt sind, beeinflussen unbemerkte „kleine" Variationen in der Experimentalsituation die Resultate. Mit anderen Worten: ohne die beteiligten Dimensionen zu kennen, ist es unmöglich vorauszusagen, welche Veränderungen zu hierarchischen Differenzen führen werden und für welche Art von Subjekten die objektiv „genaue" Wiederholung des Experiments eine radikal veränderte Experimentalsituation bedeutet. Georg Klein (183, 186) hat nachgewiesen, daß etwas dieser Art bei dem „Nun sehen Sie's, nun sehen Sie's nicht" Charakter des Bruner-Goodman-Effekts (31) eine Rolle spielte.

Nun zu den Möglichkeiten und Voraussetzungen der dimensionalen Quantifizierung: Erstens, es wäre möglich, daß die dimensionale Quantifizierung in der Psychologie *undurchführbar* wäre. Diese Möglichkeit würden wir nur ungern ernsthaft in Erwägung ziehen, einmal, weil sie negative Beweise erfordert, die schwer oder gar nicht zu erbringen sind, zum andern, weil sie weiteren Forschungen entgegenwirken könnte. Zweitens könnte die Suche zu einer nichtmetrischen Mathematisierung führen. Drittens könnte sich eine dimensionale Quantifizierung entwickeln. Der Weg, auf dem wir vielleicht zu einer Wahl zwischen diesen drei Möglichkeiten gelangen könnten, wird – meiner Meinung nach – durch einen neuen Start im Lernproblem gebahnt werden.

Die drei physikalischen Dimensionen sind Masse, Raum und Zeit. Die Physik stellt sowohl die Bewegung von Masse (d. h. ihre Lageveränderung in Raum und Zeit) und die Veränderungen in der *Struktur* von Masse, wie auch Gradienten und Ursachen (Kraft, Energie) solcher Veränderungen in diesen drei Dimensionen dar. Sollten wir einmal die Dimensionen psychologischen Geschehens entdecken, so müßten auch diese sowohl psychologische Prozesse wie psychologische Strukturen und deren Veränderungen ausdrücken können. In der analytischen Theorie spielen Strukturen eine derart entscheidende Rolle, daß die dimensionale Quantifizierung nur eine fromme Hoffnung bleibt, solange die Charakteristika und Veränderungen psychologischer Strukturen nicht in den gleichen Dimensionen ausgedrückt werden können, wie die psychologischen Prozesse. Mit anderen Worten scheint die Untersuchung der psychologischen Strukturbildungs-Prozesse die erste Voraussetzung für einen Fortschritt in Richtung der dimensionalen Quantifizierung zu sein. Wir müssen feststellen, wie Prozesse sich zu Strukturen wandeln, wie eine einmal gebildete Struktur sich verändert und wie sie wiederum Prozesse veranlaßt und beeinflußt. Man könnte das zum Beispiel erreichen, indem man sowohl die Vorgänge untersucht, durch welche Hebbs hypothetische Strukturen (und Phasensequenzen) gebildet und verändert werden, wie auch die Vorgänge, durch die diese Strukturen neue laufende Prozesse verändern. Man könnte auch jene Strukturen genauer untersuchen, deren Genese und Funktion die Psychoanalyse folgendermaßen darstellt: wenn Triebe an der Entladung ihrer Besetzungen verhindert sind, dann kommen Strukturen zustande, die von nun an sowohl als Hindernisse für (Abwehren gegen) die Entladung, wie auch als Kontrollorganisationen und Mittel für die Entladung dienen. Diese Beispiele nehmen Bezug auf Veränderungen, die durch Erfahrung zustande kamen. Ob alle Strukturbildung (d. h. durch Erfahrung errungene bleibende Veränderung) als Lernen angesehen werden sollte (Lernen in dem weitesten Sinn, der der epigenetisch-reifungsmäßigen Matrix Rechnung trägt)[5], ist sowohl ein empirisches wie ein begriffliches Problem. Es scheint aber, daß jeder Lernvorgang als ein Strukturbildungsprozeß angesehen werden kann. Die Prozesse des verbalen Lernens und der Gewohnheitsbildung lassen sich durchaus als dieser weiterreichenden Kategorie untergeordnet auffassen, obgleich ihre Untersuchung nicht immer und nötigerweise etwas über die Beziehung zwischen Prozeß und Struktur aussagen wird.

Welche Art von Untersuchungen wird diese Beziehung aufdecken? Vor 30 Jahren bemerkte Adams (2), daß die Schwierigkeiten in der Untersuchung des Lernvorgangs daher stammen, daß es sich dabei um einen außerordentlich langsamen Prozeß handelt. Auch Hebb (159) wies auf den langsamen Gang der frühesten Lernprozesse hin. Piagets entwicklungspsychologische Untersuchungen innerhalb und seit seinem „Ursprung der Intelligenz" besagen das gleiche. Möglicherweise können nur Longitudinaluntersuchungen die Beziehung zwischen Prozeß und Struktur klären. Allerdings ist auch das nur eine schwache Hoffnung, da die Methodik der Longitudinaluntersuchung noch unklar ist. Vielleicht wird die Antwort aus einem neuen Angriff auf den Lernvorgang als Strukturbildung erwachsen, der Hebbs Annahme Rechnung trägt, daß der späte Lernvorgang mit der Neukombination schon etablierter „Phasensequenzen" arbeitet. Die Untersuchung würde sich damit mehr auf die Veränderungen als auf den Ursprung solcher Phasensequenzen konzentrieren.

Die unmittelbare Aussicht auf eine baldige Klärung des Strukturbildungsvorgangs scheint nicht allzu rosig. Diese Klärung bildet aber wohl die Vor-

[5] Siehe oben S. 47–50.

aussetzung für eine dimensionale Quantifizierung in der Psychoanalyse im besonderen, vielleicht sogar in der gesamten Psychologie.
Die Suche nach einer dimensionalen Quantifizierung darf aber nicht zu einer Verachtung der *ad hoc* Quantifizierung führen. Letztere scheint doch einen Schritt in Richtung der Ersteren darzustellen, vorausgesetzt, man ist sich klar darüber, daß die ad hoc Quantifizierung die Strukturen und Funktionen, welche sie grob quantifiziert, nicht hierarchisch lokalisiert. Man kann die Möglichkeit, zu einer dimensionalen Quantifizierung zu gelangen, dadurch offen halten, daß man der Sorgfalt und dem Scharfsinn, den man auf die ad hoc Quantifizierungen verwendet, unermüdliche Wachsamkeit in Bezug auf die hierarchische Stellung der so quantifizierten Beziehungen zur Seite stellt.
In gewissem Sinn sind aber all diese Überlegungen über die Quantifizierung abstrakt und steril. Eine richtige Diskussion müßte mit einer Analyse der experimentellen Literatur, die die sich mit der „Prüfung" der Freudschen Lehrsätze befaßt, beginnen. Wir besitzen verschiedene Überblicke über diese Literatur, aber sie befassen sich alle mit der Frage: welche psychoanalytischen Lehrsätze sind durch „objektive Untersuchungen" bestätigt? Ein Überblick, der die Lösung des Mathematisierungs- oder Quantifizierungsproblems vorantreiben könnte, müßte sich nicht auf die Resultate, sondern auf die Methoden dieser Untersuchungen konzentrieren, auf die Variablen, auf die die Quantifizierung dort abzielt und auf die dabei verwendete Technik der Quantifizierung. Abgesehen von einem Durchbruch mit Hilfe experimenteller Findigkeit, die theoretisch aufs gründlichste unterbaut sein müßte, scheint mir solch ein Überblick noch die besten Versprechungen für eine Förderung des Quantifizierungsproblems zu bieten.

VI. DIE FORMALE ORGANISATION DES SYSTEMS

A. Der gegenwärtige Status des Systems

Die Theorie der Psychoanalyse wuchs während der 50 Jahre von Freuds Arbeit in sukzessiven Schüben. Hinzufügungen und Korrekturen lassen sie mehr als Flickwerk, denn als einen architektonischen Entwurf erscheinen, da deren Konsequenzen für den Aufbau des Systems häufig nur in einigen gelegentlichen Bemerkungen Freuds oder in isolierten Aufsätzen anderer Psychoanalytiker berührt wurden. Das allein schon verrät eine Lockerheit der Theorie und das Fehlen einer expliziten Regel, der entsprechend Revisionen und Hinzufügungen ins System einzuordnen wären. Und doch besitzt die psychoanalytische Theorie eine eindrucksvolle strukturelle Einheit, obgleich diese unter den Schichten fortgesetzter Hinzufügungen und Modifikationen verborgen ist und niemals herausgelöst und unabhängig dargestellt wurde.

Die „Revisoren“ der Theorie Freuds haben ihre strukturelle Einheit noch weiter verwischt. Jung und Adler, die relativ unabhängige Theorien schufen, haben es unterlassen, diesen eine systematische Form zu geben, die sie scharf von der Freudschen Theorie unterschieden hätte. Noch schlimmer ist die Situation bei den „Revisionen“ Stekels, Ranks, Sullivans, Horneys, Melanie Kleins, Kardiners, Alexanders, Frenchs, Reiks, Fromms, Rados[1]. Während jeder von ihnen bestimmte Sätze Freuds angriff und ablehnte und sie durch andere (die oft einen wertvollen Kern enthielten) ersetzte, hat keiner dieser Autoren dargestellt, wie ihre Revisionen die Theorie als Ganzes berühren. Einige unter ihnen (Stekel, Kardiner, Alexander, French, Reik) haben versichert, daß ihre Revisionen den Rest des Systems nicht berührten, obgleich sie keinen Versuch machten, das nachzuweisen. Andere (Rank, Horney, Sullivan, Rado) haben angedeutet, daß Freuds System durch das ihrige ersetzt sei, obgleich sie niemals eine volle Darstellung ihrer Systeme geliefert haben. Kein Neo-Freudianer hat vom Gesamt der psychoanalytischen Theorie Kenntnis genommen und hat seinen eigenen Beitrag mit ihr integriert. Es gibt auch keinen einzigen Versuch, die analytische Theorie durch ein vollständiges System zu ersetzen, das nachweisbar allen Phänomenen Rechnung trüge, für die die Freudsche Psychoanalyse eine Erklärung abgibt. Solch ein Versuch könnte offensichtlich auch den Nachweis enthalten, daß manche der Probleme, mit denen die psychoanalytische Theorie sich befaßte, Pseudoprobleme waren, die ignoriert werden können. Das Fehlen

[1] Siehe Munroe (225).

99 Formulierungen zu 2 Prinzipien
101 Einige Bemerkungen z. Begriff des Ubw
105 Zur Einführung des Narzißmus
106 Triebe u. Triebschicksale
107 Die Verdrängung
108 Das Ubw
110

einer systematischen Darstellung der Theorie ist ebenso für all das verantwortlich wie die Revisoren selbst, die das Gefühl gehabt haben mögen, daß sie nicht verpflichtet seien, das System darzustellen, bevor sie es revidierten. Beim Lesen der Neo-Freudianischen Schriften fragt man sich oft, ob sich die Autoren der Existenz und des Wesens des impliziten Systems der psychoanalytischen Theorie bewußt gewesen sind.

Es existieren drei wohlbekannte, rudimentäre Darstellungen des Systems der Theorie.

Erstens: Das VII. Kapitel von Freuds „Traumdeutung" (89) und seine Schriften zur Metapsychologie (99, 101, 105, 106, 107, 108, 110, 111) sind Versuche, das System darzustellen. Eins der verwirrendsten Probleme in der Geschichte der Psychoanalyse ist, warum sie so wenig bemerkt werden. Die Tatsache, daß die Form dieser Versuche nicht systematisch ist, scheint keine vollständige Erklärung dafür zu sein. Die Formulierungen des vorliegenden Essays entstammen diesen Schriften, und so tun es auch die anderen Versuche zur Systematisierung, die hier erwähnt werden sollen.

Zweitens: Fenichels *Psychoanalytische Theorie der Neurose* (66) ist zwar zentral auf die klinische Theorie der Psychoanalyse ausgerichtet, appelliert aber dauernd an die allgemeine Theorie und vermittelt so ein Verständnis ihres Systems. Allerdings bleibt dies implizit und der Experimentator, der von Fenichels Formulierungen ausgehen möchte, muß sie erst einmal aus ihrer klinischen Matrix lösen. Mit Fenichels Tod verlor die Psychoanalyse einen ihrer wenigen Systematiker. Sein Essay über die Theorie der Technik (65) ist ein Ansatz zur Systematisierung der Theorie der Therapie. Seine posthum veröffentlichten, gesammelten Aufsätze (69) enthalten systematische Diskussionen der Standpunkte Melanie Kleins, Kaisers, Fromms und anderer Revisionisten. Diese Diskussionen wie auch sein Aufsatz über Freuds Todestrieb deuten an, daß die Theorie zusammenhängend genug ist, um die systematische Ausschließung und Einschließung neuer Beiträge zu gestatten.

Drittens: ist die Entwicklung der Ichpsychologie vielleicht der deutlichste Beweis für die systematische Natur der Theorie. In Anna Freuds Arbeiten (84) beginnt die klinische Theorie der Abwehrmechanismen systematische Form anzunehmen; in Eriksons (54) Werk gewinnt die Ichentwicklung und die psychosoziale Theorie der Analyse Gestalt. In Hartmanns (147) (durch Kris und Loewenstein 157, 158, 191 ergänzte) Arbeiten entwickelt sich die Ich-Theorie Hand in Hand mit einer fortschreitenden Kristallisierung der allgemeinen Theorie der Psychoanalyse. All diese Beiträge zeigen, daß die analytische Theorie organisch in einer Weise wachsen kann, die es ihr ermöglicht, die gültigen Beobachtungen und Formulierungen der Neo-Freudianer

110 Metapsychologische Ergänzungen zur Traumlehre
111 Trauer und Melancholie

in sich aufzunehmen, ohne zu einem zusammenhanglosen Flickwerk zu werden und ohne gezwungen zu sein, irgendeine ihrer bedeutsamen Errungenschaften aufzugeben. Sie beweisen, daß die Theorie über genügend systematischen Zusammenhang verfügt, nicht nur um unvereinbare Lösungen abzulehnen, sondern auch um mit ihrem Gesamtgefüge vereinbare Theorien des Ich, der Realität, der zwischenmenschlichen Beziehungen und der Sozialpsychologie zu entwickeln.

B. Die wünschbare Stufe der Formalisierung

Die wünschbare Stufe der Formalisierung ist in gewissem Sinn eine empirische Frage. Da jedermann das Beste will, dürfen wir annehmen, daß es das Ideal wäre, die maximale Formalisierung zu erreichen, und daß nur unser beschränktes Wissen dem im Wege steht. Newtons Axiomatik war gänzlich formal, und ihr heuristischer Wert beweist, daß sie wünschenswert war. Der systematische und heuristische Wert von Einsteins letzten Formalisierungen hingegen ist vielfach angezweifelt worden. Die heutige Physik verfügt über kein einheitliches axiomatisches System. Alles in allem kann wohl nur die Erfahrung entscheiden, wann und wieweit die Axiomatisierung in der Psychologie, oder in jeder anderen Wissenschaft, *sinnvoll* vorangetrieben werden kann.

Es könnte sich aber lohnen, die Frage aufzuwerfen: warum eigentlich sind die Psychologen so interessiert an der Axiomatik? Tatsächlich waren axiomatische Systeme stets ein spätes Produkt jeder Wissenschaft. Jahrhunderte ägyptischer Geometrie gingen Euklid voran. Hinter Newton standen nicht nur Galilei und Kepler, sondern Jahrtausende der Physik. Wissenschaften erwachsen nicht aus der Axiomatik, sondern gipfeln in ihr. Axiomatische Systeme decken die Entwicklungswege einer Wissenschaft nicht auf: sie verhüllen sie. Sie verhalten sich daher wie viele jener Psychologen, die ihre Resultate unter großen Schwierigkeiten erzielt haben (wie wir ja alle); liest man aber ihre Veröffentlichungen, so würde man das nie vermuten; sie scheinen eine Voraussicht zu verraten, die alle beschämen muß, die es mit Menschen zu tun haben oder über menschliche Angelegenheiten walten.

Bedeutet diese Sehnsucht nach Axiomatisierung, daß die Psychologen glauben, die Psychologie könne ihr künftiges Ziel erreichen, indem sie sich selbst am Zopf aus dem Sumpf zieht? Glauben wir wirklich, daß wir unsern Weg zu einer Axiomatik auf gut Glück erraten und den langen Weg anderer Wissenschaften umgehen könnten? Andere Wissenschaften beim Spiel schlagen? Oder einfach „von ihren Erfahrungen profitieren?“ Aber wie, wenn unsere Vermutungen zu einer Vernachlässigung des schon vorliegenden empirischen

Beweismaterials führte und zu mangelndem Interesse für die Beweise, die „noch ausstehen"? Wenn die Versuche, den mühsamen Pfad der Entwicklung abzukürzen, nur zu endlosen Umwegen führten – viel länger als der „lange und harte" empirische Weg, und noch dazu zwecklos? Ist es denkbar, daß die Psychologen außer acht lassen, was Naturwissenschaftler (Beveridge, 22) und Wissenschaftshistoriker (Dingle, 40) erkannt haben: daß wissenschaftliche Entdeckungen von der Intuition ausgehen und nicht von der Deduktion?

Das heißt nun nicht, daß die Psychologie nicht von der Erfahrung anderer Wissenschaften profitieren könnte; es heißt auch nicht, die Axiomatik als Ideal leicht zu nehmen oder ihre Bedeutung für die Entwicklung der Wissenschaften zu unterschätzen, oder behaupten zu wollen, daß die Theoriebildung (einschließlich der Axiomatik) nicht wenigstens so wesentlich für die Wissenschaft sei, wie das „Messen": Die Intuition, auf die wir hier Gewicht legen, *ist* Theorie. Worauf wir abzielen ist, daß in der heutigen Psychologie die *Meßwut* eine unheilige Allianz mit der *Axiomwut* eingegangen zu sein scheint, und zusammen könnten die beiden die Psychologie durchaus zur Stagnation verdammen.

Piaget hat in seiner *Introduction a l'Epistemologie genetique* (234) sowohl die Geschichte der Mathematik wie die ontogenetische Entwicklung des mathematischen Denkens untersucht, um eine Antwort auf die Frage zu finden, wie es möglich sei, daß die Mathematik zugleich deduktiv streng und doch fruchtbar ist. Das Studium seiner Untersuchungen ist ein gutes Gegenmittel gegen vorzeitige Axiomatisierung.

Die Psychoanalyse bedarf dringend der Systematisierung, denn ohne diese werden die Experimentatoren wahrscheinlich fortfahren, isolierte und fehlgedeutete Lehrsätze zu prüfen, ohne ihren tatsächlichen theoretischen Zusammenhang wahrzunehmen. Von der Systematisierung zur Formulierung und Axiomatisierung aber ist es ein weiter Weg und es bedarf noch der Sammlung von viel zusätzlichem Wissen, bevor wir an diese Aufgaben herantreten können.

VII. DIE REICHWEITE DER ANWENDUNGSMÖGLICHKEITEN DES SYSTEMS

Die Theorie, obgleich aus Studien zur Pathologie hervorgegangen, hat immer den Anspruch erhoben, auch das normale Verhalten und die normale Entwicklung zu erklären (Zur Psychopathologie des Alltagslebens, 90; Der Witz und seine Beziehung zum Unbewußten, 91; Der Humor, 125; Drei Abhandlungen zur Sexualtheorie, 92).

Außerdem hat Freud gezeigt, daß die Theorie und ihre Methoden fruchtbar auf die Anthropologie und Prähistorie angewendet werden können. (Totem und Tabu, 100); ebenso auf literarische Untersuchungen (Der Wahn und die Träume in W. Jensens "Gradiva", 93; Der Dichter und das Phantasieren, 94, Dostojewski und die Vatertötung, 124, Das Motiv der Kästchenwahl, 103), auf das Kunststudium (Eine Kindheitserinnerung des Leonardo da Vinci, 96; Der Moses des Michelangelo, 104), auf die Untersuchung von Mythologie, Folklore und Legende (Totem und Tabu, 100, Mythologische Parallele zu einer plastischen Zwangsvorstellung, 109, Märchenstoffe in Träumen, 102, Das Medusenhaupt, 116), auf das Sprachstudium (Über den Gegensinn der Urworte, 95), auf Religionsuntersuchungen (Totem und Tabu, 100, Die Zukunft einer Illusion, 123, Ein religiöses Erlebnis, 126, Der Mann Moses und die monotheistische Religion, 132), auf das Geschichtsstudium (132) und auf die Untersuchung der Gesellschaft (100, 115, 127, 129). Schließlich machte Freud zu verschiedenen Zeitpunkten die Anwendbarkeit seiner Methode und Theorie auf jene Phänomene geltend, die wir unter dem Ausdruck der Psychosomatik subsumieren.

Tatsächlich sah Freud alles menschliche Verhalten und Streben als den Bereich der Psychoanalyse an. Die Analytiker folgten seinem Anstoß, und ihre Literatur enthält eine Fülle von Aufsätzen und Büchern, die sich mit den genannten Gebieten befassen. Obgleich diese Beiträge hitzige und oft bittere Debatten auslösten, und ihre Relevanz für und wissenschaftliche Vertrautheit mit den fraglichen Themen scharf – und häufig zu Recht – kritisiert wurden, scheint die Gegenwartssituation auf allen diesen Gebieten Freuds frühen Anspruch zu bestätigen.

In Summa hat die psychoanalytische Theorie behauptet, daß ihre Anwendbarkeit auf das Studium des Menschen allumfassend sei. Die Psychoanalytiker haben sich bemüht, diesen Anspruch zu rechtfertigen. Forscher aus den verschiedensten Gebieten der Psychoanalyse haben Methoden, Begriffe, Theorien und Ansichten übernommen. Es gibt heute genügend Beweise dafür, daß der Freudsche Anspruch einen substantiell gültigen Kern hat.

Kommen wir nun zu den Anwendungen der Psychoanalyse auf die Psychologie selbst. Wir können die dabei auftretenden komplizierten Probleme hier nur kurz skizzieren[1].

Obgleich Freud die Psychoanalyse als eine allgemeine Psychologie entworfen hat, betraf in seiner Theorie nur weniges direkt die Psychophysik, das Lernen und die Wahrnehmung – die Zentralgebiete der akademischen Psychologie – und er machte keine Versuche, seine Theorien oder Methoden auf die Psychologie im allgemeinen anzuwenden.

Zu Anfang zeigten nur wenige Psychoanalytiker Interesse an der Psychologie, z. B. Schilder (279–282), Bernfeld (12), de Saussure (277). Aber durch die Entwicklungspsychologie (Piaget, 229–233, und Werner, 301), durch die frühe klinisch-experimentelle Psychologie (Murray, 223, 224 und Rosenzweig, 273, 274), durch den Einfluß der projektiven Techniken auf die klinische Psychologie (Rorschach, 272, Morgan und Murray, 220 u. A.), durch die Lerntheorie (Dollard und Miller 41, Hull 170, Mowrer 221)[2] und durch das wachsende Interesse der Psychologen an der Psychotherapie begann die Psychoanalyse einen mächtigen Einfluß auf die Psychologie selbst auszuüben. Das meiste an diesem Einfluß stammte aber nicht von den Psychoanalytikern, die ihre Theorien und Methoden auf die Psychologie anwendeten (Jung, Rorschach und Murray können als Ausnahmen gelten), sondern von den Psychologen, die versuchten, die Konzeptionen (mehr als die Begriffe)[3] der Psychoanalyse zu verwenden.

Erst mit der Entwicklung einer eigenen Ichpsychologie begann die Psychoanalyse über Mittel zu verfügen, um sich mit den üblichen Problemen der Psychologie befassen zu können. Hartmann (147) machte dann deutlich, daß die Psychoanalyse eine allgemeine Psychologie *ist*, daß ihr Interesse und ihr Anwendungsbereich sich auf die Gebiete der Schulpsychologie erstrecken. Es gelang ihm, psychoanalytische und psychologische Lehrsätze zu verbinden. Ihm folgend setzten verschiedene Analytiker und analytisch geschulte Psychologen die Bemühungen fort, psychologische und psychoanalytische Konzeptionen, Theorien, Begriffe und Methoden miteinander in Beziehung zu setzen. Es steht zu hoffen, daß als Konsequenz dieser Anstrengungen das „experimentelle Nachprüfen" analytischer Theorien aufs Geratewohl und

---

[1] Siehe Shakow und Rapaport (288).

[2] Über frühere psychoanalytische Einflüsse auf die Lerntheorie siehe E. B. Holt (161, 162), Kempf (182), Humphrey (171, 172), Troland (297) und andere.

[3] Begriffe sind Termini, die im Gerüst einer Theorie definiert sind. Konzeptionen sind Termini und Formulierungen, die der Definition eines Begriffes in der Geschichte der Theorie vorangehen oder aber den Begriff unbeachtet lassen. Also benützen Konzeptionen die Termini einer Theorie in unpräziser oder willkürlicher Weise.

ihre unüberprüfte Anwendung durch klinische Psychologen einer systematischen Anwendung innerhalb jenes Gerüsts weichen wird, das die psychoanalytische Ichpsychologie zu errichten begonnen hat. Um diese Arbeit wechselseitiger Anwendung zu fördern, muß sich die Theorie der Psychoanalyse, neben der Systematisierung, zwei weiteren wichtigen Aufgaben zuwenden: sich mit Piagets Theorie auseinandersetzen und eine Theorie des Lernens entwickeln.

Bestätigen sich Piagets Feststellungen, so wird sich die Psychoanalyse mit seiner Entwicklungstheorie als einem unerläßlichen Abschnitt der Theorie der Ich-Entwicklung auseinandersetzen müssen. Welche Probleme erst gelöst werden müssen, ehe diese Auseinandersetzung zu leisten ist, läßt sich hier nicht umreißen[4].

Unsere Besprechung des Lernvorganges (Abschn. V, B) legt den Gedanken nahe, daß eine dimensionale Quantifikation ohne eine vorangehende Klärung des Strukturbildungsprozesses und des Lernens *vielleicht* nicht möglich ist. Aber möglicherweise ist die Lösung des Strukturbildungs-Problems auch eine Voraussetzung für eine einheitliche Erkenntnis-Theorie (einschließlich der Wahrnehmung) für die Klärung der Methoden der Entwicklungsuntersuchungen, und vielleicht noch für die Lösung mancher anderen Probleme, die sowohl für die systematische Entwicklung der Psychoanalyse wie für die wechselseitige und fruchtbare Anwendung psychologischer wie psychoanalytischer Methoden und Theorien entscheidend sind.

---

[4] Siehe P. H. Wolffs (306). Untersuchung von Piagets Theorie und deren Beziehung zur Psychoanalyse.

VIII. GESCHICHTE DER DURCH DAS SYSTEM VERMITTELTEN FORSCHUNG

Es würde Bände beanspruchen, alle jene Forschungsunternehmungen zu skizzieren und kritisch zu bewerten, die durch die psychoanalytische Theorie „vermittelt" wurden, durch Anregungen, die ihr entstammen, durch Fragen, die sie erhebt, durch Methoden, die ihren Ursprung in ihr haben. Es ist undurchführbar, auch nur die Höhepunkte solcher Forschungen auf den im letzten Abschnitt erwähnten Gebieten aufzuzählen. Wir wollen uns daher auf einen kursorischen Überblick über ihre Forschungsvermittlung in der Psychodynamik und in der Psychologie beschränken.

Da sind vor allem die klinischen Studien, die die psychoanalytische wie die Neo-Freudianische Literatur füllen. Längst kann auch keine psychiatrisch-klinische Falluntersuchung mehr durchgeführt werden, ohne daß die psychoanalytische Theorie herangezogen wird, die, in größerem oder geringerem Maß, vieles von dem vermittelt hat, was heute als klinisch-psychiatrische Forschung gilt. Schließlich entwickelte sich die *psychosomatische Forschung* der letzten zwei Jahrzehnte hauptsächlich aus dem psychoanalytischen Studium der Organneurosen. Sie wurde durch die Arbeiten von Psychoanalytikern wie Felix Deutsch, Alexander und French, Dunbar und Bing so weit vorangetrieben, daß sie heute mehr oder weniger allgemein akzeptiert wird und auf Grund der Bemühungen Kubies, Kauffmans, M. Lewins, Romanos und vieler anderer ihren Eingang in die alltägliche klinische Forschungsarbeit gefunden hat.

Eine Auswahl aus einem der Gebiete der mehr oder weniger systematischen Untersuchungen, die aus der Psychoanalyse selbst erwuchsen, wurden von mir unter dem Titel "Organization and Pathology of Thought" (Organisation und Pathologie des Denkens, 250) gesammelt und referiert, aber ein vollständiger Überblick über alle derartigen Untersuchungen fehlt noch.

Die projektiven Techniken, die sowohl als Materie wie als Werkzeug der psychologischen Forschung eine wachsende Rolle spielen, haben ihren Ursprung in der psychoanalytischen Theorie. Rorschach und Murray waren durchdrungen von analytischen Gedankengängen und ihre Tests sind aus dem Wissen um psychoanalytische Konzeptionen gespeist. Die beiden Tests sind tatsächlich durch den Einfluß der psychoanalytischen Theorie in klinischen Gebrauch gekommen und haben gleichzeitig den Einfluß der Theorie in den klinischen Gebrauch hineingetragen. Sie verwendeten in der Deutung ihrer Befunde und zur Erklärung ihrer diagnostischen Brauchbarkeit Ausschnitte der Theorie (163, 261) und wurden auch zur Prüfung psychoanalytischer Lehrsätze herangezogen. Außerdem haben sie, zusammen mit Spieltests (die der therapeutischen Spiel-Technik entstammen) eine große Reihe neuer projektiver Tests hervorgebracht, die auf weiteren psychoanalytischen Konzeptionen beruhen und diese wiederum „testen“. Wie weit ihre Beziehung zu, und ihre Nachprüfung von psychoanalytischen Annahmen Gültigkeit besitzen, braucht uns hier nicht zu beschäftigen: auf alle Fälle wurde „Forschung“ vermittelt.

Während der letzten 40 Jahre hat die psychoanalytische Theorie zu einer großen Reihe experimenteller Untersuchungen über die Auswirkung von Emotionen und Motivationen auf das Gedächtnis geführt [1]. Die meisten verfolgten die Absicht, die analytische Verdrängungstheorie nachzuprüfen, wobei viele es aber unterließen, diese von hedonistischen Lust-Unlust-Theorien oder vom Gesetz des Effekts zu unterscheiden. Nur wenige der Untersuchungen – wenn überhaupt – waren wirklich vertraut mit der Verdrängungstheorie.

Ein verwandtes Forschungsgebiet, das durch die Psychoanalyse vermittelt wurde, ist das der motivierten Wahrnehmung. Murray (223), N. Sanford (275, 276) und Murphy und seine Schüler[2] setzten diese Linie der Forschung fort, die zum “new look” in der Wahrnehmung führte, beginnend mit Bruners (31–35) Arbeiten und wiedergegeben in Blake und Ramseys Buch (24). Vom Standpunkt dieses Essays aus ist die Arbeit G. S. Kleins und seiner Mitarbeiter[3] die hervorragendste unter ihnen. Während all diese Untersuchungen deutlich den Einfluß des durch die Psychoanalyse in der Psychologie erweckten Interesses an der Motivation verraten (cf. Boring, 26, S. 693, 713) ist der Freudsche Einfluß nicht immer so deutlich, wie es der Einfluß der Freudschen Motivationstheorie in Murrays und Sanfords Arbeiten und der Freudschen Motivations- und Ich-Theorie bei G. S. Klein und seinen Mitarbeitern ist.

Auch für das Wiederaufleben des Interesses am Wesen der Hypnose und ihrer Verwendung als experimentelle Methode in den letzten 20 Jahren war die analytische Theorie verantwortlich. Sowohl M. Ericksons (46–48), Farber und Fishers (61) Gill und Brenmans (27, 139) Arbeiten über Hypnose als auch Fishers (75) Arbeit mit Wachsuggestionen zeigen die Bemühungen, die psychoanalytische Theorie auf die Hypnose anzuwenden oder die Hypnose als Mittel psychoanalytischer Exploration zu verwenden. Die Psychoanalyse

---

[1] Siehe Rapaport (240).

[2] Murphay (222, Kap. 15) gibt eine Übersicht.

[3] Ein Überblick findet sich in G. S. Kleins (184) demnächst erscheinenden Buch.

hat mehr oder weniger direkt zahlreiche Längsschnitts- und Querschnitts-Entwicklungsuntersuchungen angeregt und gelenkt (MacFarlane, Benjamin, Escalona, Spitz, K. Wolf u. a.). Dies Gebiet ist so ausgedehnt, daß hier weder eine weitere Aufzählung der Forscher noch eine Bibliographie gegeben werden kann. Aber auf Piaget muß in diesem Zusammenhang hingewiesen werden. Seine frühen Arbeiten (bis zum „Ursprung der Intelligenz", 1935) über autistisches Denken und seine Sozialisierung bei Kindern waren stark von der psychoanalytischen Theorie beeinflußt[4]. Sein späteres Werk ist der Psychoanalyse gegenüber kritisch, aber scheint noch immer ihren Einfluß zu verraten.

Schließlich hat die Psychoanalyse – zum Guten oder Schlechten – auch viele Forschungsuntersuchungen in jener Linie der Lerntheorien vermittelt, die von der Universität Yale ausgingen. Welchen Standpunkt man immer hinsichtlich ihrer letztlichen Relevanz für die psychoanalytische Theorie einnehmen mag, entstanden Millers Experimentalarbeiten (216–218), Miller und Dollards Untersuchungen (219) und Mowrers Experimente (221) samt den Arbeiten ihrer zahlreichen Studenten zweifellos unter psychoanalytischem Einfluß.

Diese Aufzählung der wichtigsten Gebiete, auf denen die Psychoanalyse in der Psychologie Forschung vermittelte, vernachlässigt aber unter anderem die sozialpsychologische Forschung (e. g. über Autoritarianismus) und wird auch der Pionierarbeit D. Levys (197, 198), Halversons (145, 146), Murrays (224), J. McV. Hunts (173, 174) und vieler anderer nicht gerecht.

Bedauerlicherweise sind die existierenden Übersichten (286, 240, 287, 160) entweder spezialisiert oder unvollständig. Eine sorgfältige kritische Übersicht der einschlägigen Experimentalliteratur wäre ein überwältigendes Unternehmen: die Menge der Literatur über Forschungen, die vorgeblich und die tatsächlich auf die psychoanalytische Theorie Bezug haben, ist immens. Und doch wird solch eine Übersicht dringend benötigt. Am brauchbarsten wäre sie, wenn sie sich weder auf die Anordnung der Experimente, noch auf ihre Resultate konzentrierte, sondern auf die Beziehung der angewandten Methoden zur Theorie.

---

[4] Siehe Piagets Einleitung zu den Bänden, in denen er über diese Untersuchung berichtet, und auch seine anderen Hinweise auf Freud.

IX. DAS BEWEISMATERIAL FÜR DAS SYSTEM

A. Der jetzige Stand der positiven Evidenz

Das Hauptgewicht der positiven Evidenz für die Theorie liegt auf dem Gebiet der angesammelten klinischen Beobachtungen. Die erste Errungenschaft des Systems war eine phänomenologische: es lenkte die Aufmerksamkeit auf eine große Reihe von Erscheinungen und auf Beziehungen zwischen denselben und ließ diese zum ersten Mal sinnvoll und rationalen Überlegungen zugänglich erscheinen. Hinsichtlich dieser Erscheinungen und Beziehungen ist das gesammelte klinische Beweismaterial positiv und ausschlaggebend. Hinsichtlich der theoretischen Lehrsätze des Systems hingegen ist die Situation eine andere. Während auch hier das Beweismaterial gewichtig und eindrucksvoll scheint, bleibt durch die fehlende Klärung dessen, was als gültige klinische Forschungsmethode gelten darf, das positiv beweisende Gewicht des klinischen Materials unbestimmt. Trotz der vielfachen Diskussionen über das Wesen der klinischen Forschung (z. B. Brenman und Gill 28, 138, Kubie 194, 195, Benjamin 10, Escalona 60) und trotz Frenchs (80) ausführlichem Versuch, die Methode durch Beispiele zu belegen, sind ihre Prinzipien bisher noch nicht in Form von Regeln niedergelegt worden. Viele Psychologen würden sogar zweifeln, ob es überhaupt andere Regeln für die Forschung gibt oder geben kann, als die experimentelle. Da fraglich bleibt, ob es überhaupt so etwas gibt, wie den experimentellen Kanon, brauchen uns diese Ansichten nicht weiter zu beunruhigen. Angesichts des Fehlens von Regeln für die klinische Forschung bleibt der größte Teil des Beweismaterials für die Theorie phänomenologisch und anekdotisch, selbst wenn sein Umfang und seine Überzeugungskraft ihm den Anschein objektiver Gültigkeit zu verleihen scheint. Diese Situation läßt eine neuerliche Überprüfung von Freuds Falldarstellungen dringend erscheinen, mit dem Ziel, festzustellen, ob sich bei unserem heutigen Wissensstand aus ihnen Regeln für die klinische Forschung ergeben oder nicht.

Beim Fehlen solcher Regeln für die klinische Forschung ist es schwierig, Beobachtungen, die erst gedeutet werden müssen, ehe sich feststellen läßt, ob sie die Voraussagen der Theorie bestätigen oder nicht, als positive Beweise zu akzeptieren: wir müssen auf der Hut sein, um nicht Bestätigungen der Theorie auf dem Wege der Deutung einzuschmuggeln. Axiomatik und/oder Forschungsregeln schützen andere Wissenschaften vor einem derartigen *circulus vitiosus.* Das Fehlen solcher Sicherheitsfaktoren ist ein wirkliches Handicap für die Theorie, da dem Wesen der Beziehung zwischen Beobachtungen und dieser Theorie nach, nur Beobachtungen bezüglich der Grundbegriffe und Grund-Theoreme deutungsfrei sein können[1]. Einer der Hauptsätze der psychoanalytischen Theorie, der durch Beobachtungen bestätigt wurde, ist z. B., daß es zwei Arten von psychischen Prozessen gibt: primäre und sekundäre. Es bedarf wenig oder gar keiner Deutung der Beobachtungen, um zu demonstrieren, daß pathologische oder Traum-Zustände oder durch Drogen hervorgerufene Zustände psychische Prozesse hervorrufen, die nicht den Gesetzen des geordneten logischen Denkens folgen. Aber nur auf dieser niederen Abstraktionsstufe ist die Evidenz ohne Deutung schlüssig. Sobald dieser Beweis für den *Mechanismus* des Primärprozesses angetreten wird, beginnen Beobachtung und Deutung ineinander zu fließen. *An sich* sollte das den Beweis nicht entwerten, da keine Wissenschaft ohne Deutung ihrer Funde auskommt. Aber in der Psychoanalyse liegt die Schwierigkeit darin, daß die Deutungsregel selbst in Frage – oder zu mindest nicht außer Frage – steht, und dies wohl auch so bleiben wird, bis das Wesen der klinischen Methode geklärt ist oder Experimentalmethoden gefunden sind, die eine unabhängige Beweis-Grundlage für die Theorie abgeben. Wie die Dinge heute liegen, gibt es keine Regel, nach der gültige Deutungen von Spekulationen zu unterscheiden wären, obgleich *ex post facta* der erfahrene Kliniker sie sehr wohl unterscheiden kann.

Wir verfügen über einige Experimente, die dieser Schwierigkeit nicht unterliegen. Die Versuche über Traumsymbolik (Schrötter 285, Roffenstein 268) und die verwandten Beobachtungen von Silberer (289)[2] sind die hervorragendsten. Aber auch diese Versuche bleiben phänomenologisch, insofern sie die *Existenz der Symbolisierung*, statt die *spezifischen Bedingungen* ihres Eintretens demonstrieren. Der Poetzelsche Versuch (239) und Fishers Wiederholung desselben (76) enthalten, so eindrucksvoll sie sind, ebenfalls Deutungen[3].

Der größte Teil des experimentellen Beweismaterials für die Theorie ist dubiös, selbst wenn Sears Übersicht (287) die in ihrer Tendenz übrigens außerordentlich negativ gegenüber der Psychoanalyse war, geneigt schien, einiges davon als positives Beweismaterial zu akzeptieren. Die überwälti-

---

[1] Siehe oben S. 84–91.

[2] Siehe auch Rapaport (258).

[3] Ich zähle hier nicht D. Levys und J. McV. Hunts, noch ähnliche Experimente auf, da es sich dabei um Tierversuche handelt unter Bedingungen, wie sie in dieser Einfachheit beim Menschen nicht bestehen.

Während diese Übersetzung in Druck geht, lese ich das Manuskript des Vortrags von C. Fischer und I. Paul auf der Tagung der Amerikanischen Psychologischen Vereinigung 1958. In der dort berichteten Untersuchung scheint es ihnen gelungen zu sein, die hier erwähnten Schwierigkeiten zu umgehen.

gende Mehrzahl der Experimente, deren Aufgabe es sein sollte, psychoanalytische Lehrsätze zu testen, verraten einen schreienden Mangel von Interesse an der Bedeutung der von ihnen einer Prüfung unterzogenen Lehrsätze innerhalb der Theorie der Psychoanalyse. Auf diese Weise haben die meisten ganz entschieden nicht gemessen, was sie zu messen vorgaben; was die anderen anbelangt, so bleibt unklar, ob sie es getan haben oder nicht. Selbst wo die Ergebnisse eine von der Psychoanalyse behauptete Beziehung zu bestätigen scheinen, haben die Versuche gewöhnlich nur eine analoge Beziehung auf einer hohen Stufe der Hierarchie der psychologischen Organisation geprüft. Das heißt nun nicht, daß all diese Experimente als bestätigendes Beweismaterial wertlos wären, sondern nur, daß es bei unserem heutigen Wissensstand nicht klar ist, was sie bestätigen – oder ob sie überhaupt etwas bestätigen. Es fällt schwer, Hilgards (160) Optimismus bezüglich der meisten Experimente zu teilen, die er für relevant und bestätigend hält. Vermutlich werden manche der experimentellen Ergebnisse ihren Platz finden, wenn die Ichpsychologie erst einmal die hierarchischen Beziehungen, die in der psychologischen Organisation bestehen, geklärt haben wird. Beherrschung der Theorie sollte dazu verhelfen, die Ergebnisse künftiger Experimente eindeutig zu gestalten, aber sie ist kein so sicherer Erfolgsgarant, als die Unkenntnis der Theorie ein Garant für das Mißlingen dieser Aufgabe ist. Der Experimentalpsychologe, der sich der Psychodynamik zuwendet, trifft auf die gleichen Schwierigkeiten, mit denen der klinische Beobachter seit über 60 Jahren kämpft. Hier sind keine leichten Gewinne einzuheimsen, und die „experimentelle Methode“ verliert hier ihre Zaubermacht.

Zusammenfassend ist zu sagen: die große Menge experimentellen Beweismaterials, die das System im Sinne der üblichen Kriterien psychologischer Experimente zu bestätigen scheint, kann im Sinne der psychoanalytischen Theorie nicht als ausschlaggebend angesehen werden, da die meisten der Experimente die Definitionen der Theorie außer Acht lassen. Das umfassende klinische Beweismaterial, das im Sinne der inneren Folgerichtigkeit des Systems entscheidend erscheint, kann im Sinne der üblichen Kriterien der Wissenschaft nicht als ausschlaggebend angesehen werden, da es keine festgesetzte *Regel für die Deutung*[4] *klinischer Beobachtungen* gibt. So haben nur wenige Beobachtungen und Experimente (die selbst noch der bestätigenden Wiederholung bedürfen) eine Beweiskraft, die sowohl im Sinne der Theorie wie im Sinne der Psychologie im allgemeinen annehmbar ist.

---

[4] Die nicht existierende wissenschaftliche Regel der Deutung darf nicht mit der wohlbegründeten *klinischen Deutungstechnik* verwechselt werden.

B. Hauptquellen unvereinbarer Daten

Es wird häufig angenommen, daß die Daten und Theorien der „dissidenten" analytischen Schulen (cf. Munroe, 225) unvereinbar mit der psychoanalytischen Theorie und eine Verlegenheit für sie sind. Das scheint aber nicht der Fall zu sein. Die neuerliche Entwicklung[5] der psychoanalytischen Theorie im allgemeinen und der Ichpsychologie im besonderen scheint doch zu beweisen, daß die Theorie über Grundlagen für Begriffe und Lehrsätze verfügt, die den durch die dissidenten Schulen gemachten Beobachtungen und erschlossenen stichhaltigen Beziehungen durchaus Rechnung tragen können. So finden wir hier keine Quelle der Verlegenheit, sondern vielmehr eine zu bewältigende Aufgabe vor.

Zeitweise wurde – vor allem von psychologischer Seite – angenommen, daß die Befunde und therapeutischen Resultate von Roger's "client-centered" Therapie eine Quelle der Verlegenheit für die psychoanalytische Theorie darstellten. Auch das trifft wohl nicht zu. Rogers' Beratungsprozedur verfügte, zumindest am Anfang, über keine psychologische Theorie, nicht einmal über eine Persönlichkeitstheorie. Die Andeutungen einer Persönlichkeitstheorie, die sie seitdem entwickelt hat, scheinen einen Abschnitt der Ichpsychologie zu bilden. So ist erst einmal die Möglichkeit von Widersprüchen und Verlegenheit begrenzt und wird des weiteren durch zwei andere Aspekte der „ungelenkten Beratung" noch verringert. Erstens, die Idee der Ungelenktheit ist einer der Grundsätze der psychoanalytischen Therapie. Die Methode der freien Assoziation und die „gleichschwebende Aufmerksamkeit" des Analytikers (97) schließen sie in sich. Sie beide verlangen, daß den Problemen des Patienten nicht mit Vorurteil begegnet und seiner Fähigkeit vertraut wird, seine Probleme spontan zu lösen. Rogers' Kritik an der Psychoanalyse ist insofern durchaus begründet, als sie darauf hinweist, daß mit wachsendem psychoanalytischem Wissen und zunehmender Erfahrung in der Handhabung der Deutung oft wenig Raum für die Spontanität des Patienten blieb. Zu häufig hatte der Therapeut immer recht und der Patient immer unrecht. In der Tat könnte auch die psychoanalytische Ichpsychologie als Reaktion auf diese Gefahr aufgefaßt werden und der Nachdruck auf der Ichaktivität als Crux der Therapie scheint einen zentralen Platz in ihrer therapeutischen und allgemeinen Theorie einzunehmen[6]. Aber diese Gefahr wurzelt eher in der Praxis als in der Theorie der klassischen Psychoanalyse.

---

[5] z. B. Zetzel (308), Erikson (58).

[6] Siehe Sullivan, Horney, auch P. Bergman (11), Gill (136), Rapaport (248, 257, 260 a).

Zweitens ist die „Ungelenktheit" des therapeutischen Vorgehens nur einer der Aspekte der psychoanalytischen Technik und kann nicht mehr als einer der Aspekte jeder anderen Therapie sein. Die Erfahrung hat die "nondirective" Berater mit den Problemen der Übertragung und des Widerstandes konfrontiert, die jedem aufmerksamen Therapeuten – gleichgültig, welcher Richtung – vertraut sind. Wenn die "nondirective" Methode diesen Problemen zu begegnen weiß, dann wird sie auch bereit sein, dem ewigen Kampf der menschlichen Spontaneität, Güte, Bereitschaft und Fähigkeit, sich selbst zu helfen, gegen menschliche Trägheit, Angst vor der eigenen Spontaneität, Hilfsbedürftigkeit usw. ins Antlitz zu sehen. Während durchaus zutrifft, daß, wenn man den Menschen als hilflose, träge und bedürftige Kreatur behandelt, dies im allgemeinen dazu führt, seine Spontaneität und Fähigkeit, sich selbst zu helfen, zu demobilisieren, trifft auch zu, daß die Hilflosigkeit, die Trägheit und das Hilfsbedürfnis des Menschen nicht dadurch behoben wird, daß man ihre Existenz leugnet. Therapien oder Therapeuten, die diese Art von Verleugnung praktizieren, enden meist damit, daß sie ihre eigenen McCarran-Akte erlassen. Früher oder später verkünden sie, daß diese oder jene Arten von Patienten nicht die richtige Art von Patient für ihre Art von Therapie seien. Nicht selten gehen sie noch weiter und verkünden, daß diese oder jene Art von Patient „nicht behandelbar" sei. Auf die Dauer müssen die psychologischen Theorien der Therapie zu einem Punkt gelangen, wo sie im Stande sind, die Therapie zu wählen, die für einen Patienten, und nicht den Patienten, der für eine Therapie geeignet ist[7]. Rogers Erfolge, begrenzt wie sie sein mögen, zeigen uns doch deutlich, wie wenig wir über das Ich wissen, seine Aktivität und Passivität, seine Energiequellen usw. Reiders (265) Bericht über „spontane Heilungen" beweisen uns ebenfalls unser Nichtwissen. In diesem Sinne scheint uns Rogers Material zu liefern das, obgleich es weder „peinlich" für, noch „unvereinbar" mit der Theorie ist, die Psychoanalyse zur weiteren Erforschung bekannter wie kaum umrissener Gebiete der Ichpsychologie ansporen kann.
Zahlreiche Psychologen und selbst Psychoanalytiker (besonders – wenn auch nicht ausschließlich – Neo-Freudianer) nahmen an, daß Dollards und Millers (41) wie Mowrers (221) Versuche und ihre theoretische Kombination von Psychoanalyse mit Lerntheorie den „theoretischen Dschungel" der Psychologie durchhauen und ein gut Teil davon durch die Theorie des Lernens ersetzt hatten. Die überragende Position, die die Lerntheorie auf amerikanischem Boden bis vor kurzem (und vielleicht noch immer) innehatte, hat diese

---

[7] Siehe Knight (187, 188) und Gill (136) betreffs der Auswirkung der psychoanalytischen Ichpsychologie auf dies Problem.

Vermutung „verstärkt". Aber das Schicksal der analytischen Theorie, wie übrigens jeder Theorie, läßt sich nicht durch Volksabstimmungen entscheiden; wäre es so, dann befände sich die Psychoanalyse in einer schlimmen Lage. Die Lerntheorie scheint das (akademische) theoretische Rückgrat der in den letzten 15 Jahren in Massenproduktion erzeugten klinischen Psychologen zu sein. Da diese Theorie aber keine Anleitung für ihre klinische Arbeit geben kann, stützen sie sich darin zunehmend auf psychoanalytische Lehrsätze, deren Theorie ihnen aber nicht bekannt ist. So muß ihnen die „Bequemlichkeitsehe" zwischen Psychoanalyse und Lerntheorie, die Dollard, Miller und Mowrer empfohlen haben, tatsächlich bequem erscheinen, da sie die klinische Praxis zu rechtfertigen scheint und gleichzeitig das akademische Gewissen beruhigt. Erbringen die Arbeiten dieser Autoren nun irgendwelche Daten, die unvereinbar mit und eine Verlegenheit für die Theorie sind? Da sie sich in erster Linie als Protagonisten der Psychoanalyse bezeichnen und dafür solide experimentelle und begriffliche Unterlagen beizubringen behaupten, läßt sich die Frage nicht leicht klären. Doch müssen wir fragen: haben diese Autoren, obgleich sie nicht die Absicht verfolgten, die Psychoanalyse in Verlegenheit zu versetzen (ausgenommen in mancher Hinsicht Mowrer), nicht trotzdem Material vorgelegt, das unvereinbar mit den psychoanalytischen Funden und Theorien ist? Wir können hier nur eine kurze Skizzierung der theoretischen Situation versuchen[8]:

Die genannten Forscher haben mit Hilfe der Konditionierungsmethode (d. h. Setzung bedingter Reflexe d. Ü.) bei Tieren experimentelle Analogien zu Freudschen Mechanismen produziert[9]. Diese Analogien brauchten weder peinlich für die analytische Theorie, noch unvereinbar mit ihr zu sein, wäre nicht der Anspruch erhoben worden, daß auch beim Menschen die Mechanismen des Primärprozesses und der Abwehr Produkte der Reflexbedingung seien. Dollard, Miller, Mowrer und Masserman deuten – gelinde gesagt – solch einen Anspruch an und erheben damit die Reflexbedingungs-Theorie des Lernens zum Status der Lerntheorie der Psychoanalyse. Das ist nun unvereinbar mit der analytischen Theorie, da es die ökonomischen und genetischen Gesichtspunkte überflüssig zu machen scheint und damit in Widerstreit mit den Beobachtungen steht, die diese Gesichtspunkte zu unerläßlichen Teilen der Theorie erhoben[10]. Gegenwärtig kann sich die psychoanalytische Theorie dieser Verlegenheit nicht entziehen, da sie über keine eigene Lerntheorie verfügt, die sie der bedingten Reflexbildung entgegen-

---

[8] Siehe Rapaport (253, 254).
[9] Siehe auch Massermans Arbeiten (212).
[10] Siehe oben S. 78–82.

stellen könnte. Dieser Mangel wird nicht gemildert durch den Nachweis, daß die bedingte-Reflex-Theorie des Lernens den empirischen Erfordernissen (z. B. den Automatisierungsproblemen, der Strukturbildung, der Unterscheidung zwischen Primär- und Sekundärprozessen), denen eine psychoanalytische Lerntheorie Rechnung tragen müßte, nicht entsprechen kann. Die Psychoanalyse wird von Verlegenheiten aus dieser Richtung nur dann völlig frei werden, wenn sie über eine Lerntheorie verfügt, die nicht nur ihre eigenen empirischen und theoretischen Bedürfnisse erfüllt, sondern auch umfassend genug ist, um Reflexbedingungsphänomenen gerecht zu werden – einschließlich der reflexbedingten Analogien zu „unbewußten Mechanismen" als Spezialfällen.

Die genannten Forscher stießen auf das Problem der dauerhaften psychischen Bildungen, das alle Motivations-(Bedürfnis-Befriedigungs-) Theorien bedrückt und in Verlegenheit setzt. Allports Kritik der Motivationstheorien und seine Ichpsychologie gehen von diesem Problem aus, und die psychoanalytische Ichtheorie setzt sich direkt mit ihm auseinander. Die *Methode* der Reflexbedingung, die Miller, Dollard usw. anwandten, bestimmten die Form, in der sie das Problem angingen: bedingte-Reflex-Reaktionen sind im allgemeinen dem Erlöschen unterworfen; daher bedürfen dauerhafte psychische Bildungen einer Erklärung. Warum sind sie von der Regel ausgenommen oder wie werden sie so verstärkt, daß sie dem Erlöschen entgehen? Das ist tatsächlich eine der zentralen Schwierigkeiten bei allen Theorien des Lernens auf Grund bedingter Reflexe[11]. Die Theorie der Neurosen rückt diese Frage in scharfes Licht, da Symptome ja offensichtlich keinen Gewinn bringen und daher dem Erlöschen unterworfen sein müßten[12]. Dollard und Miller wie auch Mowrer versuchten dem Problem durch die Annahme zu begegnen, daß eine Verstärkung durch „erlernte" (reflexbedingte) Triebe für das Nichterlöschen verantwortlich sei. Diese Lösung bringt die gleichen Schwierigkeiten mit sich, die ursprünglich zu der Frage führten – daß nämlich Triebe, seien sie erlernt oder angeboren, nicht den Grund für dauerhafte Strukturen abgeben können. Diese Tatsache scheint Dollard und Miller aber nicht abgeschreckt zu haben, obgleich sie sich bewußt waren, daß es sich hier um ein Problem der Ichpsychologie handelte. Mowrer allerdings war offenbar nicht davon befriedigt, „erworbene Triebe" zu postulieren – und durch Analogien zu beweisen –, sondern behauptete, daß sie durch raumzeit-

---

[11] cf. Finch und Culler (74).

[12] N. Maier (211) nahm sich dies Problem so zu Herzen, daß er eine dualistische Theorie des Motivationslernen versus Frustrationslernen vorschlug.

liches Zusammensein (Kontiguität) erworben werden und nicht durch Verstärkungslernen. Diese Behauptung und die Beobachtungen, auf denen sie basiert, sind – obgleich sie von Lern-Theoretikern angezweifelt werden – tatsächlich eine Quelle der Verlegenheit für die analytische Theorie und werden es bleiben, solange die Theorie abgeleitete Triebe durch eine Differenzierung von Grundtrieben erklärt und folgert, daß dieser Differenzierungsprozeß parallel mit dem der Strukturbildung einhergeht, wobei sie aber weder den Vorgang der Strukturbildung noch den der Triebdifferenzierung spezifizieren.

Was hingegen häufiger in Mowrers System als Quelle der Verlegenheit für die psychoanalytische Theorie angesehen wird – nämlich seine Formulierung, daß Neurosen auf „Unterlernen" und nicht auf „Überlernen" beruhen – ist in Wirklichkeit keine Quelle unvereinbarer Daten. Mowrer hat offenbar eingesehen, daß eine bedingte-Reflex-Theorie (sei sie monistisch oder dualistisch) kaum das Fortbestehen „erlernter Triebe" und keinen Gewinn bringender Symptome durch „Überlernen" erklären kann. Er kam daher zu dem Schluß, daß, wenn die Triebe und Triebmanifestationen nicht als „übererlernt" nachzuweisen sind, dasjenige, was sie vermutlich kontrolliert, „untererlernt" sein muß. Damit setzte er die verdrängenden Kräfte (Zensur, Überich), welche – seiner Ansicht nach – bei Neurosen schwach sind, mit untererlernten sozialen Verboten gleich. Das klingt logisch, ist aber nicht psychologisch und ist zweifach unvereinbar mit der Theorie und den Beobachtungen der Psychoanalyse. *Erstens* setzt es voraus, was zu beweisen wäre, nämlich, daß die betreffenden intrapsychischen Strukturen und Kräfte *erlernt* (durch bedingte Reflexe erzeugt, konditioniert) sind. *Zweitens* setzt es voraus, daß diese Strukturen und Kräfte auf Grund ihrer Schwäche oder ihres Fehlens („Unterlernen") wirkungslos seien, obgleich der Begriff des Unbewußten im allgemeinen und die Beobachtungen hinsichtlich des unbewußten Schuldgefühls im besonderen, eine andere Erklärung bieten, die bisher noch durch kein *Beweismaterial* angefochten wurde. Nachdem er die „Überlern-Theorie" ersetzt hat, die, *seiner Behauptung nach,* den Kern der psychoanalytischen „Trieb-Verdrängung-Theorie" der Neurose darstellt, nimmt er an, er habe die letztere zerstört. Seine „Unterlern-Theorie" der Neurose besagt, in klinische Sprache übersetzt: Die Schwierigkeiten der Neurotiker bestehen nicht darin, daß ihre Zensur (verdrängende Kräfte, Gewissen) zu stark ist, sondern vielmehr, daß sie zu schwach ist, weil sie vom Es-Ich-Bündnis „verdrängt" wurde. Allerdings führt er den Vorgang und Mechanismus dieser „Verdrängung" nicht näher aus. Für Mowrer ist der Neurotiker ein Mensch, der „seine Lektion nicht gelernt" hat. Er versetzt uns zurück zu moralistischen und religiösen Vorschriften und zu einer vor-

Freudschen Auffassung der Neurose. Offenbar hat Mowrer das unbewußte Schuldgefühl wiederentdeckt, das in der Psychoanalyse längst erkannt worden war. Da er sich der Stellung seiner „Entdeckung" in der analytischen Theorie nicht bewußt war, erklärte er sie im Sinne der Theorie des Lernens und stellte sie in das Zentrum der Psychodynamik, ohne sich um die Konsequenzen zu kümmern, die solch eine Neuzentrierung für die gesamte Psychodynamik haben müßte.

Piagets Beobachtungen und Theorien könnten sich, wenn sie sich bestätigten, als Quellen unvereinbarer Daten erweisen – obgleich das nicht der Fall zu sein braucht. Sie scheinen zu beweisen, daß die Strukturbildung (Schemabildung) aus Störungen im Gleichgewicht bestehender Strukturen (Schemata) hervorgeht, und daß derartige Störungen immer als Motivationen (Wünschbarkeiten) wirken. In Piagets Ausdrücken: Funktion bringt immer strukturelle Veränderung (Gleichgewichtsstörung) hervor, welche ihrerseits die Motivation (Wünschbarkeit) für eine Wiederholung der Funktion (zirkuläre Reaktion) schafft, welche die strukturelle Veränderung konsolidiert, d. h. neue Strukturen (Schemata) errichtet. Nun könnte sich als möglich erweisen, die Beobachtungen, auf denen diese Theorie basiert, im Sinne dessen zu behandeln, was die Psychoanalyse als Prozeß der autonomen Ichentwicklung bezeichnet. Wenn dies der Fall wäre, würde Piagets Theorie neues Licht in das Wesen vieler Ich-Motivationen bringen und Hartmanns Annahme erhärten, wonach das Ich andere Energiequellen besitzt, als gebundene und neutralisierte Triebbesetzungen. Es wird uns auch zwingen, die Theorie der Es-Ich-Beziehungen neu zu durchdenken. Führten aber Piagets Theorie und die ihr zu Grunde liegenden Beobachtungen zu dem Schluß, daß die *einzige* Quelle für Motivationen die von ihm entdeckte sei, so würden beide unvereinbar mit der psychoanalytischen Theorie werden. In jedem Fall könnte der psychoanalytischen Theorie nichts Besseres geschehen als eine Bestätigung der Piagetschen Funde. Die Psychoanalyse sähe sich zum ersten Male einer genetischen Theorie großen Maßstabs gegenüber, die eine Beobachtungsmethode anwendet, die in manchem ihrer eigenen gleicht (falls sie nicht überhaupt aus ihr abgeleitet ist). Die wechselseitige Anregung durch diese Konfrontation könnte nicht anders als fruchtbar sein[13].

Offenbar nehmen die Psychologen und besonders die Experimentalpsychologen an, daß experimentelle Nachprüfungen der Theorie, wenn sie negativ

---

[13] Auch die Beobachtungen Harlows, Christies und anderer hinsichtlich von Tätigkeits-Trieben könnten ein Problem aufwerfen, das dem Piagets ähnlich ist. Aber die Beobachtungen sind zu neu, um schon richtig eingeschätzt werden zu können.

ausfallen, mit der Theorie unvereinbare und Verlegenheit hervorrufende Daten liefern. Sears (287) und die Vielen, die ihn zitieren und sich auf ihn berufen, scheinen etwas derartiges anzunehmen. Wäre es nur so! Die meisten der Untersuchungen, die Sears zusammenfaßte, nahmen eine psychoanalytische Feststellung aus dem Zusammenhang heraus und prüften die Feststellung an Stelle der Theorie, über die sie meist wenig wußten. Außerdem benutzten sie Testmethoden, die den Beobachtungen nicht entsprachen, denen die Feststellung und ihre Terminologie entstammte. Folglich ist es durchaus zweifelhaft, ob von irgendwelchen heute vorliegenden experimentellen Ergebnissen eindeutig nachgewiesen werden kann, daß sie unvereinbar mit der Theorie seien. Hier wird die Schwierigkeit, Daten zu beschaffen, die mit dem System unvereinbar und ihm peinlich sind, selbst zur Verlegenheit. Die psychoanalytische Theorie, die zwar klinischen Zwecken adäquat ist, wird viel systematischer werden müssen, ehe sich Experimente konstruieren lassen, die nicht nur einfach ihre Lehrsätze bestätigen oder widerlegen, sondern sie spezifizieren und modifizieren. Daher muß der Experimentalpsychologe, der sich mit ihr befaßt, die Verantwortung übernehmen, die Lehrsätze, die er prüfen will, theoretisch zu klären und zu spezifizieren. Im Augenblick ist das der einzige Weg, zu experimentellen Ergebnissen zu gelangen, die relevant für die Theorie und zugleich unvereinbar mit ihr sind.

C. Entscheidende Nachprüfung prinzipieller Annahmen

Die besprochenen Schwierigkeiten bei der Nachprüfung psychoanalytischer Lehrsätze gelten natürlich auch für die sogenannten „entscheidenden" Prüfungen. Zusätzlich erfordern die letzteren gewöhnlich das Vorliegen von Alternativtheorien oder alternativen Möglichkeiten innerhalb der Theorie. Es gibt wenige, wenn überhaupt irgendwelche *spezifischen* analytischen Sätze, für die andere Theorien eine Alternative zu bieten hätten. Und da die psychoanalytische Theorie selbst nicht auf experimentelle Prüfung zugeschnitten ist, formuliert sie gewöhnlich nicht Alternativen im Sinne der Konzeption der entscheidenden Prüfung, sondern vielmehr im Sinne alternativer Deutungen. Während die Alternativen im ersteren Sinn eine Entscheidung zwischen zwei Möglichkeiten fordern, von denen eine mit der Theorie unvereinbar ist, sind die Alternativen im letzteren Sinne beide mit der Theorie vereinbar, aber nur eine davon ist im untersuchten Phänomen realisiert, während die andere es nicht ist. Die Alternativen im ersten Sinne betreffen systematische Möglichkeiten, die im letzteren ein einzelnes Geschehen oder eine spezifische genetische Reihe oder ein Individuum. So ist eine kritische Prüfung der Lehrsätze der speziellen (klinischen) Theorie der Psychoanalyse kaum möglich[14]. Die Möglichkeiten für derartige Prüfungen – wenn sie überhaupt vorhanden sind – müssen also bei der allgemeinen (psychologischen) Theorie der Psychoanalyse gesucht werden. Aber der primitive Status der Systematisierung dieser allgemeinen Theorie steht der Möglichkeit kritischer Prüfung im Wege; das gleiche gilt für das Fehlen anderer Theorien vergleichbaren Umfangs.

Aus diesen Gründen ist es schwierig, sich entscheidende Prüfungen der Theorie vorzustellen. Doch steht zu vermuten, daß die Quellen tatsächlich oder potentiell unverträglicher Daten – z. B. die Lerntheorien und Piagets Arbeiten – als Ausgangspunkte kritischer Prüfung dienen müssen.

Kritische Untersuchungen der Piagetschen Theorie müssen erst einmal seine Beobachtungen bestätigen und sie auf Verhaltensformen ausweiten, in denen Affekte und Motivationen im psychoanalytischen Sinn eine Rolle spielen. Das Ziel von Untersuchungen rings um die Theorie des Lernens müßte darin bestehen, Vorgänge der Strukturbildung und des Lernens nachzuweisen, die vereinbar mit der psychoanalytischen Theorie, aber unvereinbar mit bestehenden Theorien des Lernens sind oder umgekehrt. Jede quantitative Methode *kann* zu einer kritischen Prüfung führen, wenn sie den Vorgang der Strukturverfestigung qualitativ aufzeichnen kann, das heißt, wenn sie zeigen kann, daß, hat erst einmal eine bestimmte Reihe von qualitativen Veränderungen in einem Aneignungsprozeß stattgefunden, eine nicht mehr auslöschbare Struktur entsteht. Sie *wird* sich in eine kritische Prüfung verwandeln, wenn sie auch aufzeigen kann, daß die bestehenden Lerntheorien mit dem von ihr aufgezeichneten Strukturbildungs-Vorgang unvereinbar sind. Keine der wohlbekannten Methoden kann heute als die „königliche Straße" zu solch einem kritischen Test angesehen werden. Die folgenden Beispiele könnten etwa die Techniken andeuten, die sich versuchen ließen: die qualitativen Veränderungen bei der Erwerbung von Fähigkeiten quantitativ aufzuzeichnen, die nicht einfach Kombinationen anderer Fähigkeiten sind; die qualitativen Veränderungen im Verlauf des Erlernens bedeutungsvollen verbalen Materials aufzuzeichnen; aufzuzeichnen, wie Versuchspersonen *spontan* eine Bedeutung oder eine Form entdecken, die in Material eingebettet ist, das sie in der *beabsichtigten* Verfolgung eines anderen Zieles handhaben. Überhaupt könnte jede Technik, die es ermöglicht, dem qualitativen (und nicht nur dem quantitativen) Verlauf der Entwicklung irgendeines Verhal-

---

[14] Klinische Voraussagen sind immer durch die Tatsache belastet, daß alle Motivationen mehrfache, gleichartige, alternative Wege und Ziele haben. So können derartige Voraussagen gewöhnlich nicht spezifizieren, welche dieser gleichwertigen Alternativen zu erwarten ist. Daher müssen die Ergebnisse experimenteller Prüfungen von Voraussagen erst gedeutet werden, ehe sich ihre Auswirkung auf die Theorie feststellen läßt.

tens zu folgen, das dabei ist, zu einem Teil der quasi-dauernden Verhaltensausstattung der Person zu werden, sich denkbarerweise zur Methode der Wahl für eine kritische Prüfung entwickeln.

Diese ausführliche Diskussion „entscheidender Prüfungen" wird weder durch den augenblicklichen Status der analytischen Theorie noch durch meine Kenntnis der Materie gerechtfertigt. Ihr Zweck ist es, zu betonen, daß entscheidende Prüfungen – wenn es sie geben wird – sich nicht unbedingt auf Motivationen konzentrieren werden. Tatsächlich beabsichtigte ich, hier plausibel zu machen, daß der entscheidende experimentelle Beitrag zur Konsolidierung der psychoanalytischen Theorie durchaus auf einem Gebiet durchgeführt werden könnte, das scheinbar weitab von dem liegt, was gewöhnlich als das eigene Bereich der Theorie gilt – möglicherweise auf dem Feld der Lerntheorie oder dem der Wahrnehmung.

X. METHODEN, BEGRIFFE UND PRINZIPIEN EINER BREITEN ANWENDUNG

A. Die Reichweite der Anwendung

Ungleich den meisten psychologischen Theorien, deren Anwendung außerhalb ihrer Ausgangsbereiche eine Angelegenheit künftiger Möglichkeiten und Wahrscheinlichkeiten ist, wurde die Anwendung der Psychoanalyse auf nahezu alle menschlichen Unternehmungen und Errungenschaften von allem Anfang an ins Auge gefaßt und in Angriff genommen.

Die Fragen lauten hier nicht: welche Anwendungen sind möglich – sondern vielmehr: wie stichhaltig und wirksam sind sie? Wie können sie geeigneter und wirksamer gestaltet werden? Da diese Anwendungen selten systematische waren, sind das Bedürfnis nach und die Möglichkeiten für Untersuchungen mit dem Ziel der Systematisierung der bestehenden Anwendungen praktisch unbegrenzt. Derartige Untersuchungen könnten die Wirksamkeit der Anwendungen durchaus steigern, indem sie sie in Übereinstimmung mit dem gegenwärtigen Stand der Entwicklung und Systematisierung der psychoanalytischen Theorie brächten. Die Ichpsychologie hat der Psychoanalyse neue Werkzeuge in die Hand gegeben, die versprechen, die Anwendung auf allen Gebieten angemessener zu gestalten. Vor allem die Anwendung der Psychoanalyse auf Soziologie und Anthropologie hat viel aus Hartmanns (149) und Eriksons (53, 54, 58) Beiträgen gewonnen und wird es weiter tun; das Gleiche gilt für die Beiträge von Kris (192) zur Anwendung auf die Kunst. Die Veränderungen, die die Ichpsychologie in der Beziehung zwischen Psychoanalyse und Psychologie bewirkt hat, wurden schon besprochen.

B. Methoden, Begriffe und Prinzipien von langfristiger Bedeutsamkeit

In seinem Vorschlag hat Dr. Koch „langfristige Bedeutsamkeit" eines Begriffes als dessen Fähigkeit bezeichnet, unabhängig von „der Gesamtstruktur oder ins einzelne gehendem, voraussetzungsmäßigem Inhalt des Systems" zu existieren. Freud hat wiederholt geäußert, daß jede Therapie, die dem Unbewußten, der Übertragung und dem Widerstand Rechnung trägt, Psychoanalyse ist. Somit sind die Begriffe, denen er die weiteste Signifikanz zuschreibt, das dynamische Unbewußte, die Übertragung und der Widerstand.

Aber vielleicht können wir über Freuds Ansicht hinausgehen, wenn wir bedenken, daß *erstens* die Methoden, Begriffe und Prinzipien von größter Unabhängigkeit in jedem System einerseits diejenigen sind, die den Beobachtungen am nächsten stehen, andererseits diejenigen, die die größte Allgemeingültigkeit besitzen; daß *zweitens* manche der Methoden, Begriffe und Prinzipien aller wichtigen Theorien früher oder später so allgemeingültig werden, daß sie in den „öffentlichen Bereich" eindringen und nicht länger als spezifisch für die Theorie angesehen werden können. Die Psychoanalyse hat Methoden, Begriffe und Prinzipien entwickelt, die heute dem öffentlichen Bereich angehören: zum Beispiel die Interview-Methode[1], die Begriffe des deskriptiven Unbewußten, der Motivation und des Widerstands und schließlich das Prinzip des psychologischen Determinismus. Es konnte mit Recht eingewendet werden, daß all diese Begriffe älter sind als die Psychoanalyse. Aber sie hat ihren Charakter verändert und ihnen Zugang zum öffentlichen Bereich verschafft, wo sie jetzt unabhängig von der Theorie existieren und den Veränderungen die diese betreffen, nicht mehr unterworfen sind.

1. Methoden

Was sind die Methoden der Psychoanalyse? Es wird nützlich sein, zwischen Methode und Technik zu unterscheiden. Wir wollen die Technik als die spezifischen Mittel und Wege definieren, mit deren Hilfe die Methoden appliziert werden und darauf hinweisen, daß sie in der Psychoanalyse die zusätzliche Bedeutung der Mittel und Wege hat, die nicht nur exploratorisch, sondern auch therapeutisch wirksam sind. Die Techniken der Psychoanalyse wurden untersucht (65, 97, 142), aber den Methoden sind kaum systematische Überlegungen gewidmet worden[2]. So kann hier im folgenden nicht mehr als eine vorläufige Skizzierung gegeben werden.

Es möchte scheinen, daß die grundlegende Methode der Psychoanalyse[3] die Methode der zwischenmenschlichen Beziehung ist (293, 242); spezifischer ist es deren Variante der teilnehmenden Beobachtung; im besonderen wendet sie die nichtgelenkte (freie Assoziations-), die deutend-genetische und die Abwehranalyse-Technik der teilnehmenden Beobachtung an[4]. Diese Methoden und Techniken sind anders als die Interview-Methode mit der Theorie der Psychoanalyse verknüpft, da die Phänomene, auf denen sie basieren, die Beobachtungen sind, die wir im Terminus der Übertragung verbegrifflichen.

---

[1] Die Interview-Methode besagt nur, daß die Vergangenheit für das Verständnis der Gegenwart bedeutsam ist – enthält aber sonst keine spezifisch psychoanalytischen Voraussetzungen oder Begriffe.

[2] Siehe allerdings Bernfeld (13).

[3] Hier befassen wir uns nur mit den für die Psychoanalyse spezifischen Methoden. Andere wie Hypnose, Unterstützung usw. werden nicht in Betracht gezogen.

[4] Siehe A. Groß (144) und auch Rapaport (245, 255).

Menschliche Wesen wiederholen in ihrem Umgang mit anderen die Grundverhaltensformen *(patterns)*, welche sie in ihren Beziehungen zu „bedeutsamen Anderen" entwickelt haben und diese Grundformen der Beziehungen gehen *letztlich* auf jene zurück, die das Individuum gegenüber den frühesten „bedeutsamen Anderen" entwickelt hat: gegenüber Vater, Mutter, Geschwistern, Pflegerinnen usw. Solche Wiederholungen von Beziehungsgrundformen sind die empirischen Grundlagen des Übertragungsbegriffs. Im täglichen Leben spielen Übertragungen überall und ständig eine Rolle, aber bisher haben nur die psychoanalytischen Methoden sie systematisch beobachtet und ihren genetischen Wurzeln nachgespürt. Es ist das Ziel der analytischen Methode der zwischenmenschlichen Beziehungen, derartige Übertragungen hervorzurufen. Das Ziel der Methode der teilnehmenden Beobachtung ist es, diese übertragenen Grundverhaltensformen bewußt zu machen. Die freie Assoziation, die genetisch-deutende und widerstandsanalytische Technik sind spezifische Interventionen, die die Einsicht in die hervorgerufenen Übertragungen fördern.

Insofern diese Methoden und Techniken mit dem Übertragungsbegriff verknüpft sind, sind sie spezifisch psychoanalytisch[5]. Sie stehen aber in so engen Beziehungen zu einer weitgespannten und entscheidenden Reihe von Beobachtungen, daß man sich schwer Veränderungen im System vorstellen kann, die sie verändern oder überflüssig machen könnten. Was sich mehrfach änderte und wohl auch wieder ändern wird, ist die relative Einschätzung des Wertes und der Rolle jeder dieser Methoden für die Einsichtsgewinnung des Patienten in seine Übertragungsformen in der Theorie und in der Praxis.

Interview- und Therapie-Methoden, die nicht darauf ausgehen, Informationen über und Einsicht in Übertragungsformen zu gewinnen, können durchaus ihre begrenzten oder andersartigen Ziele erreichen, aber keiner ist es bisher gelungen, die analytische Methode der systematischen Beobachtung der Übertragung zu ersetzen. Die projektiven Techniken erbringen manche derartige Daten, aber die in letzter Zeit zunehmende Betonung der Bedeutsamkeit der zwischenmenschlichen Beziehung zwischen Patient und Testleiter[6] zeigen die Grenzen derartiger Techniken für die Erforschung der Übertragung an. Wie auch immer das Schicksal dieser spezifischen Methoden, die wir hier als „Techniken" beschrieben, sich entwickeln, und was auch das letzte Urteil über die therapeutische Wirksamkeit dieser psychoanalytischen Grundmethoden sein wird, so werden sie wahrscheinlich auf lange Zeit hinaus als einzigartige Beobachtungsmethoden weiterverwendet werden.

[5] In dieser Hinsicht sind sie nicht gleich. Die freie Assoziationstechnik ist am wenigsten eng an den Übertragungsbegriff geknüpft.

[6] Siehe Schäfer (278).

2. Prinzipien

Die „Gesichtspunkte" scheinen die Äquivalente für „Prinzipien" der psychoanalytischen Theorie zu sein. Doch zeigt ihre Form, daß die Zeit noch nicht gekommen ist, sie einzeln auf ihre langfristige Bedeutsamkeit hin zu prüfen. An Stelle formaler Prinzipien wollen wir hier einige allgemeine Konzeptionen darstellen, die die verschiedenen Gesichtspunkte in sich vereinigen und die wahrscheinlich, unabhängig vom Schicksal der spezifischeren Anteile der analytischen Theorie, weiterbestehen werden.

a) Menschliches Verhalten ist weder nur erlernt (durch wiederholte Erfahrung eingeprägt) noch ist es vorgeformt und entfaltet sich nur im Laufe eines „Reifungsprozesses".

b) Menschliches Verhalten entwickelt sich gemäß dem „Grundplan" (Erikson) eines epigenetischen Prozesses (wobei die Libido- und die Ich-Entwicklung spezifische Aspekte dieses Prozesses sind) durch eine Reihe Entwicklungskrisen, deren Lösung ebensosehr von den Lösungen vorausgegangener Krisen[7] wie von den umgebungsmäßigen (sozialen) Vorkehrungen abhängt, die ihm entgegenkommen. (Freud, Hartmann, Erikson, Kardiner, Sullivan).

c) Die Gesetze der Epigenese, deren Ausdruck in der Gesamtperspektive des individuellen Lebenskreises dem „Grundplan" entspricht, finden ihren kurzfristigeren Ausdruck in der Regulation allen Verhaltens und aller Erfahrung durch intrapsychische Motivationen und Strukturen. Die entscheidenden Regulationen sind unbewußt.

d) Die Regulation von Verhalten und Erfahrung durch Motivationen und Strukturen umfaßt: 1. Grundspannungen (Motivationen) innerhalb des Organismus, die nach Entlastung streben und zu diesem Zweck Erfahrung und Verhalten organisieren. 2. Durch Evolution gegebene Grundstrukturen, die einerseits als Garanten für die Angepaßtheit und Anpassung des Organismus an die Umwelt dienen (Hartmann, Erikson), andererseits als Mittel, um die im Organismus vorhandene Spannung aufrecht zu erhalten, zu steigern und abzuführen; sie organisieren Erfahrung und Verhalten zu diesem Zweck. 3. Differenzierung sowohl der Spannungen (Motivationen) wie der Strukturen, in einer Weise, daß die Matrix der Differenzierung Seite an Seite mit deren Ergebnissen weiterbesteht, obwohl ihre Manifestationen stets durch diese Differenzierungsergebnisse moduliert werden. 4. Diese Differenzierung wird sowohl durch die epigenetischen Gesetze wie durch die umweltsmäßigen (sozialen) Vorkehrungen determiniert, die dazu bestimmt sind, die epigenetische Krise, durch die die betreffende Differenzierung zu-

---

[7] Nicht Erfolg oder Mißlingen, sondern die *Art* der erzielten Lösung ist hier entscheidend (Hartmann, Erikson).

stande kommt, zu bewältigen; die Differenzierungsergebnisse werden zu weiteren Garanten für die Angepaßtheit und Anpassung des Organismus an die Umwelt.

Es ist nicht gesagt, daß keine anderen psychoanalytischen Lehrsätze ein derartiges Maß an Allgemeingültigkeit, oder daß andere psychoanalytische Sätze gleicher oder geringerer Allgemeingültigkeit nicht auch ein langwährendes Überlebenspotential besäßen. Die vier obigen Sätze fassen den festen Kern der allgemeingültigsten Konzeptionen der Psychoanalyse (ihres spezifischen Gehalts entkleidet) zusammen, der durch alle Veränderungen der Theorie hindurch konstant geblieben ist und verspricht, es weiter zu bleiben. Es ließe sich einwenden, daß diese Punkte nicht spezifisch für die Psychoanalyse sind und für andere Psychologien ebenso zutreffen. Dies Argument ist nicht stichhaltig, obgleich ein deutlicher Ausweis dafür, daß die psychoanalytischen Konzeptionen allmählich von der Gesamtpsychologie assimiliert worden sind. Keine andere Psychologie enthält diese Kombination von allgemeingültigen Konzeptionen, Methoden, Begriffen und Theorien und keine andere Psychologie hat irgendeine von ihnen mit derart zahlreichen Beobachtungen erhärtet wie die Psychoanalyse.

3. Begriffe

Die wichtigsten, jedem der metapsychologischen Gesichtspunkte zugehörigen Begriffe mit hohem Überlebenspotential sind die folgenden:

a) Beim dynamischen Gesichtspunkt. Die Begriffe der unbewußten Kräfte und Konflikte entfernen sich nicht weit von Beobachtungen und sind doch von hinlänglicher Allgemeingültigkeit, um ein hohes Überlebenspotential zu besitzen. Die Begriffe des Triebes, der Triebvermischung, spezifischer Triebe (Sexualität, Aggression, Lebens- und Todestrieb usw.) sind von geringerer Allgemeingültigkeit und können sich im Wandel der Theorie durchaus ändern oder ersetzt werden.

b) Beim ökonomischen Gesichtspunkt. Die Begriffe des Primärprozesses, des Sekundärprozesses und des Lustprinzips (Wunscherfüllung) stehen in so unmittelbarer Beziehung zur Beobachtung und sind so allgemeingültig, daß sie wahrscheinlich überdauern werden. Die Begriffe der Besetzung, Bindung und Neutralisierung hingegen sind sowohl abgeleiteter als auch spezifischer, und obgleich die Beobachtung offenbar irgendeine Reihe derartiger quasiquantitativer Begriffe notwendig erscheinen läßt, ist ungewiß, ob sie in ihrer jetzigen Form überdauern werden.

c) Beim strukturellen Gesichtspunkt. Die Begriffe der Struktur und relativen Autonomie (Hartmann) sind unerläßlich für die Theorie und es ist im

Augenblick nicht möglich, Änderungen der Theorie vorauszusehn, die sie eliminieren könnten. Die Begriffe des Es, Ich und Überich aber und die Differenzierung des Ich in Abwehr-, Kontroll- und Instrumentalstrukturen sind weder derart unerläßlich für die Theorie, noch derart unabhängig von ihr, daß wir ihr Überlebenspotential sehr hoch einschätzen könnten. Eine Vielzahl untergeordneter struktureller Begriffe hingegen (z. B. die der spezifischen Primärprozeß- und Abwehrmechanismen wie Verschiebung, Verdichtung, Ersetzung, Symbolisierung, Verdrängung, Isolierung, Reaktionsbildung, Projektion)[8], die in direkterem Zusammenhang mit Beobachtungen stehen und geringere Allgemeingültigkeit besitzen, werden vermutlich überdauern. Das heißt aber keineswegs, daß dies für alle Abwehrmechanismen gilt.

d) Beim genetischen Gesichtspunkt. Wir haben oben das hohe Überlebenspotential des genetischen Prinzips erwähnt. Das Gleiche gilt auch für die Konzeption der entscheidenden Rolle früher Erlebnisse, wie für die Begriffe der Fixierung und der Regression. Auch die spezifischen Begriffe, die mit der Libidoentwicklung in Zusammenhang stehen, wie die Oralität und die Analität dürften vermutlich bestehen bleiben[9], da sie sich eng an Beobachtungen anlehnen. Die klassische Konzeption der Libidoentwicklung selbst hingegen könnte durchaus eine radikale Veränderung durchmachen, indem sie zu einem der Aspekte des integralen Prozesses der Epigenese wird. Die Konzeption der speziellen Rolle der Psychosexualität scheint, trotz ihrer guten empirischen Verankerung, nicht jenen Grad an Allgemeingültigkeit zu besitzen, der sie zu einer theoretischen Notwendigkeit erheben würde. (cf. oben, Seite 128).

e) Beim adaptiven Gesichtspunkt. Die Konzeption, wonach der Organismus auf eine durchschnittlich zu erwartende Umgebung eingerichtet ist (Hartmann), die Konzeption der Gegenseitigkeit (Erikson), die Konzeption der Apparate primärer und sekundärer Autonomie (Hartmann), die Konzeption der relativen Autonomie von der Umwelt (Gill-Rapaport), d. h. die Abhängigkeit des Sekundärprozesses von äußeren Reizen (Freud 89, Kap. VII), schließlich die der Modi und Modalitäten (Erikson) dürften, obgleich sie zu neu sind, um richtig bewertet zu werden, wahrscheinlich überdauern.

Nun kurz noch zu den Begriffen der speziellen (klinischen) Theorie. Wir wollen den Übertragungsbegriff als Beispiel wählen. Wir sind ihm als dem Fundament langfristiger Bedeutsamkeit der psychoanalytischen Methoden

---

[8] Es könnten sich Einwände dagegen erheben, diese Primärprozeßmechanismen als Strukturen zu diskutieren, doch können wir hier keine Rechtfertigung unternehmen.

[9] Kardiner (180, 181), Sullivan (292), Erikson (49, 54, 55).

begegnet. Trotzdem konnte sein eigenes Überlebenspotential als ein entlehntes bezeichnet werden. Der reale Bezugsgrund des Übertragungsbegriffes ist nicht ein einziger Prozeß, sondern eine Kombination von Vorgängen. Die Verhaltensgrundformen, die übertragen werden, können umfassend oder fragmentarisch sein, und die Vorgänge, durch die die Übertragung zustande kommt, sind ebenfalls viele und verschiedenartige: Wunscherfüllungen, Verschiebungen, Projektionen usw. Der Übertragungsbegriff nimmt Bezug auf ein Endergebnis: er ist ein Leistungsbegriff. In der klinischen Theorie der Psychoanalyse ist er unersetzlich, aber die allgemeine Theorie löst ihn in Prozeßbegriffe auf. Höchstwahrscheinlich trifft dasselbe für die meisten klinischen Begriffe zu. Dafür spricht zum Beispiel schon allein die Definition des Widerstandes als Manifestation der Abwehr. Das besagt aber nicht, daß klinische Begriffe kein Überlebenspotential besäßen; sie haben es aber nur dann, wenn sie sich eng an die Beobachtungen anlehnen, und wenn die ihnen zu Grunde liegenden Prozeß-Begriffe selbst ein hohes Überlebenspotential besitzen. Eine Untersuchung der Begriffe der klinischen Theorie von diesem Gesichtspunkt aus wäre lohnend, aber vorerst verfügen wir noch nicht einmal über eine brauchbare Abtrennung zwischen den speziellen klinischen und den allgemeinen psychologischen Begriffen der Psychoanalyse.

XI. DIE LEISTUNGEN DER THEORIE UND IHRE KONVERGENZ MIT ANDEREN THEORIEN

A. Leistungen

Freuds frühestes Programm (85, Anhang) war es, eine allgemeine Psychologie auf der Linie der Neuropsychologie zu entwickeln. Der Versuch mißlang, und Freud kam zu dem Schluß (85, 57), daß eine Theorie des Verhaltens eine psychologische Theorie sein müsse. Niemals aber gab er den Glauben auf, daß, hätte sich die Psychoanalyse einmal weit genug entwickelt, sie ihre Verbindung zu physikalisch-chemisch-biologischen Vorgängen finden werde. Offenbar ist aber die Zeit dafür noch nicht gekommen und auch das periodisch wiederauflebende Interesse für neurologische Modelle hat daran bisher nichts ändern können. Alle Versuche neurologischer oder biologischer Erklärungen des Verhaltens scheinen, solange die Psychologie nicht noch große Fortschritte gemacht hat, zum Scheitern verurteilt. Freuds Programm, eine allgemeine Psychologie zu entwickeln, rückte für einige Zeit in den Hintergrund, hat aber mit der Entwicklung der Ichpsychologie neuen Auftrieb erhalten.

Auch die Lösung des Konversionsproblems („somatisches Entgegenkommen") war ein Teil des frühesten Programms. Das Wesen des hysterischen Konversionssymptoms – der „Sprung des psychologischen Konflikts ins Somatische" – war und blieb ein beunruhigendes Rätsel, obgleich Freud schon früh Zweifel aufstiegen, ob Methoden und Theorie der Psychoanalyse es würden lösen können. Die Psychoanalytiker, statt es zu lösen, verallgemeinerten es erst einmal in der Konzeption der „Organneurose" (F. Deutsch, 39; Meng 213), und dann in der „psychosomatischen Medizin" (Alexander und French, 4, 5, 77, 81; Dunbar 42, 43; Weiß und English 300). Die Zahl der Untersucher und der Untersuchungen auf diesem Feld ist groß; weite Beobachtungsgebiete wurden erkundet und umrissen und die Auswirkungen auf die Medizin selbst sind beachtlich; aber es ist nicht klar, was an theoretischen Fortschritten eigentlich erzielt wurde – und ob überhaupt etwas. Die psychosomatischen Untersuchungen bleiben belastet mit dem Problem der „Spezifität", das sich bisher der Lösung entzog. Allerdings lohnt es sich, darauf hinzuweisen, daß vor relativ kurzer Zeit eine mögliche Spur zur Lösung des Konversionsrätsels aufgetaucht ist (siehe Travell 296).

Die bis hierher erwähnten Programme gehörten der Phase von Freuds Werk an, die der Psychoanalyse vorausging und sie vorbereitete. Die wichtigste Aufgabe, die er der Psychoanalyse selbst setzte (1900) bestand darin, das Unbewußte zu erforschen; später (1923) wandelte sich das in die Erforschung des Es und des unbewußten Ich. Noch werden auf beiden Gebieten Entdeckungen gemacht und das „unbewußte Ich“ ist größtenteils noch unerforschtes Territorium. Angesichts der Tatsache, daß erfolgreiche Forschung stets neue Probleme hervorbringt, kann die Arbeit an diesem Programm aber als erfolgreich angesehen werden. Dies Urteil gilt allerdings nur innerhalb des Bezugsrahmens der Psychoanalyse: es bezieht sich auf das *Forschungsprogramm* und nicht auf ein Programm der *Nachprüfung* und *Fortentwicklung* der Theorie mittels Experiment.

Ein verwandtes Programm stellte die Anwendung der Theorie auf Mythos, Legende, Literatur, Kunst, Ethnologie usw. dar, um nachzuweisen, daß sie allem menschlichen Verhalten und allen menschlichen Hervorbringungen angemessen ist, um so eine breite Grundlage unterstützender Beweise beizubringen. Die Leistungen in dieser Richtung und die Bedeutsamkeit der neuen, durch die Ichpsychologie bereitgestellten Mittel zur weiteren Verfolgung dieses Programms wurden schon erwähnt.

Durch lange Zeit schien die Erforschung des Ich nur ein Programm im Planungszustand zu sein. Freud erwartete von der Untersuchung der „narzistischen Neurosen“ (d. h. der Psychosen) die Aufklärung der Ichfunktionen, verschob die Untersuchung aber, da er die Erforschung des Unbewußten für die primäre Aufgabe hielt. Indirekt aber wurde das Programm während der ganzen Geschichte der Psychoanalyse weiterverfolgt und zwar in den Untersuchungen über Abwehrmechanismen, Zensur, Sekundärprozesse und Realitätsbeziehungen. Freud unternahm aber 1921–23, ohne neues Studium der Psychosen, eine ausdrückliche Verbegrifflichung des Ich. Offenbar gedrängt vom Problem der „negativen therapeutischen Reaktion“ und des „unbewußten Schuldgefühls“. Später (1926) trieb er die Ich-Untersuchungen voran, indem er das Problem der Angst neu bewertete (115, 117, 122). Andere Analytiker folgten ihm (69, 227, 264, 299) und Anna Freuds Arbeit (84) krönte diese Phase des Programms (1936). Hartmann (147) und Erikson (49, 52) erweiterten die Ichpsychologie dann dramatisch. Das Ich wurde zwar nur langsam erforscht, aber so erfolgreich, daß ein weites, noch unbekanntes Gebiet für die Forschung erschlossen wurde. Das Programm der Überich-Forschung war in der Untersuchung der Zensur (1900) schon enthalten. Aber erst das Studium des Narzismus (105) stellte es im Begriff des „Ichideal“ (1914) in den Brennpunkt. Obgleich der Begriff des Überich gleichzeitig mit dem des Ich geprägt worden war (115, 117) und trotz aller bedeutsamen Fortschritte (siehe bei Fenichel 66) ist die Arbeit an diesem Programm kaum über die Anfänge hinausgelangt.

Während die Psychoanalyse als Therapie in erster Linie eine Angelegenheit der speziellen (klinischen) Theorie ist, ist die Theorie der therapeutischen

Technik Teil des allgemein-theoretischen Programms der Psychoanalyse. Sie wurde von Freud auch in diesem Sinne behandelt und zwar in der Vorgeschichte der Psychoanalyse (29, Kap. III), in einigen seiner Arbeiten zur Technik (97) und in „Die endliche und die unendliche Analyse" (130). Trotzdem ist dies Programm noch alles andere als abgeschlossen. Selbst die systematischste (65) der wenigen Arbeiten, die sich ausdrücklich zur Technik äußern (142, 207), tragen wenig zum theoretischen Programm bei. Weiter als die meisten anderen ist E. Bibring (23 b) in diese Probleme eingedrungen. Neuerlich haben auch Eißler (44) und Gill (136) bedeutsame Beiträge geliefert. Die Wichtigkeit des Programms ist ebenso hoch zu bewerten wie die Schwierigkeiten auf seinem Weg. Künftige Fortschritte setzen unter Umständen nicht nur die Untersuchung der Techniken sowohl der Psychoanalyse wie der anderen therapeutischen Schulen voraus, sondern auch die Entwicklung einer psychoanalytischen Theorie der Kommunikation.

Die theoretische Erklärung der Neurosen war ein Hauptbestandteil des Programms. Hier hat die Arbeit an der speziellen (klinischen) Theorie der Psychoanalyse ihre größten Leistungen vollbracht und auch wichtige allgemeine theoretische Ergebnisse erzielt, auf die Fenichels (66, 69) systematischer Überblick über die spezielle Theorie fortdauernd Bezug nimmt. Trotzdem fehlt uns eine systematische Darstellung der Neurosen vom Gesichtspunkt der allgemeinen Theorie aus, vergleichbar dem, was Freud im Kapitel VII seiner „Traumdeutung" für die Träume unternommen hat.

Die theoretische Erklärung der Psychosen stellte ebenfalls einen Teil des Programms dar. Beginnend mit seiner frühen Untersuchung eines Falles von Paranoia (85) und seiner Analyse des Falles Schreber (98) hat Freud sich wiederholt damit beschäftigt (105, 108, 110, 117, 118, 119). Trotz der Beiträge Abrahams (1), Federns (63), B. Levins (199), Fromm-Reichmanns (133, 134), M. Wexlers (302, 303), Hartmanns (157) und Anderer und der Untersuchungen Putnams, Mahlers, Bettelsheims und anderer Analytiker zur juvenilen Schizophrenie, hat die Erfüllung dieses Programmpunktes aber noch kaum begonnen.

Nur wenig besser ist die Situation in dem Teil des Programms, der die allgemeine Theorie der Charakterstörungen, der Suchten, des Verbrechertums, der Kriminalität und der *borderline*-Probleme umfaßt (20, 21, 187, 188, 262, 263).

B. Konvergenz mit anderen Theorien

Es ist schwierig, die Anwendung der Theorie auf andere Gebiete, ihren Einfluß auf andere Wissenschaften und ihre Konvergenz mit anderen Theorien von einander abzutrennen. Vielleicht ließen sich die Unterscheidungen wie folgt treffen: *Anwendung* ist die Arbeit von Psychoanalytikern auf anderen Gebieten; *Einfluß* ist die Annahme psychoanalytischer Postulate, Methoden, Befunde und/oder Theorien durch Fachleute auf anderen Gebieten. *Konvergenz* ist die wechselseitige Beeinflussung.

In diesem Sinne sind in der Anthropologie die Tage der Anwendung (Freud 100, Roheim 269, 272 usw.) und des Einflusses (z. B. Kluckhohn) vorüber. Konvergenz läßt sich einerseits in Eriksons Arbeiten, andererseits in der Arbeit der Kulturanthropologen beobachten (wie immer die Ansichten über diese Arbeit in anderer Hinsicht auseinandergehen mögen)[1].

Das Gleiche gilt für die Soziologie, wo die Periode der Anwendung und des Einflusses (Freud, Reich, Fenichel, Laswell und der frühe Fromm) vorüber sind und der Einfluß sich z. B. bei Parsons, Riesman und in N. Footes Werk einerseits (wie immer die Ansichten über dies Werk in anderer Hinsicht auseinandergehen mögen) und bei Hartmann und Erikson andererseits, beobachten läßt.

Die Konvergenz der Psychoanalyse mit der Medizin im allgemeinen und der Psychiatrie im besonderen ist, obgleich nur zu offensichtlich, doch eher praktisch als theoretisch. Fraglich ist, ob man von einer *Konvergenz* der Psychoanalyse mit anderen Gebieten sprechen kann, wo von der *Anwendung* schon früher die Rede war: Kunst, Literatur, Geschichte usw. Wir finden *Einflüsse,* aber nicht mehr als das.

Nun zur *Konvergenz* der Psychoanalyse mit der Psychologie. Wir erwähnten schon, daß die psychoanalytische Ichpsychologie für einen guten Teil davon verantwortlich scheint. Die Konvergenz mit der Entwicklungspsychologie besteht schon lange (Werner und der frühe Piaget) und wurde einerseits durch die jüngsten Längsschnitts- und Querschnittsuntersuchungen von Psychoanalytikern wie M. Fries, Spitz, Escalona und Leitch, Benjamin, Kris, Mittelman, andererseits durch die Untersuchungen Piagets, Werners und seiner Mitarbeiter MacFarlanes u. a. verstärkt. Die Arbeit K. Lewins und seiner Mitarbeiter auf der einen, und die T. Frenchs auf der anderen Seite sind hervorragende Beispiele der Konvergenz. Die Untersuchungen zur Lerntheorie von Dollard, Miller, Mowrer, Sears usw., wie immer die Ansichten über ihre Arbeit in andrer Hinsicht divergieren mögen, repräsentieren eine Konvergenz von Psychologie und Psychoanalyse. Auch Murrays frühe Arbeiten sowie seine und seiner Mitarbeiter und Nachfolger Arbeiten zur Einschätzung der Persönlichkeit sind Zeichen dieser Konvergenz. Das gleiche gilt für viele der neueren experimentellen Arbeiten zur klinischen Psychologie. Zwei andere wichtige Anzeichen der Konvergenzen, die Unter-

[1] Siehe auch Roheim (270).

suchungen über Motivationen und Gedächtnis und über Motivationen und Wahrnehmung, wurden schon besprochen.

Die Zukunft dieser Konvergenz hängt unter Umständen von der Lösung des Problems der Strukturbildung und des Lernens ab. Sollte diese Lösung auf dem Boden der psychoanalytischen Theorie erwachsen, so könnte die letztere zum Kern der Psychologie selbst werden. Sollte sich die Lösung als relativ unabhängig von der Psychoanalyse erweisen, so wird letztere wahrscheinlich ein relativ untergeordneter Teil der allgemeinen Theorie der Psychologie als Kern ihrer klinischen und motivationalen Theorien werden, aber ihre Begriffe und Theorien werden auf fundamentalere reduzierbar sein. Die jetzt bestehenden Theorien des Lernens haben diese Reduktion nicht erreicht und es sieht nicht so aus, als würden sie es je tun.

Schließlich – und hier kommen wir dem eigentlichen Bereich der Psychoanalyse am nächsten – hat die Entwicklung der psychoanalytischen Ichpsychologie damit angefangen, die stichhaltigen Beiträge aus den Theorien der Neo-Freudianischen Schulen zu extrahieren und so mit der Konvergenz dieser Schößlinge mit der psychoanalytischen Theorie selbst einen Anfang zu machen. Viel bleibt hier noch zu tun und die Konvergenz betrifft dabei nur die Theorien, nicht die Schulen als Organisationen, die ein verständliches praktisches Interesse daran haben, die Konvergenz zu verhindern.

XII. AUFGABEN FÜR DIE ZUKÜNFTIGE ENTWICKLUNG DER THEORIE

A. Empirisches Beweismaterial ist notwendig

Die psychoanalytische Theorie bedarf an sich für ihre Entwicklung keiner zusätzlichen Daten: die Menge der Daten ist schon bedrückend groß. Sie bedarf keiner Daten von der Art, wie sie der Blacky-Test liefert, die, obgleich statistisch verwertbar, einfach maskierte klinische Daten sind: die klinischen Daten sind besser. Sie bedarf keiner experimentellen Daten, die klinische Beziehungen kopieren. Was sie braucht, das sind *Methoden, um Daten zu erzielen, die über die klinischen Beziehungen hinaus zu theoretischen Beziehungen der Art führen können, wie sie in diesem Essay diskutiert werden.*

Aus diesem Grund werden experimentelle Daten über Strukturbildung und Lernen benötigt, desgleichen Daten, die Piagets Beobachtungen erhärten oder widerlegen.

In Hartmanns Theorien besitzen wir zum ersten Mal ein Konzept der Autonomie und wir verfügen auch (siehe oben S. 59 und 63) über eine Entfaltung desselben in eine dreifache Konzeption der relativen Autonomie (Erikson, Gill). Die bei den Isolations-Untersuchungen an der McGill University und in Bethesda angewendeten Methoden, wie auch die Hypnose scheinen angemessene Mittel zu sein, um das Gleichgewicht dieser relativen Autonomien zu verändern (siehe 260 a). Die Theorie bedarf der Daten, die durch solche oder andere relevante Methoden (z. B. durch Drogen wie Meskalin) erzielt wurden – das heißt aber nicht, daß *jede beliebigen* durch diese Methoden erzielbaren Daten genügen: was benötigt wird, sind Daten, die in kontrollierten, *durch die Theorie der Autonomie gelenkten* Experimenten gewonnen werden.

In Hartmanns Untersuchungen besitzen wir zum ersten Mal ein Konzept der konfliktfreien Ichfunktionen. G. S. Kleins Arbeiten enthalten eine Vielzahl an Methoden, um diese Ichstrukturen zu untersuchen, die – im Gegensatz zu Abwehren – konfliktfrei sind und dazu dienen, Motivationen zu kontrollieren und zu bahnen. Daten über derartige Strukturen werden benötigt. Aber eine unterschiedslose Anhäufung solcher Daten würde nur einen Katalog "cognitiver Attitüden" (Klein) liefern, genau wie die französische Psychiatrie uns einen Terminus für mehr oder weniger jede mögliche Form der Phobie geliefert hat. Die Daten, die wir brauchen, sollen die Beziehung dieser Art Strukturen zu *anderen* Ich-Strukturen (d. h. Abwehren), zu Motivationen und zu einander erhellen.

In Eriksons Arbeiten besitzen wir das erste Mal eine Theorie und einen epigenetischen Grundplan der Ichentwicklung. Zusätzliche Daten hinsichtlich jeder epigenetischen Phase werden benötigt. Aber wiederum genügen nicht einfach irgendwelche, eine gegebene Entwicklungsphase betreffende Daten. Die Daten sollten Eriksons Beobachtungen betreffen und sie bestätigen, ergänzen, modifizieren oder widerlegen. Um solche Daten zu erzielen, müßten die Forscher, zumindest zu Beginn, Eriksons Bezugsrahmen übernehmen.

Wir deuteten oben an, daß eine Voraussetzung für die Theorie der therapeutischen Technik eine Theorie der Kommunikation sein könnte. Es werden Daten benötigt, um solch eine Theorie zu errichten. Die Daten und Begriffe der bisher vorliegenden Versuche zu einer Kommunikationstheorie scheinen nicht relevant zu sein. Der Brennpunkt solch einer Kommunikationstheorie muß in Gesetzen liegen, die die Tendenz der Kommunikation, wechselseitige Kommunikation zu erzeugen oder zu verhindern, beherrschen. Außerdem müßte es eine Theorie sein, in welcher das Bewußtwerden von etwas bei den Kommunikanten gleichwertig mit (latenter) verbaler oder nicht-verbaler Kommunikation ist (siehe 245, 255). Die Methoden, durch die relevante Daten für solch eine Theorie gewonnen werden können, müssen noch ausgearbeitet werden.

In Hartmanns „Selbst“ und in Eriksons „Identität“ besitzen wir das erste Mal in der psychoanalytischen Theorie Begriffe, die der historischen Kontinuität des Individuums und seiner Selbsterfahrung Rechnung tragen und zugleich begriffliche Werkzeuge, um diese von den Bezugsgründen des Ichbegriffs zu unterscheiden. Es werden Daten benötigt, um diese Begriffe genauer zu bestimmen. Aber einfach irgendwelche Daten von „Selbsterfahrung“, „Selbsteinschätzung“ oder „Ichbeteiligung“ genügen nicht. Es müssen Daten sein, die die Beziehung des „Selbst“ oder der „Identität“ zur psychoanalytischen Theorie der psychischen Funktionen im allgemeinen und der Ichfunktionen im besonderen betreffen.

Der alles andere als befriedigende Fortschritt im theoretischen Verständnis der Schizophrenie und anderer Psychosen wurde erwähnt. Hier wiederum gibt es Daten in Fülle. Die Frage ist, was man mit ihnen anfängt. Sie sind nicht ausgelesen worden, um die Beziehung der Phänomene der Schizophrenie zur bestehenden Theorie aufzudecken. Es bedarf keiner weiteren Daten, um zu zeigen, daß der Inhalt der psychotischen Hervorbringungen wie Träume oder unbewußte Phantasien gedeutet werden kann. Es bedarf auch keiner weiteren Daten betreffs oraler oder analer Wünsche, die dem manifesten Inhalt psychotischer Hervorbringungen zu Grunde liegen: sie sind beim Menschen überall und immer zu finden und nur ihre Rolle, Intensität und Häufigkeit könnten spezifisch für eine jeweilige Psychose sein. Es sind die formalen Charakteristika des psychotischen Verhaltens (Handlung, Affekt und Denken), die spezifisch zu sein scheinen, und was wir brauchen, sind Daten, die sie mit der psychoanalytischen Theorie verknüpfen.

Weiter werden Daten benötigt, um die Übereinstimmungen und Unterschiede zwischen analogen Strukturen (und Motivationen) auf verschiedenen hierarchischen Stufen der psychologischen Organisation aufzudecken. J. F. Brown (30) hat einige Daten dieser Art beigesteuert.

Last but not least wäre, obgleich keine Daten, die klinische Beziehungen replizieren, benötigt werden, jede Replikation willkommen, deren Zweck es ist, derartige Beziehungen zu quantifizieren, um den Weg zur „dimensionalen Quantifizierung" zu ebnen.

Diese Aufzählung erhebt keinen Anspruch darauf, systematisch zu sein, noch bedeutet ihre Reihenfolge eine Ordnung nach der Wichtigkeit. Die Beispiele wurden gewählt, um zu zeigen, daß wir (mehr als Daten) *Methoden* benötigen, die versprechen, relevante Daten für die Theorie und ihre ungelösten Probleme zu erbringen.

B. Hindernisse auf dem Weg der Entwicklung der Theorie

Wir wollen uns hier mit theoretischen Hindernissen befassen, während wir die Diskussion der praktischen Hindernisse auf Absatz C verschieben.

Die Tage der resignierten Überzeugung, daß verwickelte psychologische Phänomene nicht im Laboratorium untersucht werden könnten, sind vorüber. Aber auch der Überenthusiasmus aus K. Lewins frühen Tagen, als kein Zweifel möglich schien, daß sich alle psychologischen Phänomene relevant im Laboratoriumsmaßstab untersuchen ließen, ist vorbei. Während wir alle hoffen, daß jedes psychologische Phänomen der wissenschaftlichen Untersuchung zugänglich ist, ist es unsere größte Sorge, Wege und Mittel dazu ausfindig zu machen. Die Haupthindernisse für die Entwicklung der psychoanalytischen Theorie liegen bei diesen Wegen und Mitteln.

Erstens: Geziemende Rücksicht auf die Rechte des Individuums setzen den Manipulationen des Verhaltens außerhalb und selbst innerhalb des Laboratoriums Grenzen, und gebührende Rücksicht auf die Privatheit des Individuums setzen selbst der Beobachtung Grenzen. Dies ist eines der wichtigsten empirischen Hindernisse. Das Problem ist nicht nur das ethische der Übertretung von Rechten und privaten Bezirken, sondern auch, und vielleicht in erster Linie, die Frage, was solch eine Übertretung dem Subjekt, dem Beobachter und der Beobachtung antut.

Zweitens: Die hierarchische Organisation des psychischen Apparats, die auf diesen Seiten mit so viel Nachdruck behandelt wurde, hat die Konsequenz, daß eine Reduktion auf Laboratoriumsmaßstäbe häufig die hierarchische Position der untersuchten Erscheinung oder Beziehung verändert, so daß nicht die Erscheinung oder Beziehung selbst, sondern ein hierarchisches Äquivalent hoher Stufe untersucht wird. Das ist nun nicht einfach ein Hindernis. Es bedeutet, daß die Laboratoriumsforschung jedes psychologische Problem angehen kann, vorausgesetzt, sie konzentriert ihre Aufmerksamkeit auf die Gesetze der hierarchischen Transformation. Nehmen diese erst einmal Gestalt an, dann werden die Psychologen auf den willkürlichen Anspruch verzichten können, wonach Laboratoriumsbefunde auch für Lebenssituationen gelten sollen, und künftig diese Transformations-Gesetze als Regeln verwenden, mit deren Hilfe aus Laboratoriumsbefunden Schlüsse auf Lebenssituationen gezogen werden können. Die theoretische Verwicklung ist dann nicht mehr an sich ein Hindernis, obwohl es noch langer und mühsamer Versuche bedürfen wird, ehe diese Gesetze der hierarchischen Beziehungen entdeckt und bis zu einem Punkt gefördert sind, wo sie als Inferenzregeln dienen können.

Drittens: Können die Laboratoriumsmethoden nicht die unbequeme Tatsache aus der Welt schaffen, daß es viele psychologische Erscheinungen gibt, die in der Regel nur im Kontakt einer Person mit einer anderen (oder anderen) auftreten. Die Erforschung solcher Erscheinungen führte zur Methode der teilnehmenden Beobachtung in der Therapie, im täglichen Leben und in Laboratoriumssituationen. Theoretisch ist diese Methode noch kaum erforscht; hier dringt der Untersucher in das Privatleben des Subjekts ein, aber er tut es um den Preis, Teilnehmer zu werden und all jene unausgesprochenen und ausgesprochenen Verpflichtungen auf sich zu nehmen, die die Teilnahme in sich schließt. Psychoanalytiker und andere Therapeuten wissen viel über diese Verpflichtungen und ihre Auswirkungen auf Beobachter und Subjekt. Die Folgerungen aus diesem Wissen sind aber noch nicht theoretisch formuliert und für die Methode ausgewertet worden[2]. Und das Fehlen solch einer Systematisierung ist ein Hindernis auf dem Wege der Entwicklung der Theorie.

Wir haben die Möglichkeit erwähnt, daß Experimentaluntersuchungen Inferenzregeln aufdecken könnten, mit deren Hilfe sich Schlüsse von Laboratoriumsphänomenen auf Lebensphänomene ziehen lassen. Wie steht es nun mit den Inferenzregeln, mit deren Hilfe sich Beziehungen zwischen Daten aus direkter Beobachtung und Daten aus teilnehmender Beobachtung aufstellen ließen? So ist zum Beispiel die psychoanalytische Entwicklungstheorie aus Rekonstruktionen errichtet, die auf Daten aus der zwischenmenschlichen

---

[2] Siehe allerdings Bernfeld (13), Groß (144).

Beobachtung in der therapeutischen Zweier-Gruppen-Situation beruhen, während Piaget's Entwicklungstheorie auf Daten aus direkter Beobachtung errichtet ist[3]. Nun ist es möglich, daß sich die Entwicklungstheorien der Psychoanalyse und Piaget's als vereinbar erweisen und sich Inferenzregeln finden lassen, die ihre Begriffe miteinander in Beziehung setzen. Es ist tatsächlich denkbar, daß ihr wechselseitiger Einfluß zu einer Neudefinition ihrer Begriffe und zu einem gemeinsamen Begriffssystem führen wird, das beide Theorien, oder eine unter die andere, subsumiert. Aber es gibt noch zwei andere Möglichkeiten. Erstens könnten sich die beiden Theorien als unvereinbar erweisen und damit eine von ihnen als unhaltbar. Zweitens könnte sich ergeben, daß die beiden Theorien, genau wie die Beobachtungen, auf denen sie beruhen, sich nicht überschneiden und nicht unvereinbar sind. Trifft das zu, dann haben die beiden Methoden Theorien entwickelt, die zwei verschiedene Aspekte des gleichen Materials betreffen. Wir müßten dann zu dem Schluß kommen, daß diese beiden Aspekte des Materials komplementär sind. (cf. Niels Bohrs Komplementärbegriff in der Atomphysik und die Konzeption der Komplementarität bei der Untersuchung lebender Zellen, wie sie der Bio-Physiker Delbrück entworfen hat, 38). Die Ungewißheit, ob die Ergebnisse der teilnehmenden Beobachtungs-Methode und die Ergebnisse anderer Methoden durch konjunktive Inferenzregeln miteinander in Beziehung gesetzt werden können, oder ob sie durch eine disjunktive Komplementaritätsregel aufeinander bezogen werden müssen, ist eine der großen theoretischen Hürden auf dem Wege der Entwicklung der psychoanalytischen Theorie. Es ist durchaus möglich, daß eine Ahnung von diesen Schwierigkeiten für Freuds Mangel an Interesse gegenüber den Versuchen die psychoanalytischen Lehrsätze durch andere als psychoanalytische Methoden zu verifizieren, verantwortlich ist.

Viertens: Das letzte der hier zu erwähnenden Hindernisse liegt bei dem schon diskutierten Problem der Mathematisierung einschließlich der Quantifizie-

[3] Alle Beobachtungen am Menschen sind in gewissem Sinn teilnehmende Beobachtungen: one way screens, Filme und Tonbänder verundeutlichen diese Tatsache, schaffen sie aber nicht aus der Welt. Aber es ist etwas anderes, ein Beobachter zu *sein* oder die Methode der zwischenmenschlichen teilnehmenden Beobachtung zu *verwenden;* und es besteht auch ein Unterschied zwischen der *Konstruktion* und der *Rekonstruktion* entwicklungsmäßiger Beziehungen aus der teilnehmenden Beobachtung. Auch Piaget (236, 237, 238) *war* ein teilnehmender Beobachter: durch seine Handlungen modifizierte er die Situationen und die Aufgaben, vor denen seine Kinder standen. Aber er *verwendete* die Methode der teilnehmenden Beobachtungen nicht, insofern er die Veränderungen in der Beziehung der Kinder zu ihm (ihrem Vater) in Folge seiner „Teilnahme“ nicht systematisch untersuchte, noch auch die Veränderungen in ihrem sensorisch-motorischen Verhalten in Abhängigkeit von der Beziehung der Kinder zu ihm.

rung. Es ist sowohl ein empirisches als ein theoretisches Hindernis für die Entwicklung der Theorie.

C. Die praktischen Hindernisse auf dem Wege des theoretischen Fortschritts in der Psychologie

Wollen wir zuerst die Hindernisse auf dem Weg der psychoanalytischen Theorie erwähnen. Hier spielen vor allem das Fehlen systematischer theoretischer Literatur, die Art der psychoanalytischen Ausbildung und der Charakter der psychoanalytischen Praxis eine überragende Rolle.

In der Regel wird der Beobachter und Experimentator in seinen Beiträgen zur Theorieentwicklung durch systematische theoretische Literatur angeleitet. Fehlt diese, dann muß der Forscher die primären Quellen beherrschen und die Systematisierung für sich selber vornehmen. Das ist ein zeitraubendes Unterfangen, zu dem die Gebräuche der analytischen Praxis nicht hinführen. Es wird oft behauptet, daß die psychoanalytische Theorie eine starre, unveränderbare Doktrin sei. Während in den psychoanalytischen Gesellschaften und Instituten (seien sie Freudianisch, Neo-Freudianisch oder dazwischenliegend) hinsichtlich der klinischen Theorie tatsächlich Dogmatismus und Orthodoxie herrscht, habe ich Dogmatismus in Hinsicht auf die allgemeine Theorie selten angetroffen. Die Haltungen rangieren von Enthusiasmus über Mangel an Interesse bis zum völligen Fehlen an Wissen. Die allgemeine Theorie – weit entfernt davon, ein festverwurzeltes Dogma darzustellen – ist ein heimatloses Wesen, vielen unbekannt, von einigen bemerkt, und nur wenigen wohlvertraut. Nicht die unterstellte Starrheit der Theorie, sondern vielmehr die Unvertrautheit mit ihr ist das Hindernis auf dem Wege des theoretischen Fortschritts. Das Fehlen systematischer Literatur stellt – obgleich es sicherlich nicht die einzige Ursache dieser Situation ist, da die Originalquellen zur Verfügung stehen – ein Haupterschwernis für das Weiterkommen dar.

Die Ausbildung, wie die Psychoanalytischen Institute sie vermitteln, ist in erster Linie auf die zukünftigen Praktiker zugeschnitten und auf Ärzte beschränkt. Der Umfang dieser Ausbildung wird durch verschiedene Faktoren bestimmt: (a) durch ihren „Abendschul"-charakter; (b) durch die *durchschnittliche* medizinische Ausbildung, die den Studenten weder für die Psychologie, die Psychiatrie und die Psychoanalyse noch für theoretische und Forschungsunternehmen vorbereitet; (c) durch die Tatsache, daß sowohl Lehrer wie Studenten – in der Regel ganztägig – praktisch arbeiten. Zwei zusätzliche Tatsachen bezüglich dieser Ausbildung sind noch zu erwähnen: einmal beginnt sie erst nach der Dissertation, ist zeitraubend und teuer und drängt so den Graduierten, sich nach lukrativeren und geruhsameren Unterfangen als es die Forschung ist, umzusehen; zweitens können, obgleich die Vorschriften die Ausbildung auf Ärzte beschränkt, manche Psychologen und andere Wissenschaftler zu einer „Forschungs-Ausbildung" in der Psychoanalyse zugelassen werden – aber diese umfaßt nur Lehranalyse und Seminarmitarbeit, hingegen keine Kontrollanalyse und häufig nicht einmal klinische Seminare. Der Theoretiker und Forschungsarbeiter bedarf aber, nicht weniger als der zukünftige Praktiker, der vollständigen Ausbildung. So arbeitet der „geschlossene medizinische Betrieb" auf zweierlei Weise gegen den Fortschritt in der psychoanalytischen Theorie – kein Wunder, daß Divergenzen in Beobachtung und Denken unter Psychoanalytikern dahin tendieren, durch Orthodoxie und Abspaltungen gelöst zu werden, anstatt durch theoretische oder empirische Entscheidungen.

Das Wesen der analytischen Praxis begünstigt die theoretische Entwicklung nicht. Die langen Arbeitstage, abgeschlossen in engem Kontakt mit Patienten verbracht, bieten weder die nötige Zeit und Ruhe noch die Distanz dafür. Der solitäre Charakter der Praxis setzt die Art von kollegialem Austausch, die der fruchtbare Boden für das Aufstellen von Theorien ist, auf ein Minimum herab. Stipendien und Institutionen, die manchen Psychoanalytikern die Last der ganztägigen Praxis abnehmen und die Möglichkeit zu solch einem kollegialen Austausch schaffen, sind wenigen Privilegierten zugänglich. Keine Wissenschaft verfügt über mehr als einige wenige Theoretiker zur gleichen Zeit, aber diese Wenigen gehen aus den vielen hervor, die sich um die Theorie bemühen. Wo nur Wenige es versuchen können, bleiben die Aussichten trübe, gleichgültig, wie gut oder schlecht die Wenigen ausgewählt wurden.

Die Auswirkung der notwendigen Beschränkung der Patientenzahl auf den Analytiker wird noch gesteigert durch die beschränkte Auswahl an Patienten, die als psychoanalytisch behandelbar angesehen werden, und durch die beschränkte Zahl, die sich die Behandlung leisten können. Überdies werden die hervorragenden Psychoanalytiker früher oder später Lehranalytiker und dann ist ein Teil ihrer Zeit durch eine noch beschränktere Gruppe ausgefüllt: durch die Art von Menschen, die Psychoanalytiker werden wollen und durch das Sieb des Lehrkomitees gelangen. All diese Beschränkungen wirken sich besonders lähmend auf die Entwicklung des psychosozialen Aspekts der Theorie aus, führen aber auch dazu, daß die Psychoanalyse auf ihre klinischen Aspekte konzentriert bleibt, zum Nachteil ihrer allgemeinen Theorie. Natürlich bedarf auch die klinische Theorie weiterer Entwicklung und ihre Methoden sind vorerst für die Untersuchung einer großen Reihe von Erscheinungen unentbehrlich – aber es gibt noch eine andere große Reihe von

Erscheinungen, die für die Entwicklung der allgemeinen Theorie entscheidend sind und die der Untersuchung in der therapeutischen Situation nicht zugänglich sind, wo das Interesse des Patienten ausschlaggebend ist und sein soll. Besonders berührt durch diese Einschränkung ist die Entwicklung der Ichpsychologie.

Es scheint, daß ohne mehr wissenschaftliche und akademische Ausbildung und ohne die Zulassung von Nicht-Medizinern zu dieser Ausbildung die Haupthindernisse auf dem Wege der Entwicklung der psychoanalytischen Theorie nicht zu beheben sein werden. Es ist kaum zu vermuten, daß medizinische Ausbildungsstätten oder psychologische Abteilungen der Universitäten mehr erreichen würden als die psychoanalytischen Institute: weder ihre Traditionen noch ihre Möglichkeiten, Ausbildungsstäbe zusammenzustellen, noch die Kompliziertheit des Ausbildungsproblems, dem sie gegenüberständen, scheint gute Chancen für solche „einfachen" Lösungen zu versprechen.

Nun zu den Hindernissen für den theoretischen Fortschritt in der Psychologie: hervorstechend sind hier „die wissenschaftliche Methode", die Fixierung an eine einzige Methode (oder an eine beschränkte Gruppe von Methoden) und die Meßwut.

Das Errichten einer Theorie, das heißt, theoretische Fortschritte, beginnen bei der Vertrautheit mit den Erscheinungen und beim Nachdenken über sie (oder über die ihnen zugeordneten Theorien). Weiter geht es mit Einfällen und Spekulationen, wovon einige empirischen Nachprüfungen zugänglich sind; andere, die Beziehungen zwischen Begriffen und Theorien spinnen oder diese restrukturieren und systematisieren, sind solchen Nachprüfungen nicht zugänglich und brauchen es auch nicht zu sein, obwohl sie durchaus zu Schlüssen führen können, die wieder der empirischen Nachprüfung unterworfen werden können und müssen.

Die „wissenschaftliche Methode" ist der Kanon, nach dem jene Sammlung von Lehrsätzen unternommen wird, die wir Wissenschaft nennen: die kodifizierte, innerlich aufeinander bezogene Gesamtheit des überprüften Wissens. Aber sie ist nicht der Kanon, um Entdeckungen zu machen, noch der, um Theorien zu errichten; noch auch ist der Kanon der Wissenschaft einmalig und statisch: er wechselt mit dem Wechsel der Methoden, des Materials und der Ziele der Forschung. Dingle, der englische Wissenschaftshistoriker, verwendet härtere Worte hinsichtlich der „wissenschaftlichen Methode": „Eine Disziplin, die zum größten Teil von Logikern betrieben wird, die unvertraut mit der Praxis der Wissenschaft sind, und die hauptsächlich aus einer Reihe von Prinzipien besteht, mit deren Hilfe akzeptierte Schlußfolgerungen am besten von denjenigen gezogen werden können, die sie schon kennen. Vergleichen wir diese Prinzipien mit den Schritten, durch die die Entdeckungen tatsächlich gemacht werden, dann finden wir kaum einen einzigen Fall, wo auch nur die leiseste Ähnlichkeit besteht. Soll uns die Erfahrung überhaupt auch nur im geringsten leiten – und welcher Wissenschaftler könnte anders denken – dann müssen wir zu dem Schluß kommen, daß es nur eine wissenschaftliche Methode gibt: bringe ein Genie hervor und laß es tun was es will . . . das beste, was wir tun können, ist, zu lernen, das natürliche Genie zu erkennen – und es, wenn nötig mit feurigen Drachen, vor dem Gott des Planens zu bewahren (40, S. 38–39).

Beveridge (22) beschreibt die wissenschaftliche Forschung als eine Kunst. Die Theoriebildung könnte als Werk der Phantasie beschrieben werden: die „wissenschaftliche Methode“ spielt nur bei der Prüfung der Theorie und bei der Aufzeichnung eine Rolle. Aber selbst hier ist – so sehr die wissenschaftliche Methode dazu beitragen kann, einfache und gültige Prüfungstechniken zu entwerfen – die wesentliche Ingredienz der Scharfsinn, eine Methode zu entdecken, die Erscheinung und Theorie in Beziehung setzt.

Der Nachdruck auf der „wissenschaftlichen Methode“ wird in mehrfacher Weise zum Hindernis für den theoretischen Fortschritt: *Erstens* das Gewicht, das auf die Unterrichtung in der wissenschaftlichen Methode und in der Experimentanordnung gelegt wird, lenkt die Aufmerksamkeit von der Übung der Beobachtungsfähigkeit ab. *Zweitens* entmutigt er das Interesse und Vertrauen des werdenden Forschers in seinen eigenen Einfällen und Spekulationen. *Drittens* läßt er die „wissenschaftliche Methode“ und die Experimentalanordnung als sicheren Weg erscheinen, „Forschungsfunde“ zu produzieren. Die derart produzierten Funde verstopfen unsere Literatur und verdrängen durch ihre Masse das Interesse an den *Methoden* des Experimentierens und Beobachtens. *Viertens* führt er zu einer Publikationspolitik (und dadurch zu einer Ausbildung nach Rezept) derart, daß die Publikationen mit der „wissenschaftlichen Methode“ konform gehen und den tatsächlichen Weg des Forschers verdecken, selbst wo es sich zufällig lohnte, ihn zu kennen. Die Publikationen lesen sich, als bestünde die Forschung aus nichts anderem als der Anwendung der wissenschaftlichen Methode. So erscheinen dem Neuling unsere (und was wichtiger ist, seine) tatsächlichen, ungeordneten Wege des produktiven Denkens als wertlos. Seine Selbstbeobachtungen, die ihm zeigen, daß sein Denken nicht der „wissenschaftlichen Methode“ folgt, wird zur Quelle nagender Zweifel an sich selbst, die wiederum nur zu oft zu einer sterilisierenden Denkdisziplin führen. Kein Wunder, daß in unserer Literatur wenige Autoren überraschen, wenige Dinge überraschend sind und eine tödliche Langeweile herrscht, ermutigt durch das, was die jeweilige Zeitschrift für *die* Form der wissenschaftlichen Darstellung hält.

Der Fluch der „einzigen Theorie und einzigen Methode“ ist teilweise synonym mit der Pest der „psychologischen Schulen“. Der Forscher benutzt eine Methode und wird ihr Gefangener. Das gleiche geschieht seinen Studenten. Er entwickelt eine Theorie, die nur Erscheinungen voraussagen kann, die durch diese besagte Methode, oder eine nah verwandte, hervorgerufen werden. Was einer Untersuchung durch diese Methoden nicht zugänglich ist, hört auf, die Theorie zu beeinflussen. Umgekehrt gelten alle Theorien, deren Methoden nicht auf das Bereich der fraglichen Erscheinungen anwendbar sind, irgendwie als „falsch“ und, wenn sie überhaupt geprüft werden, so geschieht es mit ihnen fremden Methoden, und somit *erweisen* sie sich offensichtlich als „falsch“. Gewöhnlich aber werden sie überhaupt ignoriert. Als Ergebnis werden bestimmte Methoden kanonisiert, das Studium einer beschränkten Reihe von Erscheinungen wird zum einzig „richtigen Studium des Menschen“ und diejenigen, die versuchen, das durch einige wenige Methoden in Teile gespaltene Feld der Psychologie zu vereinen, gelten als „Philosophen“ im abschätzigen Sinn des Wortes. Als Theoretiker bezeichnet zu werden, wird zum Schimpfwort: das ist die besondere Form des Antiintellektualismus, der in der heutigen Psychologie endemisch ist. Es werden keine neuen Methoden gesucht (d. h. Arten des Experimentierens, im Gegensatz zu Arten der Experimentalordnung), um die „splendid isolation“ der so geschaffenen und selbst abgekapselten Erscheinungsgebiete zu durchbrechen. Methodologisches Denken, das sich mit der Beziehung von Methode und Theorie befaßt und Anstrengungen, um festzustellen, was ein Artifikat der Untersuchungsmethode und was wirklich „das Wesen der Sache“ ist, verbleiben meist außerhalb des Gesichtskreises der Psychologen[4]. Die schon erwähnte Meßwut ist besonders charakteristisch für die Experimentalarbeit in der klinischen und Persönlichkeits-Psychologie. Sie bringt eine Mißachtung der Theorie zum Ausdruck und unterstützt sie, und wird damit zu einem Haupthindernis für den theoretischen Fortschritt. Sie lenkt aber auch vom allgemeinen Problem der Mathematisierung und dem speziellen Problem der dimensionalen Quantifizierung ab. Wir gehen mit der Vermutung kaum fehl, daß die Malaise der Psychologie, die in der Meßwut zum Ausdruck kommt, die gleiche ist wie die, die für die epidemieartige Popularität von „Informationstheorien“, „offenen Systemen“, „Stress-Syndromen“ und anderen nicht-psychologischen Errungenschaften in der Psychologie verantwortlich

---

[4] Die methologische Folgerung aus Brunswik's „repräsentativer Auslese von Versuchsanordnungen“ wird oft übersehen. Ich übertreibe um der Kürze und des Nachdrucks willen diesen Punkt absichtlich: z. B. ist das „Artifikat“-Problem keineswegs so einfach wie die obige Darstellung das nahelegt.

ist. Konzeptionen und Methoden können aus anderen Wissenschaften entlehnt werden; alles was nützlich ist, soll verwendet werden. Aber die Epidemie, nach jeder möglicherweise neuen Errungenschaft anderer Wissenschaften zu greifen, scheint mir ein symptomatisches Sich-Verraten zu sein: das Heil wird von außen erwartet und nicht von den Resultaten des Schweißes unserer eigenen Stirn. Es fehlt im Grunde am Selbstvertrauen – an der Überzeugung, daß die Psychologie weiß, woher sie gekommen ist und wohin sie geht.

BIBLIOGRAPHIE

(1) ABRAHAM, K., *Selected Papers of Karl Abraham,* London, Hogarth, 1927.

(2) ADAMS, D. K., *A Restatement of the Problem of Learning,* Brit. J. Psychol., 22 (150–178) 1931.

(3) ALEXANDER, F., *The Relation of Structural and Instinctual Conflicts,* Psa. Quart., 2 (181-207) 1933.

(4) ALEXANDER, F., *The Influence of Psychologic Factors Upon Gastro-Intestinal Disturbances: A Symposium. 1. General Principles, Objectives, and Preliminary Results,* Psa. Quart., 3 (501–539) 1934.

(5) ALEXANDER, F., *Emotional Factors in Essential Hypertension, Presentation of a Tentative Hypothesis,* Psychosom. Med. 1 (173–179) 1939.

(6) ALLPORT, G. W., *Personality,* New York, Holt, 1937. Deutsche Übersetzung: *Persönlichkeit,* Stuttgart, Ernst Klett, 1949.

(7) ALLPORT, G. W., *Scientific Models and Human Morals,* Psychol. Rev., 54 (182–192) 1947. Ferner in: 8 (187–197).

(8) ALLPORT, G. W., *The Nature of Personality: Selected Papers,* Cambridge, Addison-Wesley, 1950.

(9) ALLPORT, G. W., *Becoming: Basic Considerations for a Psychology of Personality,* New Haven, Yale University Press, 1955.

(10) BENJAMIN, J. D., *Methodological Considerations in the Validation and Elaboration of Psychoanalytic Personality Theory,* Amer. J. Orthopsychiat., 20 (139–156) 1950.

(11) BERGMAN, P., *A Religious Conversion in the Course of Psychotherapy,* Amer. J. Psychother., 7 (41–58) 1953.

(12) BERNFELD, S., *Die Gestalttheorie,* Imago, 20 (32–77) 1934.

(13) BERNFELD, S., *The Facts of Observation in Psychoanalysis,* J. Psychol., 12 (289–305) 1941.

(14) BERNFELD, S., *Freud's Earliest Theories and the School of Helmholtz,* Psa. Quart., 13 (341–362) 1944.

(15) BERNFELD, S., *Freud's Scientific Beginnings,* Amer. Imago, 6 (163–196) 1949.

(16) BERNFELD, S., *Sigmund Freud, M. D., 1882–1885,* Int. J. Psa., 32 (204–217) 1951.

(17) BERNFELD S., und BERNFELD, S. C., *Freud's First Year in Practice, 1886–1887,* Bull. Menninger Clin., 16 (37–49) 1952.

(18) BERNHEIM, H., *Die Suggestion und ihre Heilwirkung,* übersetzt durch S. Freud, 2. Aufl., Leipzig, Deuticke, 1896.

(18a) BERTALANFFY, L. VON, *The Theory of Open Systems in Physics and Biology,* Science, 111 (23–30) 1950.

(19) BETTELHEIM, B., *Individual and Mass Behavior in Extreme Situations,* J. Abn. Soc. Psychol., 38 (417–452) 1943.

(20) BETTELHEIM, B., *Love is Not Enough: the Treatment of Emotionally Disturbed Children,* Glencoe, Illinois, Free Press, 1950.

(21) BETTELHEIM, B., *Truants From Life; the Rehabilitation of Emotionally Disturbed Children,* Glencoe, Illinois, Free Press, 1955.

(22) BEVERIDGE, W. I. B., *The Art of Scientific Investigation,* New York, Norton, 1950.

(22a) BEXTON, W. H., HERON, W. und SCOTT, T. H., *Effects of Decreased Variation in the Sensory Environment,* Canad. J. Psychol., 8 (70–76) 1954.

(23) Bibring, E., *The Development and Problems of the Theory of the Instincts,* Int. J. Psa., 22 (102–131) 1941.

(23a) Bibring, E., *The Mechanism of Depression.* In: *Affective Disorders,* Hrsgb. P. Greenacre, New York, International Universities Press, 1953, pp. 13–48.

(23b) Bibring, E., *Psychoanalysis and the Dynamic Psychotherapies,* J. Amer. Psa. Assoc., 2 (745–770) 1954.

(24) Blake, R. und Ramsey, G., Hrsgb., *Perception, an Approach to Personality,* New York, Ronald Press, 1951.

(25) Bond, D. D., *The Love and Fear of Flying,* New York, International Universities Press, 1952.

(26) Boring, E. G., *A History of Experimental Psychology,* 2. Aufl., New York, Appleton-Century-Crofts, 1950.

(26a) Boring, E. G., *Dual Role of the Zeitgeist in Scientific Creativity,* Sci. Monthly, 80 (101–106) 1955.

(27) Brenman, M. und Gill, M. M., *Hypnotherapy,* New York, International Universities Press, 1947.

(28) Brenman, M. und Gill, M. M., *Research in Psychotherapy. Round Table, 1947,* Amer. J. Orthopsychiat., 18 (92–118) 1948.

(29) Breuer, J. und Freud, S., *Studien über Hysterie,* Leipzig und Wien, Deuticke, 1895.

(30) Brown, J. F., *Über die dynamischen Eigenschaften der Realitäts- und Irrealitätsschichten,* Psycho. Forsch., 18 (2–26) 1933.

(31) Bruner, J. und Goodman, C., *Value and Need as Organizing Factors in Perception,* J. Abn. Soc. Psychol., 42 (33–44) 1947.

(32) Bruner, und Postman, L., *Emotional Selectivity in Perception and Reaction,* J. Pers., 16 (69-77) 1947.

(33) Bruner, J. und Postman, L., *Tension and Tension Release as Organizing Factors in Perception,* J. Pers., 15 (300–308) 1947.

(34) Bruner, und Postman, L., *Symbolic Value as an Organizing Factor in Perception,* J. Soc. Psychol., 27 (203–208) 1948.

(35) Bruner, J., Postman, L. und McGinnies, E., *Personal Values as Selective Factors in Perception,* J. Abn. Soc. Psychol., 43 (142–154) 1948.

(36) Bühler, K., *Die geistige Entwicklung des Kindes,* 6. Aufl., Jena, Fischer, 1930.

(37) Chein, I., *The Genetic Factor in Ahistorical Psychology,* J. General Psychol., 36 (151–172) 1947.

(38) Delbrueck, M., *A Physicist Looks at Biology,* Trans. Connect. Acad. Arts Sci., 38 (175–190) 1949.

(39) Deutsch, F., *The Choice of Organ in Organ Neuroses,* Int. J. Psa. 20 (252–262) 1939.

(40) Dingle, H., *The Scientific Adventure,* London, Pitman, 1952.

(40a) Diven, K., *Certain Determinants in the Conditioning of Anxiety Reactions,* J. Psychol., 3 (219–308) 1937.

(41) Dollard, J. und Miller, N. E., *Personality and Psychotherapy, an Analysis in Terms of Learning, Thinking and Culture,* New York, McGraw-Hill, 1950.

(42) Dunbar, H. F., *Emotions and Bodily Changes,* 3. Aufl., New York, Columbia University Press, 1947.

(43) Dunbar, F. H., *Mind and Body: Psychosomatic Medicine,* New York, Random House, 1947. Deutsche Übersetzung: *Deine Seele – Dein Körper,* Meisenheim, Westkulturverlag, 1951.

(44) Eissler, K. R., *The Effect of the Structure of the Ego on Psychoanalytic Technique,* J. Amer. Psa. Assoc., 1 (104–143) 1953.

(45) Ellis, W. D., *A Sourcebook of Gestalt Psychology,* New York, Humanities Press, 1950.

(46) Erickson, M. H., *Experimental Demonstration of the Psychopathology of Everyday Life,* Psa. Quart., 8 (338–353) 1939.

(47) Erickson, M. H. und Kubie, L. S., *The Translation of the Cryptic Automatic Writing of One Hypnotic Subject by Another in a Trance-Like Dissociated State,* Psa. Quart., 9 (51–63) 1940.

(48) Erickson, M. H. und Kubie, L. S., *The Successful Treatment of a Case of Acute Hysterical Depression by a Return Under Hypnosis to a Critical Phase of Childhood,* Psa. Quart., 10 (583–609) 1941.

(49) Erikson, E. H., *Configurations in Play-Clinical Notes,* Psa. Quart., 6 (139–214) 1937.

(50) Erikson, E. H., *Observations on Sioux Education,* J. Psychol., 7 (101–156) 1939.

(51) Erikson, E. H., *Problems of Infancy and Early Childhood,* in: *Cyclopedia of Medicine,* Philadelphia, David and Co., 1940, pp. 714–730. Dsgl. in: *Outline of Abnormal Psychology,* G. Murphy and A. Bachrach, Hrsgb., New York, Modern Library, 1954, pp. 3–36.

(52) Erikson, E. H., *Childhood and Tradition in Two American Indian Tribes.* In: *The Psychoanalytik Study of the Child,* Vol. I, New York, International Universities Press, 1945, pp. 319–350. Dsgl. (revidiert) in: *Personality in Nature, Society and Culture,* C. Kluckhohn und H. Murray, Hrsgb., New York, Knopf, 1948, pp. 176–203.

(53) Erikson, E. H., *Ego Development and Historical Change,* In: *The Psychoanalytic Study of the Child,* Vol. II, New York, International Universities Press, 1946, pp. 359–396.

(54) Erikson, E. H., *Childhood and Society,* New York, Norton, 1950. Deutsche Übersetzung: *Kindheit und Gesellschaft,* Stuttgart, Ernst Klett, 1961.

(55) Erikson, E. H., *Growth and Crises of the ‚Healthy Personality',* in: *Personality in Nature, Society and Culture,* 2. Aufl., C. Kluckhohn und H. Murray, Hrsgb., New York, Knopf, 1953, pp. 185–225. Deutsche Übersetzung: *Wachstum und Krisen der gesunden Persönlichkeit.* Beiheft der Psyche, Stuttgart, Ernst Klett, 1956.

(56) Erikson, E. H., *The Dream Specimen of Psychoanalysis,* J. Amer. Psa. Assoc., 2 (5–56) 1954. Ferner in: *Psychoanalytic Psychiatry and Psychology, Clinical and Theoretical Papers,* Austen Riggs Center, Vol. I, R. P. Knight und C. R. Friedman, Hrsgb., New York, International Universities Press, 1954, pp. 131–170. Deutsche Übersetzung: *Das Traummuster der Psychoanalyse,* Psyche, 10 (561–604) 1955.

(57) Erikson, E. H., *Freuds „The Origins of Psychoanalysis",* Int. J. Psa., 36 (1–15) 1955. Deutsche Übersetzung: *Zu Siegmund Freud: „The Origins of Psychoanalysis",* Psyche, 9 (99–116) 1955.

(58) Erikson, E. H., *The Problem of Ego Identity,* J. Amer. Psa. Assoc., 4 (56–121) 1956. Deutsche Übersetzung: *Das Problem der Identität,* Psyche, 10 (114–176) 1956.

(59) Erikson, E. H., *The First Psychoanalyst: Crisis and Discovery,* The Yale Rev., 46 (40–62) 1956.

(60) Escalona, S., *Problems in Psycho-Analytic Research,* Int. J. Psa., 32 (11–21) 1952.

(61) Farber, L. und Fisher, C., *An Experimental Approach to Dream Psychology Through the Use of Hypnosis,* Psa. Quart., 12 (202–216) 1943.

(62) Fechner, G. T., *Einige Ideen zur Schöpfungs- und Entwicklungsgeschichte der Organismen,* Leipzig, Breitkopf und Härtel, 1873.

(63) Federn, P., *Ego Psychology and the Psychoses,* New York, Basic Books, 1952. Deutsche Übersetzung: *Ichpsychologie und die Psychosen,* Bern, Huber, 1956.

(64) Feigl, H., *Principles and Problems of Theory Construction in Psychology.* In: Current Trends in Psychological Theory, Pittsburgh, University of Pittsburgh Press, 1951, pp. 179–213.

(65) Fenichel, O., *Problems of Psychoanalytic Technique,* Albany, New York, Psychoanalytic Quarterly, Inc., 1941.

(66) Fenichel, O., *The Psychoanalytic Theory of Neurosis,* New York, Norton, 1945.

(67) Fenichel, O., *A Critique of the Death Instinct.* In: (69), First Series, pp. 363–372.

(67a) Fenichel, O., *The Ego and the Affects.* In: (69), Second Series, pp. 215–227.

(68) Fenichel, O., *Psychoanalytic Remarks on Fromm's Book, Escape From Freedom.* In: (69), Second Series, pp. 260–277.

(69) Fenichel, O., *Collected Papers,* First and Second Series, New York, Norton, 1953 and 1954.

(70) Ferenczi, S., *Entwicklungsstufen des Realitätssinn.* In: Bausteine zur Psychoanalyse, Bd. I, Bern, Huber, 1939, S. 62 ff.

(71) Ferenczi, S., *Das Problem der Unlustbejahung.* In: Bausteine zur Psychoanalyse, Bd. I, Bern, Huber, 1939, S. 84 ff.

(72) Ferenczi, S., *Die Psyche ein Hemmungsorgan.* In: Bausteine zur Psychoanalyse, Bd. III, Bern, Huber, 1939, S. 213–217.

(73) Ferenczi, S., *Denken und Muskelinnervation.* In: Bausteine zur Psychoanalyse, Bd. I, Bern, Huber, 1939, S. 189 ff.

(74) Finch, G. und Cuiler, E., *Relation of Forgetting to Experimental Extinction,* Amer. J. Psychol., 47 (656–662) 1935.

(75) Fischer, C., *Studies On the Nature of Suggestion,* Parts I and II, J. Amer. Psa. Assoc., 1 (222–255, 406–437) 1953.

(76) Fisher, C., *Dreams and Perception: the Role of Preconscious and Primary Modes of Perception in Dream Formation,* J. Amer. Psa. Assoc., 2 (389–445) 1954.

(76a) French, T. M., *Interrelations between Psychoanalysis and the Experimental Work of Pavlov,* Amer. J. Psychiat., 12 [89] (1165–1203) 1933.

(77) French, T. M., *Psychogenic Factors in Asthma,* Amer. J. Psychiat., 96 (87–101) 1939.

(78) French, T. M., *Goal, Mechanism and the Integrative Field,* Psychosom. Med., 3 (226–252) 1941.

(79) French, T. M., *The Integrative Process,* Dialectica, 5 (246–256) 1951.

(80) French, T. M., *The Integration of Behavior,* Vols. I und II, Chicago, University of Chicago Press, 1952 und 1954.

(81) French, T. M. und Alexander, F., *Psychogenic Factors in Bronchial Asthma,* Parts I und II, Psychosom. Med. Monogr., 1, No 4; 2, No 1 und No 2, 1941.

(82) Frenkel-Brunswik, E., *Motivation and Behavior,* Genet. Psychol. Monogr., 26 (121–265) 1942.

(83) Frenkel-Brunswik, E., *Psychoanalysis and the Unity of Science,* Proc. Amer. Acad. Arts Sci., 80 (271–350) 1954.

(84) Freud, A. (1936), *Das Ich und die Abwehrmechanismen*, London, Imago Publ. Co. Ltd. 1946.

(85) Freud, S. (1887–1902), *Aus den Anfängen der Psychoanalyse, Briefe an Wilhelm Fliess, Abhandlungen und Notizen aus den Jahren 1887–1902*, London, Imago Publ. Co. 1950.

(86) Freud, S. (1893), *Collected Papers, Bd. I*, London, Hogarth, 1948. (Eine Zusammenstellung der frühen Schriften Freuds, die in gleicher Form in deutscher Sprache nicht vorliegt. Die Arbeiten aus den ‚Collected Papers', auf die hier speziell Bezug genommen wird, finden sich im ersten Band der Gesammelten Werke. Werke aus den Jahren 1892–1899, London, Imago Publishing Co. Ltd. 1952.)

(87) Freud, S. (1894), *Die Abwehr-Neuropsychosen*. In: Gesammelte Werke, Bd. I, London, Imago Publishing Co. Ltd. 1952.

(88) Freud, S. (1896), *Weitere Bemerkungen über die Abwehr-Neuropsychosen*. In: Gesammelte Werke, Bd. I, London, Imago Publishing Co. Ltd. 1952.

(89) Freud, S. (1900), *Die Traumdeutung*. In: Gesammelte Werke, Bd. II/III, Imago Publishing Co. Ltd. 1942.

(90) Freud, S. (1904), *Zur Psychopathologie des Alltagslebens*. In: Gesammelte Werke, Bd. IV, Imago Publishing Co. Ltd. 1941.

(91) Freud, S. (1905), *Der Witz und seine Beziehung zum Unbewußten*. In: Gesammelte Werke, Bd. VI, London, Imago Publishing Co. Ltd. 1940.

(92) Freud, S. (1905), *Drei Abhandlungen zur Sexualtheorie*. In: Gesammelte Werke, Bd. V, London, Imago Publishing Co. Ltd. 1942.

(93) Freud, S. (1907), *Der Wahn und die Träume in W. Jensens Gradiva*. In: Gesammelte Werke, Bd. VII, London, Imago Publ. Co. Ltd. 1941.

(94) Freud, S. (1908), *Der Dichter und das Phantasieren*. In: Gesammelte Werke, Bd. VII, London, Imago Publ. Co. Ltd. 1941.

(95) Freud, S. (1910), *Über den Gegensinn der Urworte*. In: Gesammelte Werke Bd. VIII, London, Imago Publ. Co. Ltd. 1943.

(96) Freud, S., (1910), *Eine Kindheitserinnerung des Leonardo da Vinci*. In: Gesammelte Werke, Bd. VIII, London, Imago Publ. Co. Ltd. 1943.

(97) Freud, S. (1910–1919), Aufsätze zur Technik der Psychoanalyse aus den Jahren 1910–1919, wie sie im zweiten Band der *Collected Papers*, London Hogarth, 1948, zusammengestellt sind. In den Gesammelten Werken finden sich die Aufsätze in den Bänden VIII–XII.

(98) Freud, S. (1911), *Psychoanalytische Bemerkungen über einen autobiographisch beschriebenen Fall von Paranoia (Dementia paranoides)*. In: Gesammelte Werke, Bd. VIII, London, Imago Publ. Co. Ltd. 1943.

(99) Freud, S. (1911), *Formulierungen über die zwei Prinzipien des psychischen Geschehens*. In: Gesammelte Werke, Bd. VIII, London, Imago Publ. Co. Ltd. 1943.

(100) Freud, S. (1912), *Totem und Tabu*. In: Gesammelte Werke, Bd. IX, London, Imago Publ. Co. Ltd. 1940.

(101) Freud, S. (1912), *Einige Bemerkungen über den Begriff des Unbewußten in der Psychoanalyse*. In: Gesammelte Werke, Bd. VIII, London, Imago Publ. Co. Ltd. 1943.

(102) Freud, S. (1913), *Märchenstoffe in Träumen*. In: Gesammelte Werke, Bd. X, London, Imago Publ. Co. Ltd. 1946.

(103) Freud, S., (1913), *Das Motiv der Kästchenwahl*. In: Gesammelte Werke, Bd. X, London, Imago Publ. Co. Ltd. 1946.

(104) Freud, S. (1914), *Der Moses des Michelangelo.* In: Gesammelte Werke, Bd. X, London, Imago, Publ. Co. Ltd. 1946.
(105) Freud, S. (1914), *Zur Einführung des Narzißmus.* In: Gesammelte Werke, Bd. X, London, Imago Publ. Co. Ltd. 1946.
(106) Freud, S. (1915), *Triebe und Triebschicksale.* In: Gesammelte Werke, Bd. X, London, Imago Publ. Co. Ltd. 1946.
(107) Freud, S. (1915), *Die Verdrängung.* In: Gesammelte Werke, Bd. X, London, Imago Publ. Co. Ltd. 1946.
(108) Freud, S. (1915), *Das Unbewußte.* In: Gesammelte Werke, Bd. X, London, Imago Publ. Co. Ltd. 1946.
(109) Freud, S. (1916), *Mythologische Parallele zu einer plastischen Zwangsvorstellung.* In: Gesammelte Werke, Bd. X, London, Imago Publ. Co. Ltd. 1946.
(110) Freud, S. (1916), *Metapsychologische Ergänzung zur Traumlehre.* In: Gesammelte Werke, Bd. X, London, Imago Publ. Co. Ltd. 1946.
(111) Freud, S. (1917), *Trauer und Melancholie.* In: Gesammelte Werke, Bd. X, London, Imago Publ. Co. Ltd. 1946.
(112) Freud, S. (1917), *Vorlesungen zur Einführung in die Psychoanalyse.* In: Gesammelte Werke, Bd. XI, London, Imago Publ. Co. Ltd. 1940.
(113) Freud, S. (1919), *Ein Kind wird geschlagen.* In: Gesammelte Werke, Bd. XII, London, Imago Publ. Co. Ltd. 1947.
(114) Freud, S. (1920), *Jenseits des Lustprinzips.* In: Gesammelte Werke, Bd. XIII, London, Imago Publ. Co. Ltd. 1940.
(115) Freud, S. (1921), *Massenpsychologie und Ich-Analyse.* In: Gesammelte Werke, Bd. XIII, London, Imago Publ. Co. Ltd. 1940.
(116) Freud, S. (1923). *Das Medusenhaupt.* In: Gesammelte Werke, Bd. XVII, London, Imago Publ. Co. Ltd. 1941.
(117) Freud, S. (1923), *Das Ich und das Es.* In: Gesammelte Werke, Bd. XIII, London, Imago Publ. Co. Ltd. 1940.
(118) Freud, S. (1924), *Neurose und Psychose.* In: Gesammelte Werke, Bd. XIII, London, Imago Publ. Co. Ltd. 1940.
(119) Freud, S. (1924), *Der Realitätsverlust bei Neurose und Psychose.* In: Gesammelte Werke, Bd. XIII, London, Imago Publ. Co. Ltd. 1940.
(120) Freud, S. (1925), *Die Verneinung.* In: Gesammelte Werke, Bd. XIV, London, Imago Publ. Co. Ltd. 1948.
(121) Freud, S. (1925), *‚Notiz über den Wunderblock'.* In: Gesammelte Werke, Bd. XIV, Imago Publ. Co. Ltd. 1948. Siehe auch (250) pp. 329–337.
(122) Freud, S. (1926), *Hemmung, Symptom und Angst.* In: Gesammelte Werke, Bd. XIV, London, Imago Publ. Co. Ltd. 1948.
(123) Freud, S. (1927), *Die Zukunft einer Illusion.* In: Gesammelte Werke, Bd. XIV, London, Imago Publ. Co. Ltd. 1948.
(124) Freud, S. (1928), *Dostojewski und die Vatertötung.* In: Gesammelte Werke, Bd. XIV, London, Imago Publ. Co. Ltd. 1948.
(125) Freud, S. (1928), *Der Humor.* In: Gesammelte Werke, Bd. XIV, London, Imago Publ. Co. Ltd. 1948.
(126) Freud, S. (1928), *Ein religiöses Erlebnis.* In: Gesammelte Werke, Bd. XIV, London, Imago Publ. Co. Ltd. 1948.
(127) Freud, S. (1930), *Das Unbehagen in der Kultur.* In: Gesammelte Werke, Bd. XIV, London, Imago Publ. Co. Ltd. 1948.

(128) Freud, S. (1932), *Neue Folge der Vorlesungen zur Einführung in die Psychoanalyse.* In: Gesammelte Werke, Bd. XV, London, Imago Publ. Co. Ltd. 1940.
(129) Freud, S. (1932), *Warum Krieg?* In: Gesammelte Werke, Bd. XVI, London, Imago Publ. Co. Ltd. 1950.
(130) Freud, S. (1937), *Die endliche und die unendliche Analyse.* In: Gesammelte Werke, Bd. XVI, London, Imago Publ. Co. Ltd. 1950.
(131) Freud, S. (1938), *Abriß der Psychoanalyse.* In: Gesammelte Werke, Bd. XVII, London, Imago Publ. Co. Ltd. 1941.
(132) Freud, S. (1938), *Der Mann Moses und die monotheistische Religion.* In: Gesammelte Werke, Bd. XVI, London, Imago Publ. Co. Ltd. 1950.
(133) Fromm-Reichmann, F., *Transference Problems in Schizophrenics,* Psa. Quart., 8 (412–426) 1939.
(134) Fromm-Reichmann, F., *Notes on the Development of Treatment of Schizophrenics by Psychoanalytic Psychotherapy,* Psychiatry, 11 (263–273) 1948.
(135) Gardner, R. W., *Cognitive Styles in Categorizing Behavior,* J. Pers., 22 (214–233) 1953.
(136) Gill, M. M., *Psychoanalysis and Exploratory Psychotherapy,* J. Amer. Psa. Assoc., 2 (771–797) 1954.
(137) Gill, M. M., *The Present State of Psychoanalytic Theory,* gehalten vor der American Association for the Advancement of Science, San Francisco, 1955 (unveröffentlichtes Manuskript).
(138) Gill, M. M. und Brenman, M., *Problems in Clinical Research. Round Table, 1946,* Amer. J. Orthopsychiat., 17 (196–230) 1947.
(139) Gill, M. M. und Brenman, M., *Hypnosis: A Research Report,* New York, International Universities Press (im Druck).
(140) Gill, M. M., und Rapaport, D., *A. Reconsideration of Psychoanalytic Metapsychology* (unveröffentlichtes Manuskript).
(141) Glover, E., *Basic Mental Concepts,* London, Imago, 1947.
(142) Glover, E., *The Technique of Psycho-Analysis,* London, Balliere, Tindall & Cox, 1928. Revised ed., New York, International Universities Press, 1955.
(143) Goldmann, A. E., *Studies in Vicariousness: Degree of Motor Activity and the Autokinetic Phenomenon,* Amer. J. Psychol., 66 (613–617) 1953.
(144) Gross, A., *The Secret,* Bull. Menninger Clin., 15 (37–44) 1951.
(144a) Gross, A., *Freud's Creative Period,* New York, International Universities Press (im Druck).
(145) Halverson, H. M., *Infant Sucking and Tensional Behavior,* J. Genet. Psychol., 53 (365–430) 1938.
(146) Halverson, H. M., *Genital and Sphincter Behavior of the Male Infant,* J. Genet. Psychol., 56 (95–136) 1940.
(147) Hartmann, H., *Ich-Psychologie und Anpassungsproblem,* Stuttgart, Ernst Klett, 1960
(148) Hartmann, H., *Psychoanalysis and the Concept of Health,* Int. J. Psa., 20 (308–321) 1939.
(149) Hartmann, H., *On Rational and Irrational Action.* In: Psychoanalysis and the Social Sciences, Vol. I, G. Roheim, Hrsgb., New York, International Universities, Press, 1947, pp. 359–392.
(150) Hartmann, H., *Comments on the Psychoanalytic Theory of Instinctual Drives,* Psa. Quart., 17 (368–388) 1948.
(151) Hartmann, H., *Comments on the Psychoanalytic Theory of the Ego.* In: The

Psychoanalytic Study of the Child, Vol. V, New York, International Universities Press, 1950, pp. 74–96.

(152) Hartmann, H., *The Mutual Influences in the Development of the Ego and Id.* In: The Psychoanalytic Study of the Child, Vol. VII, New York, International Universities Press, 1952, pp. 9–30. Deutsche Übersetzung: *Die gegenseitigen Beeinflussungen von Ich und Es in der psychoanalytischen Theoriebildung,* Psyche, IX, H. 1, 1955, S. 1–22.

(153) Hartmann, H., *Contribution to the Metapsychology of Schizophrenia.* In: The Psychoanalytic Study of the Child, Vol. VIII, New York, International Universities Press, 1953, pp. 177–198.

(154) Hartmann, H., *Notes on the Theory of Sublimation.* In: The Psychoanalytic Study of the Child, Vol. X, New York, International Universities Press, 1955, pp. 9–29. Deutsche Übersetzung: *Bemerkungen zur Theorie der Sublimierung,* Psyche, X. H. 1–3, 1956, S. 41–62.

(155) Hartmann, H., *The Development of the Ego Concept in Freud's Work,* Int. J. Psa., 37 (425–438) 1956.

(156) Hartmann, H., und Kris, E., *The Genetic Approach in Psychoanalysis.* In: The Psychoanalytic Study of the Child, Vol. I, New York, International Universities Press, 1945, pp. 11–29.

(157) Hartmann, H., Kris, E., und Loewenstein, R. M., *Comments on the Formation of Psychic Structure.* In: The Psychoanalytic Study of the Child, Vol. II, International Universities Press, 1946, pp. 11–38.

(158) Hartmann, H., Kris, E., und Loewenstein, R. M., *Notes on the Theory of Aggression.* In: The Psychoanalytic Study of the Child, Vol. III/IV, New York, International Universities Press, 1949, pp. 9–36.

(159) Hebb, D. O., *The Organization of Behavior: A Neuropsychological Theory,* New York, Wiley, 1949.

(159a) Heron, W., *The Pathology of Boredom,* Sci. Amer., 196 (52–56) 1957.

(159b) Heron, W., Bexton, W. H., und Hebb, D. O., *Cognitive Effects of a Decreased Variation in the Sensory Environment,* Amer. Psychol., 8 (366) 1953.

(159c) Heron, W., Doane, B. K., und Scott, T. H., *Visual Disturbances after Prolonged Perceptual Isolation,* Canad. J. Psychol., 10 (13–18) 1956.

(160) Hilgard, E. R., *Experimental Approaches to Psychoanalysis.* In: Psychoanalysis as Science, E. Pumpian-Mindlin, Hrsgb., Stanford, California, Stanford University Press, 1952, pp. 3–45.

(161) Holt, E. B., *The Freudian Wish and Its Place in Ethics,* New York, Holt, 1915.

(162) Holt, E. G., *Animal Drive and the Learning Process,* New York, Holt, 1931.

(163) Holt, R. R., *Implications of Some Contemporary Personality Theories for Rorschach Rationale.* In: Developments in the Rorschach Technique, Vol. I, von B. Klopfer, M. Ainsworth, W. Klopfer, und R. R. Holt, Yonkers, New York, World Book Co., 1954, pp. 501–560.

(164) Holt, R. R., *Freud and the Scientific Method of Psychoanalysis,* (unveröffentlichtes Manuskript).

(165) Holt, R. R., *Gauging Primary and Secondary Processes in Rorschach Responses,* J. Proj. Tech., 20 (14–25) 1956.

(166) Holzmann, P. S., und Klein, G. S., *Cognitive System-Principles of Leveling and Sharpening: Individual Differences in Assimilation Effects in Visual Time-Error,* J. Psychol., 37 (105–122) 1954.

(167) Holzmann, P. S., *The Relation of Assimilation Tendencies in Visual, Auditory, and Kinesthetic Time-Error to Cognitive Attitudes of Leveling and Sharpening,* J. Pers., 22 (375–394) 1954.

(168) Horney, K., *The Neurotic Personality of Our Time,* New York, Norton, 1937. Deutsche Übersetzung: Der neurotische Mensch unserer Zeit, Stuttgart, Kilpper, 1951.

(169) Horney, K., *New Ways in Psychoanalysis,* New York, Norton, 1939. Deutsche Übersetzung: *Neue Wege in der Psychoanalyse,* Stuttgart, Kilpper, 1951.

(170) Hull, C. L., *Psychology Seminar Memoranda, 1934–1937* (unveröffentlichtes Manuskript).

(171) Humphrey, G., *The Conditioned Reflex and the Freudian Wish,* J. Abn. Soc. Psychol., 14 (388–392) 1920.

(172) Humphrey, G., *Education and Freudianism,* J. Abn. Soc. Psychol., 15 (350–402) 1921.

(173) Hunt, J. McV., *The Effects of Infant Feeding-Frustration Upon Adult Hoarding in the Albino Rat,* J. Abn. Soc. Psychol., 36 (338–360) 1941.

(174) Hunt, J. McV., Scholosberg, H., Solomon, R. L., und Stellar, E., *Studies of the Effect of Infantile Experience on Adult Behavior in Rats. I. Effects of Infantile Feeding Frustration on Adult Hoarding,* J. Comp. Physiol. Psychol., 40 (291–304) 1947.

(174a) Huston, P. E., Shakow, D., und Erickson, M. H., *A Study of Hypnotically Induced Complexes by Means of the Luria Technique,* J. Gen. Psychol., 11 (65–97) 1934.

(175) Jacobson, E., *Observations on the Psychological Effect of Imprisonment on Female Political Prisoners.* In: Searchlights on Delinquency, K. Eissler, Hrsgb., New York, International Universities Press, 1949, pp. 341–368.

(176) Jacobson, E., *Contribution to the Metapsychology of Cyclothymic Depression.* In: Affective Disorders, P. Greenacre, Hrsgb., New York, International Universities Press, 1953, pp. 49–83.

(177) Jacobson, E., *The Affects and Their Pleasure-Unpleasure Qualities, in Relation to the Psychic Discharge Processes.* In: Drives, Affects, Behavior, R. Loewenstein, Hrsgb., New York, International Universities Press, 1953, pp. 38–66.

(178) Jacobson, E., *The Self and the Object World.* In: The Psychoanalytic Study of the Child, Vol. IX, New York, International Universities Press, 1954, pp. 75–127.

(179) Jones, E., *The Life and Work of Sigmund Freud,* Vols. I and II, New York, Basic Books, 1953 and 1955. Deutsche Übersetzung durch Katherine Jones: *Das Leben und Werk von Sigmund Freud.* Bern, H. Huber, 1960.

(180) Kardiner, A., *The Individual and His Society; the Psychodynamics of Primitive Social Organization,* New York, Columbia University Press, 1939.

(181) Kardiner, A., *The Psychological Frontiers of Society,* New York, Columbia University Press, 1945.

(182) Kempf, E. J., *The Autonomic Functions and the Personality,* New York, Nervous and Mental Disease Publications, 1921.

(183) Klein, G. S., *Need and Regulation.* In: Nebraska Symposium on Motivation, M. Jones, Hrsgb., Lincoln, University of Nebraska Press, 1954, pp. 224–274.

(184) Klein, G. S., Holzman, P. S., und Gardner, R. W., *Perception, Motive, and Personality: A Clinical Perspective,* im Erscheinen bei Basic Books. Siehe ferner in: Psychology of Personality: Six Modern Approaches, J. McCary, ed., New York, Logos Press, 1956, pp. 123–199.

(185) Klein, G. S., und Schlesinger, H. J., *Perceptual Attitudes Toward Instability. I. Prediction of Apparent Movement Experiences from Rorschach Responses*, J. Pers., 19 (289–302) 1951.

(186) Klein, G. S., Schlesinger, H. J., und Meister, D. E., *The Effects of Personal Values on Perception: An Experimental Critique*, Psychol. Rev., 58 (96–112) 1951.

(186a) Klein, G. S., Spence, D. P., Holt, R. R., und Gourevitch, S., *Preconscious Influences Upon Conscious Cognitive Behavior*, Amer. Psychol., 10 (380) 1955. Wird erscheinen unter dem Titel *Cognition Without Awareness: I. Subliminal Influences Upon Conscious Thought*, (im Druck).

(187) Knight, R. P., *Borderline States*, Bull. Menninger Clin., 17 (1–12) 1953. Auch in: Psychoanalytic Psychiatry and Psychology, Clinical and Theoretical Papers, Austen Riggs Center, Vol., I, R. P. Knight and C. R. Friedman, Hrsgb., New York, International Universities Press, 1954, pp. 97–109.

(188) Knight, R. P., *Management and Psychotherapy of the Borderline Schizophrenic Patient*, Bull. Menninger, Clin., 17 (139–150) 1953. Auch in: Psychoanalytic Psychiatry and Psychology, Clinical and Theoretical Papers, Austen Riggs Center, Vol. I, R. P. Knight and C. R. Friedman, Hrsgb., New York, International Universities Press, 1954, pp. 110–122.

(189) Koffka, K., *Principles of Gestalt Psychology*, New York, Harcourt, Brace, 1935.

(190) Kris, E., *Notes On the Development and On Some Current Problems of Psychoanalytic Child Psychology*. In: The Psychoanalytic Study of the Child, Vol. V, New York, International Universities Press, 1950, pp. 24–46.

(191) Kris, E., *On Preconscious Mental Processes*, Psa. Quart., 19 (540–560) 1950. Auch in: (250), pp. 474–493. Auch in: (192), pp. 303–318.

(192) Kris, E., *Psychoanalytic Explorations in Art*, New York, International Universities Press, 1952.

(193) Krus, D., Werner, H., und Wapner, S., *Studies in Vicariousness: Motor Activity and Perceived Movement*, Amer. J. Psychol., 66 (603–608) 1953.

(194) Kubie, L. S., Diskussion in *Problems in Clinical Research. Round Table, 1946*, Amer. J. Orthopsychiat., 17 (196–230) 1947.

(195) Kubie, L. S., *Problems and Techniques of Psychoanalytic Validation and Progress*. In: Psychoanalysis as Science, E. Pumpian-Mindlin, Hrsgb., Stanford, California, Stanford University Press, 1952, pp. 46–124.

(196) Leeper, R. W. *A Motivational Theory of Emotion to Replace Emotion as Disorganized Response*, Psychol. Rev. 55 (5–21) 1948.

(197) Levy, D. M., *Experiments on the Sucking Reflex and Social Behavior of Dogs*, Amer. J. Orthopsychiat., 4 (203–224) 1934.

(198) Levy, D. M., *On Instinct-Satiation: an Experiment on Pecking Behavior of Chickens*, J. General Psychol., 18 (327–348) 1938.

(199) Lewin, B., *The Psychoanalysis of Elation*, New York, Norton, 1950.

(200) Lewin, K., *Gesetz und Experiment in der Psychologie*, Symposion, 1 (375–421) 1927.

(201) Lewin, K., *A Dynamic Theory of Personality*, New York, McGraw-Hill, 1935.

(202) Lewin, K., *Principles of Topological Psychology*, New York, McGraw-Hill, 1936.

(203) Lewin, K., *Psychoanalysis and Topological Psychology*, Bull. Menninger Clin., 1 (202–212) 1937.

(204) Lewin, K., *The Conceptual Representation and Measurement of Psychological Forces*, Contr. Psychol. Theor., 1, No 4; 1938.

(205) Lewin, K., *Comments Concerning Psychological Forces and Energies, and the Structure of the Psyche.* In: (250), pp. 76–94.
(206) Lewin, K., *Intention, Will, and Need.* In: (250), pp. 95–153.
(206a) Lilly, J. C., Diskussion in *Illustrative Strategies for Research on Psychopathology in Mental Health,* Symposium No. 2, Group for the Advancement of Psychiatry, June, 1956, pp. 13–20.
(206b) Lilly, J. C., *Mental Effects of Reduction of Ordinary Levels of Physical Stimuli on Intact, Healthy Persons,* Psychiat. Res. Reports, 5 (1–9) 1956.
(207) Lorand, S., *Technique of Psychoanalytic Therapy,* New York, International Universities Press, 1946.
(208) Lorenz, K., *Der Kumpan in der Umwelt des Vogels. Der Artgenosse als auslösendes Moment sozialer Verhaltungsweisen,* J. Ornith., 83 (137–213) 1935.
(209) MacCorquodale, K., und Meehl, P. E., *Operational Validity of Intervening Constructs.* In: Psychological Theory, M. Marx, Hrsgb., New York, Macmillan, 1951, pp. 103–111.
(210) McClelland, D. C., *The Psychology of Mental Content Reconsidered,* Psychol. Rev., 62 (297–302) 1955.
(211) Maier, N. R. F., *Frustration, the Study of Behavior Without a Goal,* New York, McGraw-Hill, 1949.
(212) Masserman, J. H., *Behavior and Neurosis: an Experimental Psychoanalytic Approach to Psychobiologic Principles,* Chicago, University of Chicago Press, 1943.
(213) Meng, H., *Das Problem der Organpsychose,* Int. Z. Psa., 20 (439–458) 1934.
(214) Merlan, P., *Brentano and Freud,* J. Hist. Ideas, 6 (375–377) 1945.
(215) Merlan, P., *Brentano and Freud – – a Sequel,* J. Hist. Ideas, 10 (451) 1949.
(216) Miller, N. E., *Studies of Fear as an Acquirable Drive: I. Fear as Motivation and Fear-Reduction as Reinforcement in the Learning of New Responses,* J. Exp. Psychol., 38 (89–101) 1948.
(217) Miller, N. E., *Theory and Experiment Relating Psychoanalytic Displacement to Stimulus-Response Generalization,* J. Abn. Soc. Psychol., 43 (155–178) 1948.
(218) Miller, N. E., *Comments on Theoretical Models, Illustrated by the Development of a Theory of Conflict Behavior,* J. Pers., 20 (82—100) 1951.
(219) Miller, N. E., und Dollard, J., *Social Learning and Imitation,* New Haven, Yale University Press, 1941.
(220) Morgan, C. D., und Murray, H. A., *A Method for Investigating Phantasies: the Thematic Apperception Test,* Arch. Neurol. Psychiat., 34 (289–306) 1935.
(221) Mowrer, O. H., *Learning Theory and Personality Dynamics,* New York, Ronald Press, 1950.
(222) Murphy, G., *Personality: a Biosocial Approach to Origins and Structure,* New York, Harper, 1947.
(223) Murray, H. A., *The Effect of Fear Upon Estimates of the Maliciousness of Other Personalities,* J. Soc. Psychol., 4 (310–329) 1933.
(224) Murray, H. A. u. a., *Explorations in Personality,* New York, Oxford University Press, 1938.
(225) Munroe, R. L., *Schools of Psychoanalytic Thought,* New York, Dryden Press, 1955.
(226) Nachmansohn, M., *Concerning Experimentally Produced Dreams.* In: (250), pp. 257–287.
(227) Nunberg, H., *The Synthetic Function of the Ego.* In: *Practice and Theory of*

Psychoanalysis, New York, Nervous and Mental Disease Publications, 1948, pp. 120–136.

(228) PAGE, J., und WARKENTIN, J., *Masculinity and Paranoia*, J. Abn. Soc. Psychol., 33 (527–531) 1938.

(229) PIAGET, J., *Le jugement et le raisonnement chez l'enfant*, Neuchâtel, Delachaux et Niestlé, 1924; 343 p.: – 2. Aufl.: ibidem, 1935. – 3. : 1947.

(230) PIAGET, J., *La représentation du monde chez l'enfant*, Paris, Alcan, 1926; 424 p. – Neue Aufl. P. U. F., 1947.

(231) PIAGET, J., *La causalité physique chez l'enfant*. Paris, Alcan, 1927; 347 p.

(232) PIAGET, J., *Children's Philosophies*. In: *A Handbook of Child Psychology*, C. Murchison, Hrsgb., Worcester, Massachusetts, Clark University Press, 1931, pp. 377–391. 377–391.

(233) PIAGET, J., *Le langage et la pensée chez l'enfant*. Neuchâtel, Delachaux et Niestlé, 1923; 319 p.

(234) PIAGET, J., *Introduction a l'Epistemologie genetique*, Vols. I, II. III, Paris, Presses Universitaires de France, 1950.

(235) PIAGET, J., *Psychologie der Intelligenz*, Zürich, Rascher, 1947 (aus dem Französischen).

(236) PIAGET, J., *La naissance de l'intelligence chez l'enfant*. – Neuchâtel, Delachaux et Niestlé, 1936; 429 p. – 2 Aufl. ibidem, 1948. Deutsche Ausgabe erscheint im Ernst Klett Verlag, Stuttgart.

(237) PIAGET, J., *La construction du réel chez l'enfant*. Neuchâtel, Delachaux et Niestlé, 1937; 398 p.

(238) PIAGET, J., *La formation du symbole chez l'enfant*. – Neuchâtel, Delachaux et Niestlé, 1945; 308 p. Deutsche Ausgabe erscheint im Ernst Klett Verlag, Suttgart.

(239) POETZL, O., *Experimentell erregte Traumbilder in ihren Beziehungen zum indirekten Sehen*, Z. Neurol. Psychiat., 37 (278–349) 1917.

(240) RAPAPORT, D., *Emotions and Memory*, Philadelphia, Williams and Wilkins, 1942. 2. Aufl., New York, International Universities Press, 1950.

(241) RAPAPORT, D., *Principles Underlying Projective Techniques*, Character and Pers., 10 (213–219) 1942.

(242) RAPAPORT, D., *Scientific Methodology of Psychoanalysis*, Sechs Vorlesungen, gehalten am Topeka Institut für Psychoanalyse, 1945 (unveröffentlichtes Manuskript).

(243) RAPAPORT, D., *Principles Underlying Non-Projective Tests of Personality*, Ann. N. Y. Acad. Sci., 46 (643–652) 1946.

(244) RAPAPORT, D., *Dynamic Psychology and Kantian Epistemology*, Vorgetragen am Haupt-Seminar der Menninger Foundation School of Clinical Psychology, 1947 (unveröffentlichtes Manuskript).

(245) RAPAPORT, D., *Interpersonal Relations, Communication and Psychodynamics*, Vorgetragen am Menninger Foundation General Seminar, 1949 (unveröffentlichtes Manuskript).

(246) RAPAPORT, D., Buchbesprechung: *Cybernetics*, von Norbert Wiener, Psa Quart., 19 (598–603) 1950.

(247) RAPAPORT, D., *On the Psycho-Analytic Theory of Thinking*, Int. J. Psa., 31 (161–170) 1950. Auch in: Psychoanalytic Psychiatry and Psychology, Clinical and Theoretical Papers, Austen Riggs Center, Vol. I, R. P. Knight and C. R. Friedman, Hrsgb., New York, International Universities Press, 1954, pp 259–273.

(248) RAPAPORT, D., *The Autonomy of the Ego*, Bull. Menninger Clin., 15 (113–123)

Auch in: *Psychoanalytic Psychiatry and Psychology, Clinical and Theoretical Papers,* Austen Riggs Center, Vol. I, R. P. Knight and C. R. Friedman, Hrsgb., New York, International Universities Press, 1954, pp. 248–258.

(249) RAPAPORT, D., *The Conceptual Model oft Psychoanalysis,* J. Pers., 20 (56–81) 1951. Auch in: *Psychoanalytic Psychiatry and Psychology, Clinical and Theoretical Papers,* Austen Riggs Center, Vol. I, R. P. Knight and C. R. Friedman, Hrsgb., New York, International Universities Press, 1954, pp. 221–247.

(250) RAPAPORT, D., Hrsgb., *Organization and Pathology of Thought,* New York, Columbia University Press, 1951.

(251) RAPAPORT, D., *Paul Schilder's Contribution to the Theory of Thought-Processes,* Int. J. Psa., 32 (291–301) 1951. Auch Appendix in *Medical Psychology,* von P. Schilder, New York, International Universities Press, 1953, pp. 340–356.

(252) RAPAPORT, D., *Consciousness: a Psychopathological and Psychodynamic View.* In: *Problems of Consciousness,* Transactions of the Second Conference, March 19–20, 1951, New York, Josiah Macy, Jr. Foundation, 1951, pp. 18–57.

(253) RAPAPORT, D., Buchbesprechung: O. HOBART MOWRER, *Learning Theory and Personality Dynamics,* New York, Ronald Press, 1950, J. Abn. Soc. Psychol., 47 (137–142) 1952.

(254) RAPAPORT, D., Buchbesprechung: J. DOLLARD und N. F. MILLER, *Personality and Psychotherapy, an Analysis in Terms of Learning, Thinking and Culture,* New York, McGraw-Hill, 1950, Amer. J. Orthopsychiat., 23 (204–208) 1953.

(255) RAPAPORT, D., Diskussion im *Mass Communications Seminar: Proceedings of an Interdisciplinary Seminar,* H. Powdermaker, Hrsgb., New York, Wenner-Gren Foundation, 1953, pp 121–128.

(256) RAPAPORT, D., *On the Psycho-Analytic Theory of Affects,* Int. J. Psa., 34 (177-198) 1953. Auch in: *Psychoanalytic Psychiatry and Psychology, Clinical and Theoretical Papers,* Austen Riggs Center, Vol. I, R. P. Knight and C. R. Friedman, Hrsgb., New York, International Universities Press, 1954, pp. 274–310.

(257) RAPAPORT, D., *Some Metapsychological Considerations Concerning Activity and Passivity,* zwei Vorlesungen gehalten im Hauptseminar des Austen Riggs Center, 1953 (unveröffentlichtes Manuskript).

(258) RAPAPORT, D., *Cognitive Structures.* In: *Cognition: A Symposium,* Cambridge, Harvard University Press, 1957.

(259) RAPAPORT, D., *The Development and the Concepts of Psychoanalytic Ego-Psychology,* zwölf Seminare gehalten am Western New England Institute für Psychoanalyse, 1955, S. C. Miller, Hrsgb. (hektographiertes Manuskript).

(260) RAPAPORT, D., *Present-Day Ego Psychology,* gehalten für die San Francisco Psychoanalytic Society, 1956 (unveröffentlichtes Manuskript).

(260a) RAPAPORT, D., *The Theory of Ego Autonomy: A Generalization,* Bull. Menninger Clin. (im Druck).

(261) RAPAPORT, D., GILL, M. M. und SCHAAFER, R., *Diagnostic Psychological Testing,* Vols. I and II, Chicago, Yearbook Publishers, 1945 und 1946.

(262) REDL, F., und WINEMAN, D., *Children Who Hate,* Glencoe, Illinois, Free Press, 1951. Wiederabgedruckt mit (263) in *The Treatment of Childhood Aggression,* New York, Basic Books, 1957.

(263) REDL, F., und WINEMAN, D., *Controls From Within,* Glencoe, Illinois, Free Press, 1952. Wiederabgedruckt mit (262) in *The Treatment of Childhood Aggression,* New York, Basic Books, 1957.

(264) Reich, W., *Charakteranalyse,* Wien, Selbstverlag des Verfassers, 1933.

(265) Reider, N., *A Type of Psychotherapy Based on Psychoanalytic Principles,* Bull. Menninger Clin., 19 (111–128) 1955.

(266) Reik, T., *From Thirty Years With Freud,* New York, International Universities Press, 1940.

(267) Rich, J. L., *Goals and Trends of Research in Geology and Geography,* Science, 107 (581–854) 1948.

(268) Roffenstein, G., *Experiments on Symbolization in Dreams.* In: (250), pp. 249–256.

(269) Roheim, G., *The Origin and Function of Culture,* New York, Nervous and Mental Disease Monograph, 1943.

(270) Roheim, G., Hrsgb., *Psychoanalysis and the Social Sciences,* Bde. I–IV, New York, International Universities Press, 1947–1955.

(271) Roheim, G., *Psychoanalysis and Anthropology,* New York, International Universities Press, 1950.

(272) Rorschach, H., *Psychodiagnostik: Methodik und Ergebnisse eines Wahrnehmungsdiagnostischen Experiments.* Bern und Leipzig, Birche, 1921.

(273) Rosenzweig, S., *The Experimental Study of Psychoanalytic Concepts,* Character and Pers., 6 (61–71) 1937.

(274) Rosenzweig, S., *The Experimental Study of Repression.* In: *Explorations in Personality,* H. A. Murray, Hrsgb., New York, Oxford University Press, 1938, pp. 472–490.

(275) Sanford, R. N., *The Effects of Abstinence From Food upon Imaginal Processes: a Preliminary Experiment,* J. Psychol., 2 (129–136) 1936.

(276) Sanford, R. N., *The Effects of Abstinence From Food upon Imaginal Processes: a Further Experiment,* J. Psychol., 3 (145–159) 1937.

(277) de Saussure, R., *Über genetische Psychologie und Psychoanalyse,* Imago, 20 (282–315) 1934.

(278) Schafer, R., *Psychoanalytic Interpretation in Rorscharch Testing: Theory and Application,* New York, Grune and Stratton, 1954.

(279) Schilder, P., *Mind: Perception and Thought in Their Constructive Aspects,* New York, Columbia University Press, 1942.

(280) Schilder, P., *On the Development oft Thoughts.* In: (250), pp. 497–518.

(281) Schilder, P., *Studies Concerning the Psychology and Symptomatology of General Paresis.* In: (250), pp. 519–580.

(282) Schilder, P., *Medical Psychology,* New York, International Universities Press, 1953.

(282a) Schiller, C. H., Hrsgb. und Übers., *Instictive Behavior: The Development of a Modern Concept,* New York, International Universities Press, 1957.

(283) Schlesinger, H. J., *Cognitive Attitudes in Relation to Susceptibility to Interference,* J. Pers., 22 (354–374) 1954.

(284) Schroedinger, E., *What Is Life?,* New York, Macmillan, 1947.

(285) Schroetter, K., *Experimental Dreams.* In: (250), pp. 234–248.

(286) Sears, R. R., *Functional Abnormalities of Memory with Special Reference to Amnesia,* Psychol. Bull., 33 (229–274) 1936.

(287) Sears, R. R., *Survey of Objective Studies of Psychoanalytic Concepts,* New York, Social Science Research Council, Bulletin No 51, 1943.

(288) Shakow, D., und Rapaport, D., *The Influence of Freud on Psychology* (unveröffentlichtes Manuskript).

(289) Silberer, H., *Report On a Method of Eliciting and Observing Certain Symbolic Hallucination-Phenomena.* In: (250), pp. 195–207.

(290) Simpson, G. G., *Quantitative Zoology. Numerical Concepts in the Study of Recent and Fossil Animals,* New York, McGraw-Hill, 1939.

(291) Simpson, G. G., *Tempo and Mode in Evolution,* New York, Columbia University Press, 1949.

(292) Sullivan, H. S. (1940), *Conceptions of Modern Psychiatry,* Washington, William Alanson White Psychiatric Foundation, 1947.

(293) Sullivan, H. S., *The Interpersonal Theory of Psychiatry,* New York Norton, 1953.

(294) Tinbergen, H., *The Study of Instinct,* Oxford, Clarendon Press, 1951. Deutsche Übersetzung: *Instinktlehre, Vergleichende Erforschung angeborenen Verhaltens,* Berlin und Hamburg, Paray, 1952.

(295) Tolman, E. C., *The Intervening Variable.* In: *Psychological Theory,* M. Marx, Hrsgb., New York, Macmillan, 1951, pp. 87–102.

(296) Travell, J., und Bigelow, N. H., *Role of Somatic Trigger Areas in the Patterns of Hysteria,* Psychosom. Med., 9 (353–363) 1947.

(297) Troland, L. T., *The Fundamentals of Human Motivation,* New York, von Nostrand, 1928.

(298) Varendonck, J., *The Psychology of Daydreams,* New York, Macmillan, 1921. Auch (gekürzt) in: (250), pp. 451–473.

(299) Waelder, R., *The Principles of Multiple Function: Observations on Over-Determination,* Psa. Quart., 5 (45–62) 1936.

(300) Weiss, E., und English, O. S., *Psychosomatic Medicine; the Clinical Application of Psychopathology to General Medical Problems,* Philadelphia, Saunders, 1943.

(301) Werner, H., *Comparative Psychology of Mental Development,* 3. Aufl., New York, International Universities Press, 1957.

(301a) Werner, H. und Wapner, S., *Toward a General Theory of Perception,* Psychol. Rev., 59 (324–338) 1952.

(302) Wexler, M., *The Structural Problem in Schizophrenia: Therapeutic Implications,* Int. J. Psa., 32 (157–166) 1951.

(303) Wexler, M., *The Structural Problem in Schizophrenia: the Role of the Internal Object,* Bull. Menninger Clin., 15 (221–234) 1951.

(304) Wiener, N., *Cybernetics,* New York, Wiley, 1948.

(305) Wittels, F., *Sigmund Freud: His Personality, His Teaching and His School,* New York, Dodd, Mead, 1924.

(306) Wolff, P. H., *Piaget's Genetic Psychology and its Relation to Psychoanalysis* (unveröffentlichtes Manuskript).

(307) Woodworth, R. S., *Dynamic Psychology,* New York, Columbia University Press, 1925.

(308) Zetzel, E., *The Depressive Position.* In: *Affective Disorders,* P. Greenacre, Hrsgb., New York, International Universities Press, 1953, pp. 84–116.